Kohlhammer

Der Autor

Dr. Clemens Krause, Verhaltens- und Hypnotherapeut, mehrjährige Tätigkeit in psychosomatischen Kliniken, seit 2008 als Psychotherapeut und Coach in eigener Praxis, Dozententätigkeit in der Aus- und Fortbildung von PsychotherapeutInnen. Er hat sich während des Studiums und der Promotion wissenschaftlich mit Metaphern befasst.

Clemens Krause

Sprechen in Bildern

Arbeit mit Metaphern in Psychotherapie, Beratung und Coaching

Verlag W. Kohlhammer

Dieses Werk einschließlich aller seiner Teile ist urheberrechtlich geschützt. Jede Verwendung außerhalb der engen Grenzen des Urheberrechts ist ohne Zustimmung des Verlags unzulässig und strafbar. Das gilt insbesondere für Vervielfältigungen, Übersetzungen, Mikroverfilmungen und für die Einspeicherung und Verarbeitung in elektronischen Systemen.

Pharmakologische Daten, d. h. u. a. Angaben von Medikamenten, ihren Dosierungen und Applikationen, verändern sich fortlaufend durch klinische Erfahrung, pharmakologische Forschung und Änderung von Produktionsverfahren. Verlag und Autoren haben große Sorgfalt darauf gelegt, dass alle in diesem Buch gemachten Angaben dem derzeitigen Wissensstand entsprechen. Da jedoch die Medizin als Wissenschaft ständig im Fluss ist, da menschliche Irrtümer und Druckfehler nie völlig auszuschließen sind, können Verlag und Autoren hierfür jedoch keine Gewähr und Haftung übernehmen. Jeder Benutzer ist daher dringend angehalten, die gemachten Angaben, insbesondere in Hinsicht auf Arzneimittelnamen, enthaltene Wirkstoffe, spezifische Anwendungsbereiche und Dosierungen anhand des Medikamentenbeipackzettels und der entsprechenden Fachinformationen zu überprüfen und in eigener Verantwortung im Bereich der Patientenversorgung zu handeln. Aufgrund der Auswahl häufig angewendeter Arzneimittel besteht kein Anspruch auf Vollständigkeit.

Die Wiedergabe von Warenbezeichnungen, Handelsnamen und sonstigen Kennzeichen in diesem Buch berechtigt nicht zu der Annahme, dass diese von jedermann frei benutzt werden dürfen. Vielmehr kann es sich auch dann um eingetragene Warenzeichen oder sonstige geschützte Kennzeichen handeln, wenn sie nicht eigens als solche gekennzeichnet sind.

Es konnten nicht alle Rechtsinhaber von Abbildungen ermittelt werden. Sollte dem Verlag gegenüber der Nachweis der Rechtsinhaberschaft geführt werden, wird das branchenübliche Honorar nachträglich gezahlt.

Dieses Werk enthält Hinweise/Links zu externen Websites Dritter, auf deren Inhalt der Verlag keinen Einfluss hat und die der Haftung der jeweiligen Seitenanbieter oder -betreiber unterliegen. Zum Zeitpunkt der Verlinkung wurden die externen Websites auf mögliche Rechtsverstöße überprüft und dabei keine Rechtsverletzung festgestellt. Ohne konkrete Hinweise auf eine solche Rechtsverletzung ist eine permanente inhaltliche Kontrolle der verlinkten Seiten nicht zumutbar. Sollten jedoch Rechtsverletzungen bekannt werden, werden die betroffenen externen Links soweit möglich unverzüglich entfernt.

1. Auflage 2023

Alle Rechte vorbehalten
© W. Kohlhammer GmbH, Stuttgart
Gesamtherstellung: W. Kohlhammer GmbH, Stuttgart

Print:
ISBN 978-3-17-040700-8

E-Book-Formate:
pdf: ISBN 978-3-17-040701-5
epub: ISBN 978-3-17-040702-2

Geleitwort

»There is a crack in everything, that's where the light gets in«. Der Patient, ein sensibler und an seinem Leben verzweifelter Mensch, dem es unmöglich erschien, sich seine Fehler zu verzeihen, lächelt erleichtert, als er dies Zitat aus Leonard Cohens Song »Anthem« hört. Wie kommt es, dass Bilder unsere Phantasie beflügeln (auch ein Bild) können und es uns ermöglichen, aus der Enge unserer oft selbst gezimmerten Vorstellungswelt herauszutreten (noch ein Bild). Hätte man dem Mann gesagt: »Ist doch nicht so schlimm, jeder macht Fehler«, dann wäre die Bemerkung vermutlich als Beschwichtigung abgetan worden. Das erwähnte Bild ist stark, aber nicht nur aufgrund seiner lyrischen Qualität und dadurch, dass der Autor eine Popikone ist. Beides spielt auch eine Rolle. Doch das Bild selbst löst unwillkürlich etwas aus, das sich rationaler Analyse zunächst entzieht: man sieht etwas vor sich – die Wand – und man spürt gewissermaßen körperlich, wie es heller wird. Aber mehr noch macht dieses kleine Beispiel deutlich: es vermittelt eine unerwartete Gegenüberstellung von Licht und Dunkel und eine irritierende Dissonanz: ein Sprung, ein Riss, ein Bruch – eigentlich ein Defizit im normalen Sprachgebrauch – wird zur Ressource, die etwas Befreiendes hat.

Bilder, Metaphern, Allegorien: das klingt zunächst nach unterhaltsamer Ausschmückung, um eine Mitteilung eindrücklicher zu machen, eine Rede anmutiger dahinfließen zu lassen, um etwas mit anderen Worten noch einmal zu sagen. Doch Bilder und Metaphern haben es in sich und bewirken bei richtiger Verwendung unbewusste Verarbeitungsprozesse, die therapeutisch genutzt werden können. Davon handelt dieses Buch, in dem wissenschaftlich fundiert und praxisnah der Umgang mit Metaphern und Bildern erlernt werden kann. Bestimmte Bilder oder, allgemein gesprochen, Metaphern, legen etwas nahe, ohne dass der Zuhörer sich verpflichtet fühlt, die enthaltene Suggestion explizit anzunehmen oder abzulehnen. Und was wird überhaupt suggeriert? Nichts Bestimmtes. Was die Wand, was der Riss und was das Licht im Leben des Zuhörers sein könnten, kann nur er herausfinden. Es wird ihm überlassen; er wird auf einen inneren Suchprozess geschickt, bleibt dabei autonom – obwohl nicht ganz unbeeinflusst. Es wird ausgeblendet, dass ja z. B. auch Kälte durch den Spalt eindringen könnte. Es wird die Betrachtung gelenkt, aber nicht festgelegt. Es wird der Lichtkegel der Aufmerksamkeit, wie der Autor dieses Buches es ausdrückt, auf einen bestimmten Erfahrungsbereich gelenkt, während vieles, was auch infrage käme, im Dunklen bleibt.

Der Linguist Gerhard Kurz beschreibt eine Metapher als eine Verführung: sie sei eine Affäre zwischen einem Prädikat mit Geschichte (die Metapher) und einem Objekt (das Thema des Zuhörers), das sich unter Protest hingibt. Wie in diesem Buch beschrieben, ist eine Metapher mehr als eine Analogie, deren Bedeutung man sofort einordnen kann, etwa »Ihr Leben ist ja wie ein Gefängnis«. Eine gute Metapher mag man nicht gleich annehmen, aber man kann sich ihr nicht entziehen. Und das geschieht dadurch, dass sie einerseits einen gewissen Zusammenhang mit dem Thema des Zuhörers verspricht, sodass er sie nicht so leicht abweisen kann – er wird verführt, sie genauer zu untersuchen – auf der anderen Seite bleibt sie rätselhaft, weil sie verfremdet durch einen unerwarteten Kontext und verwirrend durch eine gewisse Inkohärenz zum gewohnten Denken des Zuhörers ist.

Milton H. Erickson hat gesagt: wenn man jemandem etwas Wichtiges mitteilen möchte, soll man es im Nebensatz, nicht im Hauptsatz sagen. Es ging ihm einerseits um Beiläufigkeit als Prinzip einer Leichtigkeit des Dialogs. Darüber hinaus war es Erickson wichtig, implizite Suchprozesse und vorbewusste Gedächtnisinhalte in die therapeutische Kommunikation einzubeziehen. Metaphern oder die Sprache in Bildern sind dafür ein besonders geeignetes Medium.

Es hat etwas Beiläufiges, dem Zuhörer ein Bild vorzusetzen: es wurde vielleicht etwas über Leonard Cohens Welt erwähnt, der am Ende seines Lebens alles verloren hatte und vorne anfing. Aber der Zuhörer muss es nicht auf sich beziehen. Die Kunst, Metaphern zum Problem des Klienten zu finden, dabei dessen kulturellen und persönlichen Erfahrungsraum mit einzubeziehen und dessen eigene Metaphern zu nutzen, wird in diesem wissenschaftlich und praktisch umfassenden Buch mit vielen Beispielen dargestellt. Forschungsergebnisse und praktische Anleitungen machen Clemens Krauses Buch zu einem unentbehrlichen Grundlagenwerk für die psychotherapeutische Arbeit.

Dirk Revenstorf, Prof. f. Psychologie, Universität Tübingen

Inhalt

Geleitwort 5

Vorwort oder Wie eine Metapher dieses Buch lange Zeit verhinderte und eine andere es ermöglichen konnte 9

1 Einführung: Wie Metaphern das Weltbild formen **11**
    1.1 Kriegsrhetorik 13
    1.2 Metaphern in der Politik 16
    1.3 Metaphern in der Wirtschaft 18

2 Das Wesen der Metapher **20**
    2.1 Definition 20
    2.2 Die Metapherntheorie nach Lakoff und Johnson 24
    2.3 Verarbeitung von Metaphern 29
    2.4 Lebendigkeit von Metaphern 31
    2.5 Die Metapher als Suggestion 34
    2.6 Imagination als Schlüssel zur Arbeit mit Metaphern 36
    2.7 Entwicklungspsychologische Aspekte 39
    2.8 Die Bedeutung der Kultur 42

3 Patientengenerierte Metaphern **45**
    3.1 Die professionelle innere Haltung bei der Arbeit mit Metaphern 47
    3.2 Welche Metaphern sind bedeutsam? 50
    3.3 Die diagnostische Bedeutung von Metaphern 58
    3.4 Von der Problembeschreibung zur Ressourcenorientierung .. 59
    3.5 Die Bergmetapher reloaded 63
    3.6 Exploration einer Metapher 80
    3.7 Wenn Metaphern die Lösungsmöglichkeiten einschränken: Metapherwechsel – Von der Problem- zur Lösungsmetapher ... 83
    3.8 Die Metapher als Leitmotiv: Arbeit mit Metaphern über mehrere Sitzungen hinweg 93
    3.9 Modell zur Arbeit mit Metaphern im therapeutischen Gespräch 106
    3.10 Effekte der Arbeit mit Metaphern 107

4	**Therapeutengenerierte Metaphern**		**111**
	4.1	Metaphorische Beschreibung therapeutischer Prozesse oder Konzepte	111
	4.2	Geschichten als Intervention	117
	4.3	Wie Geschichten wirken	120
	4.4	Erzählformen und Quellen für therapeutische Geschichten	125
	4.5	Geschichten gut erzählen	131
	4.6	Äußere Struktur von Geschichten	135
	4.7	Maßschneiderung von Geschichten	141
	4.8	Therapeutische Geschichten in Trance	149
	4.9	Nebenwirkungen und Kontraindikationen einer therapeutischen Arbeit mit Metaphern	153
	4.10	Handlungsmetaphern	154
5	**Schlusswort oder Metaphern für die Metapher**		**158**
Literatur			**161**
Stichwortverzeichnis			**167**

Vorwort
oder
Wie eine Metapher dieses Buch lange Zeit verhinderte und eine andere es ermöglichen konnte

Tatsächlich hat eine Metapher lange Zeit verhindert, dieses Buch realisieren zu können, doch dazu später mehr. Aus meiner Diplomarbeit im Fach Psychologie gingen zwei Publikationen hervor. In der einen wurden die Ergebnisse einer Studie zur Wirksamkeit therapeutischer Geschichten auf Symptome der Prüfungsangst dargestellt (Krause & Revenstorf, 1998). Da ich in der Recherche zu dieser Studie tief in die Grundlagenforschung der Metapher eingedrungen war, erschien es naheliegend, die empirischen Erkenntnisse einer therapeutischen Anwendung zugänglich zu machen und so entstand ein zweiter Artikel, der Gedanken zur Ausformung therapeutischer Metaphern und Geschichten für die Praxis formulierte (Krause & Revenstorf, 1997). Die Metapherntheorie von Lakoff und Johnson (1980, 2018) verdeutlichte mir, wie sehr unser Denken metaphorischer Art ist und welche Rolle dies in der psychotherapeutischen Arbeit spielt. Zudem fiel mir auf, dass Metaphern alle Kriterien einer Suggestion erfüllen und somit eine Möglichkeit bieten, Veränderungen im Erleben und Verhalten von Menschen zu bewirken. 1998 arbeitete ich diese Gedanken zu einem Workshop aus, den ich auf den Hypnotherapietagen der Milton Erickson Gesellschaft für Klinische Hypnose e.V. (M.E.G.) in Bad Orb vor etwa einem Dutzend Teilnehmenden vorstellte. Nach der Veranstaltung, als ich gerade meine Folien zusammenpackte, kam ein älterer Herr zu mir nach vorne und sagte mit satter Autorität in der Stimme: »Das haben Sie gut gemacht.« Ich wusste erst nicht so recht, was ich mit dem Kompliment anfangen sollte. Es sollte sich jedoch als Lob aus berufenem Munde herausstellen, denn es handelte sich um Professor Vladimir Gheorghiu, der viele Jahre an der Universität Gießen über Suggestibilität und Suggestion geforscht hatte und ein beträchtliches Renommee besaß. Wir vertieften das Gespräch und er meinte, ich solle doch ein Buch über Metaphern schreiben. Daraufhin machte ich mir erstmals darüber Gedanken. Zu dieser Zeit arbeitete ich jedoch an meiner Doktorarbeit, musste nebenher noch jobben und wollte im nächsten Jahr meine Ausbildung in Verhaltenstherapie beginnen. Ich überlegte, wann ich denn – um Himmels Willen – die Zeit haben sollte, mich dem Buchprojekt zu widmen. So wenig Zeit zu haben, um an einem Buch zu schreiben, lediglich ab und zu daran arbeiten zu können, das wäre doch wie »ein Tropfen auf den heißen Stein«, also vergebliche Mühe. Insofern verwarf ich den Gedanken und mit der Zeit geriet die Idee in den Hintergrund, wurde überlagert durch Dissertation, Therapieausbildung, die Arbeit in Kliniken und später auch in eigener Praxis. 2011 bekam ich dann eine Einladung von Christoph Kröger (IFT-Gesundheitsförderung), einen Vortrag über Metaphern im therapeutischen Gespräch im Rahmen der Eröffnungsveranstaltung der Verhaltenstherapietage in Dresden zu halten. Dies war eine hervorragende Gelegenheit, die alten Unterlagen gründlich zu überarbeiten. Seither halte ich die Workshops »Sprechen in Bildern: Arbeit mit Metaphern im therapeutischen Gespräch« und »Nutzung von Geschichten in Psychotherapie und Beratung« mehrfach jedes Jahr in unterschiedlichen Kontexten. Immer wieder wurde ich von Teilnehmenden gefragt, ob es die Inhalte des Workshops auch als Buch gebe, was ich jeweils verneinen musste, und so wurde die Idee, ein Buch dazu zu schreiben, wiederbelebt. Die Aufgaben als niedergelassener Psychotherapeut mit einem Versorgungsauftrag und zusätzlich als Dozent ließen aber erneut keinen Raum für das Projekt und wenn ich dann mal einen Samstag oder eine Urlaubswoche daran arbeiten könnte, dann wäre das – Sie ahnen es schon – »wie ein Tropfen auf den heißen Stein«. Der Tropfen verdampft sofort, er löst sich auf in nichts, es gibt keine Wirkung, also lieber gar nicht erst anfangen. Und so gingen erneut ein paar Jahre ins Land, bis sich Frau Grupp vom Kohlhammer Verlag meldete und ein Buchprojekt vorschlug. Wieder saß ich zunächst der alten Redewendung auf. Eigentlich wusste ich ja, dass es für viele Redewendungen und Sprichwörter wieder andere Sprichwörter gibt, die das Gegenteil ausdrücken. Eines Tages, bei der Lektüre eines Buches, stolperte ich über eine Metapher, die mir eigentlich geläufig war, aber zu der ich nicht unbedingt einen Bezug hatte: »Steter Tropfen höhlt den Stein«. Plötzlich erhielt die Metapher für mich Bedeutung und löste Assoziationen aus. Plötzlich erhielt der Tropfen eine ganz andere Kraft. Wenn ich nur geduldig und beharrlich genug wäre, wenn der Verlag mir genug Zeit gäbe, dann käme Tropfen zu Tropfen, Wort zu Wort, Satz zu Satz, Seite zu Seite, Kapitel zu Kapitel. Der Stein wäre neu modelliert und das Buch wäre geschrieben. Mit dieser Metapher ging ein Gefühl der Erleichterung und Zuversicht einher. Metaphern, die Beharrlichkeit und Geduld auf dem Weg dahin fördern, würden mich gewiss noch finden.

»Sprechen in Bildern« richtet sich an alle Menschen, die in Psychotherapie, Beratung Coaching, Mediation, Supervision oder in einem pädagogischen oder sozialpädagogischen Kontext tätig sind und für die Kommunikation eine besondere Rolle spielt.

Zum einen möchte es für die Metapher im Gespräch sensibilisieren. Aufgrund ihrer Eigenschaften bietet die Metapher besondere Möglichkeiten, mit unseren Zielgruppen ins Gespräch zu kommen und eine gemeinsame Sprache zu finden, welche die Grundlage für den Erfolg einer Intervention in Therapie, Beratung und Coaching darstellt. In diesem Kontext sind klientengenerierte Metaphern besonders interessant, da sie Auskunft geben, »mit«, oder besser gesagt, »in« welchen Metaphern die Betreffenden leben und wie diese Metaphern das Selbst, die Probleme, Sorgen oder Psychopathologie strukturieren.

Zum anderen werden Metaphern von Therapeutinnen, Beratern und Coaches aber auch genutzt, um theoretische und abstrakte Konzepte so zu veranschaulichen, dass sich Klientin und Klient »ein Bild« von diesen Konzepten und Modellen machen und Inhalte »begreifen« können. Eine weitere Möglichkeit, therapeutengenerierte Metaphern zu verwenden, besteht darin, sie in Form von Geschichten und Anekdoten in die Intervention einzubringen. Sie ermöglichen es, Widerstände zu umgehen, innere Suchprozesse anzuregen, Ressourcen zu entwickeln und fördern einen Perspektivwechsel sowie ein Reframing des Problems.

1 Einführung: Wie Metaphern das Weltbild formen

Psychotherapie, Beratung, Coaching aber auch Supervision, Mediation und kollegialer Austausch vollziehen sich stets über Kommunikation und Sprache. Sprache ist dabei noch vor non-verbalen Anteilen das wichtigste Medium, um mit Patientinnen, Patienten, Ratsuchenden, Kolleginnen oder Kollegen in Kontakt zu kommen und sich einen Eindruck über Sorgen, Probleme und Lebensumstände des Gegenübers zu machen, Therapie-, Beratungs- und Coaching-Konzepte zu vermitteln, sowie Interventionen anzuregen, die unseren Klientinnen und Klienten neue Einsichten verschaffen, sie zu Wachstum und Veränderung anregen und bei der Problembewältigung unterstützen.

Vor etwa 100.000 Jahren begannen Menschen, mental symbolische Beziehungen zwischen sich und der Umwelt sowie den Dingen um sich herum aufzubauen. Aus der Fähigkeit, Dinge in ihrer Umwelt zu benennen, entwickelten sich Möglichkeiten, Ähnlichkeiten und Unterschiede mental zu repräsentieren und zu kommunizieren, Analogien herzustellen und Zusammenhänge zu antizipieren. Sie begannen, Werte festzulegen, zu analysieren und die Zukunft zu planen. Auch die Fähigkeit, sich seiner selbst bewusst zu sein und sich differenziert in andere hineinzuversetzen, hängt mit der Evolution der Sprache zusammen (Villate, Villate & Hayes, 2020). Wörter können Emotionen auslösen, positiv und negativ besetzte Erinnerungen aktualisieren. Die Erfahrung, dass Sprache bzw. Worte direkt auf uns wirken und körperliche Parameter beeinflussen können, machte ich eindrucksvoll im Rahmen eines Experimentalpraktikums zur Physiologischen Psychologie, wie das Fach damals hieß. Eine Kommilitonin war an einem Biofeedbackgerät angeschlossen, welches Hautleitfähigkeit und Herzfrequenz maß. Sie versuchte, sich zu entspannen, als mir eine »Idee« kam und ich spontan das Wort »Spinne« in den Raum warf. Die Arme des Polygrafen, der die Parameter auf Endlospapier aufzeichnete, spielten verrückt und die Ausschläge waren beeindruckend. Ich hatte nicht gewusst, dass die Kommilitonin unter einer Spinnenphobie litt, aber dieses Ereignis verbildlichte mir die Macht des Wortes. Sprache kann eine Resonanz in uns hervorrufen und unwillkürlich körperliche Reaktionen erzeugen.

Überall, wo Sprache gebraucht wird, tauchen Metaphern auf. Metaphern sind schon seit jeher ein anschauliches Mittel der Kommunikation. Lebensweisheiten und Werte, weltliche wie religiöse, wurden schon immer durch Metaphern vermittelt, sei es durch Sagen, Mythen, Märchen oder biblische Gleichnisse. Die Metapher ist aber keineswegs nur eine Kunstform der Literatur. Schon Paracelsus empfahl dem Heiler, nicht die nackte Wahrheit zu sagen, sondern Bilder, Allegorien, Gleichnisse, wundersame Reden oder andere Umwege zu benutzen (Revenstorf, Freund & Trenkle, 2015). Schon bei der Evolution der Sprache scheint die Metapher eine große Rolle gespielt zu haben. 97 von 100 häufig verwendeter Wörter haben mehr als eine Bedeutung und viele dieser Wortbedeutungen haben ihren Ursprung in der metaphorischen Projektion von einem Bereich auf einen anderen (Gibbs, 1992, ▶ Kap. 2.1). Bereits Aristoteles beschrieb im 4. Jahrhundert v. Chr., dass eine Metapher die Bedeutung eines Ausdrucks auf einen anderen transferiert, der dann in Begriffen des ersten Ausdrucks interpretiert wird. Cicero griff im 1. Jahrhundert v. Chr. dessen Gedanken auf und postulierte, dass gewöhnliche Wörter lediglich das ausdrücken, was wir bereits wissen, während die Metapher uns neue Einsichten gewährt (Schwarz, 1997). Vor 100 Jahren arbeitete der Philosoph Wittgenstein lange an der Idee, eine »Präzisionssprache« zu schaffen, welche die Realität universell objektiv beschreiben sollte. Eine Gruppe von Wissenschaftlerinnen, die sich in den 1920er Jahren zum Wiener Kreis zusammenschloss, versuchte dieses Vorhaben umzusetzen, jedoch ohne Erfolg. Es zeigte sich, dass eine Präzisionssprache nicht der kognitiven Evolution des Menschen entsprach. Sprache kann nicht auf Metaphern verzichten und nicht einzig und allein vom Standpunkt der Logik aus betrachtet werden. Wittgenstein verwarf diese Idee erst viele Jahre später (Precht, 2007). Es scheint somit kaum möglich zu sein, auf Metaphern zu verzichten, ohne dass wir auf grundlegende Möglichkeiten, die Welt zu verstehen, verzichten müssten. Besonders abstrakte Konzepte verstehen, ja begreifen wir besser durch Metaphern, die sich eines sinnlich erfahrbaren Quellbereichs bedienen. Bereits das Wort »begreifen« stellt eine Metapher dar, indem das Begreifen eines Gegenstands im Sinne von Verstehen verwendet wird.

Die Politik (Flüchtlingslawine), Technik (Stromfluss), Astronomie (Sonnenwind) aber auch Wissenschaften wie die Kognitionsforschung (Gedächtnis als Computer) oder die Wirtschaft (Börsen auf Talfahrt) gebrauchen Metaphern, um abstrakte Modelle mit Konzepten, die in uns sinnlich verankert sind, zu beschreiben. Wesentliche Begriffe in der Psychotherapie, wie z. B. Liebe, Beziehung, Tod, Trennung oder Entwicklung, können nur metaphorisch beschrieben werden (Buchholz, 2003). Lakoff & Johnson (2018) gehen noch weiter und postulieren, dass die Metapher nicht nur eine Angelegenheit des Sprachgebrauchs ist, sondern unser Denken und Handeln durchdringt, indem unser alltägliches Konzeptsystem grundsätzlich metaphorisch ist.

Dieses Buch besteht aus vier Kapiteln. Nachdem das erste Kapitel verschiedene Bereiche, in denen uns Metaphern prominent begegnen, vorstellt, veranschaulicht das zweite Kapitel neben Ergebnissen der Forschung über Metaphern die Metapherntheorie von Lakoff & Johnson (2018). Die Theorie ist nicht auf den Metapherngebrauch in Therapie, Beratung und Coaching beschränkt, sondern hat universellen Anspruch. Kapitel drei beschreibt, wie Erkenntnisse über Metaphern im Umgang mit Metaphern im therapeutischen und beratenden Kontext systematisch angewendet und genutzt werden können. Hier stehen Metaphern, die Klientinnen und Klienten einbringen, im Vordergrund. Das vierte Kapitel ist therapeutengenerierten Metaphern gewidmet, die zum einen die Möglichkeit bieten, abstrakte Modelle und Konzepte anschaulich darzustellen, zum anderen im Sinne der grundlegenden und allgemeinen fünf Wirkfaktoren einer Psychotherapie eingesetzt werden können. Diese Wirkfaktoren sind therapeutische Beziehung, Ressourcenaktivierung, Problemaktualisierung, motivationale Klärung und Problembewältigung (Grawe, Donati & Bernauer, 1994, Grawe, 2000). Aber auch spezifische Interventionen in Gesprächssituationen, welche Teilaspekte der Therapie, der Beratung oder des Coachings betreffen, können mit Metaphern realisiert werden.

Das Buch und die vorgestellten Techniken haben nicht den Anspruch, eine neue Therapiemethode vorzustellen, sondern möchten dazu einladen, zu beachten und besser zu nutzen, was jedes Gespräch bereits enthält, nämlich Metaphern. Sie geben Aufschluss über unser Selbstbild und die Art und Weise, wie wir mit unserer Umwelt interagieren. Wir alle erzählen jeden Tag Geschichten, z. B., wenn die Partnerin zu Hause berichtet, wie ihr Tag war, was dieser und jener Kollege getan und erzählt hat, im Zusammensein mit alten Freunden, wenn Jugendstreiche berichtet oder Witze ausgetauscht werden, oder der Nachbarin die Handlung des letzten Tatorts erzählt wird, den sie verpasst hat. Das Geschichtenerzählen steckt in uns. Das Buch möchte diese Fähigkeit aufgreifen und Anregungen geben, das Zuhören und das Erzählen an der einen oder anderen Stelle zu systematisieren und zu verbessern. Das beschriebene Vorgehen ist therapieschulenunabhängig. Auch wenn verschiedene Therapieschulen voneinander abweichende Metaphern zur Selbstbeschreibung und zur Beschreibung ihrer Methoden verwenden und die Gesprächsführung sich teilweise unterscheidet, werden doch in jedem Therapiegespräch relevante Metaphern benutzt. Das Buch hat den Anspruch, Forschungsergebnisse verständlich in den Praxis-Alltag zu übertragen, jedoch nicht, in dieser Hinsicht allumfassend zu sein. Ziel ist es, Praktizierenden nachvollziehbare Vorgehensweisen an die Hand zu geben, um ihren beruflichen Alltag zu bereichern und mit einer achtsameren Sicht auf die Metapher neue Potentiale in der Kommunikation und Intervention mit Patientinnen, Klienten, Ratsuchenden oder zu Betreuenden zu entdecken. Zur Unterstützung werden Übungen angeboten, um durch Selbsterfahrung die Inhalte des Buches zu verinnerlichen und in sich zu verankern. Manche Übungen sind einfach und schnell durchzuführen, manche sind etwas aufwendiger. Sie können sie nach eigenem Ermessen durchführen oder auch nicht.

Da sich das Buch sowohl an Psychotherapeutinnen und Psychotherapeuten als auch an Berater, Beraterinnen und Coaches richtet, werden die Begriffe für diese Tätigkeitsbereiche im Prinzip austauschbar verwendet, ebenso wie die Bezeichnungen Patientin, Patient, Klientin und Klient. Handelt es sich um konkrete Fallbeispiele aus der Psychotherapie so werden die Begriffe Psychotherapeut und Patientin oder Patient verwendet, bei Fallvignetten aus dem Coaching werden Coach oder Coachin und Klientin oder Klient verwendet. Um den Text zu gendern und die Lesbarkeit zu erhalten, werden die weibliche und die männliche Form kapitelweise abgewechselt.

1.1 Kriegsrhetorik

Was bedeutet es für ein Konzept, metaphorisch zu sein und darüber hinaus unsere Alltagshandlungen zu strukturieren? Um das zu verdeutlichen, eignet sich das von

Lakoff & Johnson (2018) aufgeführte Konzept »Argumentieren ist Krieg«, eine Untermetapher der Metapher »Diskussion ist körperliche Auseinandersetzung«, besonders gut:

> Sie nehmen da eine unsichere Position ein. Er griff meine Position an. Ihr Standpunkt ist gefährdet/bedroht. Ihre Behauptungen sind unhaltbar. Schießen Sie los. Er machte alle meine Argumente nieder. Meine Argumente sind überwältigend. Ihre Kritik traf mich. Ich habe bisher noch alle Auseinandersetzungen mit ihm gewonnen.

Wenn wir über das Argumentieren in Kriegsbegriffen sprechen, ist uns das Konzept »Argumentieren ist Krieg« meist nicht bewusst. Wir benutzen jedoch nicht nur Kriegsbegriffe, sondern wir betrachten die Person, mit der wir argumentieren, als Gegner. Wir greifen sie an, gehen in ein Rededuell, planen und setzen Strategien ein, wir können eine verbale Auseinandersetzung gewinnen oder verlieren. Wir können mit anderen eine gemeinsame Front oder ein Bündnis bilden. Wir können in einem Schlagabtausch andere niederschreien aber auch aufgeben. Wahrnehmungen und Handlungen der Teilnehmer einer solchen Debatte entsprechen denen einer kriegführenden Partei. In dem bekannten Zitat von Carl von Clausewitz, Krieg sei eine bloße Fortsetzung der Politik mit anderen Mitteln, kommt die Vorstellung zum Ausdruck, dass diplomatisches Verhandeln und kriegerische Auseinandersetzung ein Kontinuum darstellen und somit in eine Kategorie gehören.

> (…) die konzeptuelle Metapher Argumentieren ist Krieg [ist] eine Metapher, mit der wir in unserer Kultur leben, sie strukturiert die Handlungen, die wir beim Argumentieren ausführen. (Lakoff & Johnson, 2007, S.12 f.)

Wir können das Argumentieren auch in anderen Begriffen beschreiben, z.B. »Argumentieren ist Bewegung im Raum«:

> Ihre Positionen näherten sich an. Er bewegte sich in kleinen Schritten auf den anderen Diskussionsteilnehmer zu. Der Verhandlungsmarathon zog sich hin. Zwischen ihren Standpunkten klaffte ein tiefer Graben, so dass sie nicht zusammenkamen.

Metaphern beeinflussen das Denken, jedoch auch unsere Emotionen und die Handlungsmöglichkeiten, die wir wahrnehmen, wenn wir uns in einer bestimmten Metapher bewegen. Möglicherweise löst die Metapher »Argumentieren ist Krieg« aggressivere Emotionen und Handlungsentwürfe aus als die Metapher »Argumentieren ist Bewegung im Raum«. Festzuhalten bleibt hier zunächst, dass menschliche Denkprozesse weitgehend metaphorisch ablaufen, da unser Konzeptsystem metaphorisch strukturiert ist.

Kriegsrhetorik wird auch genutzt, um andere Konzepte in Begriffen von Krieg zu beschreiben. So erklärte der französische Präsident Emmanuel Macron zu Beginn der Coronapandemie im März 2020 dem Virus SARS-CoV-2 den Krieg, um die nationale Einheit zu beschwören und außergewöhnliche Maßnahmen wie Ausgangssperren zu begründen. Diese Metapher wurde in der darauffolgenden Zeit immer wieder aufgegriffen, zunächst von seinem Innenminister, der in diesem Krieg an die Verantwortung der Bürgerinnen appellierte und die Bevölkerung zum Kampf gegen das Virus mobilisieren wollte. Der deutsche Finanzminister Olaf Scholz kündigte an, die Bazooka herauszuholen, um wirtschaftliche Folgen der Pandemie zu bekämpfen. Im Winter 2020, als die ersten Impfstoffe zugelassen wurden, erklärte eine Krankenschwester, sie lasse sich selbstverständlich impfen, da sie doch nicht unbewaffnet in den Krieg ziehe, und es wurde Unverständnis geäußert, dass unterbezahltes Pflegepersonal nun die erste Verteidigungslinie dieser Gesellschaft bilden solle. Der Finanzvorstand eines Impfstoffherstellers gab an, nicht die finanziellen Interessen des Unternehmens stünden im Vordergrund, sondern es käme darauf an, dem Virus einen Schlag zu verpassen. Das Virus wurde in der Presse als Belagerer bezeichnet und die Pandemie mit einem Weltkrieg verglichen. Im Februar 2021 erkannte der Ministerpräsident Baden-Württembergs Winfried Kretschmann, dass die Leute langsam kriegsmüde würden. Als im April 2021 die Pandemie in Indien eskalierte, der Sauerstoff ausging und an Covid-19 Erkrankte vor den Krankenhäusern auf der Straße behandelt wurden, erklärte ein indischer Arzt, er kämpfe in einem Atomkrieg mit nichts als einem Stock bewaffnet. Vielleicht ist es auf die Metapher zurückzuführen, die ja letztendlich auch das Verhalten in Form von Entscheidungen beeinflusst, dass im Herbst 2021 die frisch gebildete Ampelkoalition einen Bundeswehrgeneral zum Leiter des Corona-Krisenstabs berief. Da führte in Italien bereits seit sechs Monaten ein General den Kampf gegen die Pandemie an. Im Januar 2022, als Gegnerinnen der Coronamaßnahmen der Regierung regelmäßig demonstrierten, bildeten sich auch Gegendemonstrationen. »Impfen ist wie eine kugelsichere Weste – klar kannst Du getroffen werden – aber Deine Überlebenschance ist viel höher« stand auf einem Plakat. Die syrische Schriftstellerin Widad Nabi fragte, wie es möglich sei, dass die unsichtbare Welt des Virus unsere sichtbare Welt besiege und eine 17-jährige Schülerin, die mit ihrer Familie vor fast fünf Jahren aus Afghanistan geflüchtet war, beschrieb ihre Empfindungen hinsichtlich der Pandemie:

> Ich erlebe die aktuelle Situation als einen Kampf zwischen unschuldigen Menschen und einem unsichtbaren Feind. (…) Das Coronavirus erinnert mich an die Zeit vor meiner Flucht aus meiner Heimat Afghanistan. Damals mussten meine Familie und ich uns aus politischen Gründen verstecken, damit keiner herausfindet, wo wir sind; denn wir sollten längst tot sein. (…) Es war kein Virus, das uns töten wollte, sondern es waren Menschen, die keine Menschlichkeit kannten. Wie das Virus: Es tötet ebenfalls rücksichtslos jeden, der sich nicht wehren kann. (…) auch das Coronavirus verfolgt uns, wir spüren große Angst. (Rezai, 2021)

Offensichtlich hatten Erfahrungen mit dem Virus, wie Bedrohung des Lebens, Lockdown und Kontaktbeschränkungen, bei der Schülerin traumatisch erlebte Erinnerungen an die Zeit der Verfolgung und des Krieges in Afghanistan aktualisiert und sie dazu gebracht, die Corona-Pandemie mit Kriegserlebnissen zu verbinden.

Zynischerweise bezeichneten die russische Führung und deren Staatsmedien den Angriffskrieg auf die Ukraine im Februar 2022 als »Spezialoperation zur Befreiung der autonomen Gebiete Donezk und Luhansk« und entliehen dabei einen Begriff aus der Medizin, um eine möglichst zielgerichtete, chirurgische Intervention zu suggerieren und dadurch die Bombardierung ziviler Ziele und Tötung von Zivilisten möglichst zu verdunkeln, aus der Wahrnehmung der eigenen Bevölkerung fernzuhalten und die Effizienz des eigenen Militärapparats zu beleuchten. Befreiung suggeriert zudem ein edles und gerechtes Motiv. In der ukrainischen Sprachregelung wurde der Krieg als Völkermord bezeichnet. Dadurch werden die Verbrechen der russischen Soldaten gegen die Zivilbevölkerung hervorgehoben und an die Unterstützungsbereitschaft anderer Länder appelliert, ein solches Morden am besten durch eine aktive Beteiligung am Krieg zu beenden. Die Wahrnehmung eigener kriegerischer Handlungen wird durch die Metapher ausgeblendet. Das Beispiel zeigt, wie präsent Metaphern im Rahmen von Propaganda sind, um suggestiv Einfluss auf Menschen zu nehmen (▶ Kap. 2.5 und ▶ Kap. 1.2).

Auch Fußball wird oft in Kriegsbegriffen konzeptualisiert. Jede Mannschaft verfügt über einen Angriff und eine Verteidigung. Einige werden sich sicherlich an Gerd Müller, den Bomber der Nation erinnern, der mit Deutschland 1974 Weltmeister wurde. Die englische Presse bezeichnete Spieler der deutschen Nationalelf immer wieder als Panzer. Manche Mannschaften bilden Abwehrbollwerke, um in einer Verteidigungsschlacht ein Unentschieden zu retten, während die Gegner ihren Strafraum belagern. Im Torjubel werden von manchen Torschützen gestisch mit den Händen Pistolen oder Pfeile abgeschossen. Besonders begabte Stürmer werden des Öfteren als Waffe oder Granate bezeichnet und wenn sie effektiv spielen, dann wird schon mal aus jedem Schuss ein Treffer und der unterlegene Gegner aus dem Stadion geschossen.

1.2 Metaphern in der Politik

Nach Lakoff & Wehling (2016) ist die aktuelle Spaltung der US-amerikanischen Gesellschaft auf einen unterschiedlichen Metapherngebrauch der jeweiligen Lager zurückzuführen. Beide Seiten »leben« zwar in der gleichen Metapher »Die Nation ist eine Familie«, die Konservativen haben in dieser Metapher jedoch einen strengen, autoritären Vater als Familienoberhaupt, während es bei den Fortschrittlichen fürsorgliche Eltern sind. Implikationen dieser Metapher, z. B. der strenge Vater belohnt das fleißige Kind und bestraft das faule, bestimmen auch die jeweiligen politischen Programme (Steuererleichterung und Abbau von Sozialleistungen). Was bedeutet, die »Fleißigen« werden belohnt und dürfen ihr hart verdientes Geld behalten, indem ihnen weniger Steuern abverlangt werden, während die »faulen Habenichtse« für ihren gesellschaftlichen Misserfolg bestraft werden, indem ihnen die Sozialleistungen gestrichen werden.

Framing, das Besetzen von Begriffen oder Themen mit Metaphern, welches eine Beeinflussung der Sprache in der Diskussion über ein bestimmtes Thema bestimmt, erfährt zunehmend öffentliche Aufmerksamkeit. Ein Rahmen (engl. frame) setzt dabei ein Thema in einen bestimmten Kontext, der mit Wertungen und Emotionen einhergeht. So macht es einen Unterschied, ob über den »Zuzug von Flüchtlingen« geredet wird oder über die »Flüchtlingslawine« oder den »Asyltourismus«. Der Begriff Flüchtlingslawine aktiviert bei der Empfängerin der Metapher Ängste, von einer Lawine verschüttet zu werden, der Begriff Asyltourismus blendet die oft desolaten Zustände in den Herkunftsländern der Flüchtlinge aus und suggeriert, die Flucht sei für die Betroffenen eine Art Urlaubsreise. So erscheint es offensichtlich, dass in der Politik Framing mit Metaphern bewusst eingesetzt wird, um der Wählerin eine bestimmte Sprachregelung nahezulegen und damit das Denken und die Emotionen hinsichtlich der gesetzten Themen zu beeinflussen. Dass Metaphern Glaubenssätze und Einstellungen im politischen Diskurs durchaus beeinflussen können, belegt eine Metaanalyse von Brugmann, Burgers & Vis (2019).

Als immer mehr Kriegsflüchtlinge aus Syrien Deutschland erreichten, benutzte der damalige Bundesfinanzminister Wolfgang Schäuble (CDU) auf einer Veranstaltung des Centrums für Europäische Politik im November 2015 den Begriff Lawine in Bezug auf Flüchtlinge. Dabei war das wohl keineswegs ein sprachlicher Ausrutscher, sondern er elaborierte die Metapher sorgfältig. So wisse er nicht, »ob wir schon in dem Stadium sind, wo die Lawine unten im Tal angekommen ist, oder ob wir in dem Stadium im oberen Drittel des Hanges sind« und er äußerte sich auch über den Auslöser der Lawine: »Lawinen kann man auslösen, wenn irgendein etwas unvorsichtiger Skifahrer an den Hang geht und ein bisschen Schnee bewegt«. Indirekt bezichtigte er damit Bundeskanzlerin Angela Merkel (die tatsächlich Ski-Langlauf fährt), mit ihrer Willkommenskultur die Lawine losgetreten zu haben. Die Metapher erregte einiges an Aufsehen und SPD-Politiker wiesen sie explizit zurück. Selbst der damalige Bundespräsident Joachim Gauck warnte in einer Rede vor Horrorszenarien, die suggerierten, man sei nicht in der Lage, auf die Herausforderungen zu reagieren (Schwäbisches Tagblatt, 13.11.2015). Auch wenn sich Wolfgang Schäuble zwei Wochen später bei der Bundeskanzlerin entschuldigte und angab, er habe nicht damit gerechnet, dass die Aussage auf Angela Merkel bezogen werden würde, wollte er mit der Metapher wohl Signale zur Begrenzung der Zuwanderung setzen. Um im politischen Diskurs zu überzeugen, sind gute Metaphern wohl unabdingbar. Eine Analyse der verwendeten Metaphern im TV-Redeuell 2013 vor der Bundestagswahl ergab, dass der Herausforderer Peer Steinbrück insgesamt 280 metaphorische Aussagen machte, Angela Merkel lediglich 127. Angela Merkel ging dann ja als Siegerin aus der Wahl hervor, was zeigt, dass die reine Quantität von Metaphern nicht unbedingt entscheidend ist, um Wählerstimmen zu gewinnen. Es zeigte sich auch, dass die Politikerinnen je nach Politikfeld unterschiedliche Metaphern verwendeten (Cordes, Mohr & Völkl, 2015). Um der suggestiven Wirkung von Frames zu entgehen, wird empfohlen, sich die Metaphorik der gesetzten Metaphern bewusst zu machen und diese zu hinterfragen. Ulmen & Wirth (2015) betonen, dass eine einzelne Metapher der Komplexität vieler Dinge nicht gerecht wird, da, wie aus der Metapher der »Asylantenlawine« ersichtlich wird, nur eine Perspektive und wenige Aspekte des komplexen Phänomens der globalen Migration herausgehoben werden. Lakoff & Johnson (2018) empfehlen das permanente Jonglieren mit verschiedenen Metaphern, um zu verhindern, dass viele Aspekte der Realität verborgen bleiben, und um im Alltag erfolgreich zu handeln.

Christandl, Fabian, Oberlechner & Pitters (2013) untersuchten die metaphorische Konzeptualisierung der Finanzkrise von wirtschaftlichen Laien und die Auswirkungen auf das subjektive Verständnis der Krise. Eine systematische Metaphernanalyse der Beschreibungen von 484 zufällig ausgewählten Bundesbürgerinnen und -bürgern erbrachte verschiedene Metapherfelder. Die Finanzkrise wurde als Schicksal, als bedrohliche Zukunft, als fremdes Leid, als Verfehlung, als Unrecht, als Gelegenheit, als Belastung und als Illusion konzeptualisiert.

Jede der Metaphern betonte unterschiedliche Aspekte der Krise und unterdrückte andere. Die Verwendung der unterschiedlichen Metaphern hatte auch Auswirkungen auf den Optimismus und die subjektive Betroffenheit der Probandinnen. Wenn eine Person die Krise als Schicksal beschreibt, so ist davon auszugehen, dass sie weniger aktive Handlungsmöglichkeiten zur Bewältigung der Krise oder der Vermeidung zukünftiger Krisen wahrnimmt, als jemand, der die Krise als Gelegenheit sieht, z. B. über eine stärkere Regulierung der Finanzmärkte Veränderungen im Wirtschaftssystem herbeizuführen.

1.3 Metaphern in der Wirtschaft

Auch die Wirtschaft hat die Kraft des Erzählens (Storytelling) entdeckt. Indem Geschichten zu Produkten oder Unternehmen erzählt werden, können diese ein Image hervorrufen, das bei den Zuhörerinnen positiv konnotierte Emotionen auslöst. Dadurch wird das Produkt auch besser erinnert.

Shiller (2017) geht sogar noch weiter und betrachtet ganze wirtschaftliche Entwicklungen als Folge von Storytelling. Er führt am Beispiel der großen Depression von 1930 und der Finanzkrise 2008 aus, wie Narrative des Börsencrashs in die wirtschaftliche Rezession führten. Das menschliche Gehirn ist stark auf Erzählungen ausgerichtet und diese beeinflussen Entscheidungen und Handlungen. Geschichten können sich viral verbreiten, manchmal weltweit, und haben so einen enormen Einfluss auch auf ökonomische Entscheidungen von Menschen, wie zu sparen und den Konsum einzuschränken.

Gezielt werden Metaphern in der Werbung eingesetzt. Den potenziellen Kundinnen wird eine Geschichte erzählt, die diese mit dem beworbenen Produkt verbinden sollen, welches dadurch gewisse Attribute erhält, die es vorher nicht hatte. Ich selbst bin in einer Zeit aufgewachsen, in der jahrelang in der Fernseh- und Kinowerbung mit herrlichen Bildern von weiten Landschaften, Pferden und freiem Cowboy-Leben am Lagerfeuer für Zigaretten geworben wurde. Ziel der Werbung war das durch die Bilder vermittelte Gefühl von Naturverbundenheit, Freiheit, Abenteuerlust und kerniger Männlichkeit auf das Rauchen von Zigaretten einer gewissen Marke zu übertragen. Heutzutage, nach dem weitgehenden Verbot von Tabakwerbung, sieht man in der Werbung meistens Autos unterschiedlicher Marken zügig mal durch Natur- mal durch Stadtlandschaften fahren. Wenn Kinder im Auto sind, wird der Familiensinn angesprochen und das Gefühl von Sicherheit auf die Automarke übertragen. Rast der SUV offroad durch die Natur wird der potenziellen Kundin angeboten, Freiheit, Unabhängigkeit und Kraft auf die Marke zu übertragen, kurvt der Kleinwagen gesteuert von einem jungen Menschen durch die Stadt, wird das Hip- und Mobil-Sein des urbanen Menschen angesprochen. So bekommt jedes Modell, jede Marke ein bestimmtes Image.

Auch Sex wird in der Werbung immer wieder genutzt, um Produkte begehrenswerter zu machen. Schwender et al. (2018) kommen nach einer Analyse von

1.129 Fernsehwerbespots aus den Jahren 2005 bis 2007 zum Ergebnis, dass immer wieder erotische Settings inszeniert werden, in denen Sex meist angedeutet wird. Sie beobachten dabei eher traditionelle Modelle von Partnerwahl, Körperlichkeit und Attraktivität. In den Spots wird beispielsweise suggeriert, dass Produkte (z. B. Alkohol) Zugänglichkeit zum anderen Geschlecht versprechen.

Eine Studie analysierte Fernsehwerbung für Online-Sportwetten. 133 verschiedene Werbefilme auf insgesamt 29 Portalen wurden hinsichtlich konzeptueller Metaphern nach Lakoff und Johnson untersucht. Die Autoren konnten dabei vier zentrale Metaphern identifizieren, deren sich die Werbung bediente. Wetten wurde als Liebe (z. B. zu einem Fußballverein), als ein Markt, als Sport und als natürliche Umgebung konzeptualisiert. Die Werbung intendierte, dass sich die Wettenden als aktive Spielerinnen begreifen sollen, die Kontrolle über ihre Wettergebnisse haben (Lopez-Gonzalez, Guerrero-Solé, Estévez & Griffiths, 2018).

Wie bereits anklingt, vollzieht sich die metaphorische Übertragung oft unbewusst, die genaueren Zusammenhänge werden in Kapitel 2 erläutert. Auch hinsichtlich der Werbung ist es deshalb wichtig, sich die dort genutzten Metaphern bewusst zu machen und sie dahingehend zu untersuchen, welche Aspekte eine Metapher hervorhebt und welche sie verdunkelt. Das kann uns in der Bewertung von politischer oder kommerzieller Werbung objektiver und mündiger machen und hilft uns, bewusstere Entscheidungen zu treffen.

> **Übung 1**
>
> Versuchen Sie, den für die Psychotherapie wichtigen Begriff Entwicklung (im Sinne von Reifung) zu beschreiben und zu definieren, ohne eine Metapher zu verwenden. Halten Sie das Ergebnis schriftlich fest. Wenn Sie dann mit der Lektüre des Buches fortgeschritten sind, nehmen Sie sich Ihre Aufzeichnung noch einmal zur Hand und überprüfen Sie, ob nicht doch eine oder mehrere Metaphern enthalten sind.

2 Das Wesen der Metapher

Nachfolgend wird der Begriff Metapher definiert und eine Abgrenzung zu anderen Begriffen vorgenommen. Wesentliche Aspekte der Metapherntheorie von Lakoff und Johnson werden vorgestellt und die Verarbeitung von Metaphern ausgeführt. Das Konzept der »Lebendigkeit« von Metaphern wird erörtert, ebenso wie entwicklungspsychologische Aspekte und die Bedeutung der kulturellen Fundierung von Metaphern. Es wird aufgezeigt, wie Metaphern die Kriterien von Suggestionen erfüllen, indem sie auf der automatischen Aktivierung von Konzepten und Schemata beruhen, und dass Imagination als Methode zur Arbeit mit Metaphern genutzt werden kann.

2.1 Definition

Das Wort *Metapher* leitet sich aus dem griechischen »metaphorein« ab, und bedeutet wörtlich »übertragen«. Ich bevorzuge hier eine Definition, die auch einer psychotherapeutischen Sichtweise auf die Metapher gerecht wird, indem sie einen Prozess der gegenseitigen Beeinflussung und Anpassung zwischen zwei Konzepten oder Bereichen, die ursprünglich voneinander getrennt waren, betont. Der Empfänger einer Metapher muss zum einen die Verbindung zwischen den Konzepten erkennen und zum anderen die Modalität der Verbindung rekonstruieren (Hülzer, 1987). Eine Metapher ist dadurch bestimmt, dass sie eine Sache in den Begriffen einer anderen ausdrückt, wobei diese Verknüpfung ein neues Licht auf die beschriebene Sache wirft (Kopp, 1971). Dadurch schafft die Metapher neuartige Sichtweisen eines Sachverhalts, neue Denkperspektiven und Bedeutungen (vgl. Krause & Revenstorf, 1997).

Dabei kann es sich um Fremdes handeln, das einbezogen werden soll, indem neue Fakten, Ereignisse oder Erfahrungen in einen schon bestehenden Rahmen eingeordnet werden. Eine Psychotherapeutin kann einer Patientin, die bisher keine Therapie gemacht hat und unsicher ist, was eine Therapie ist, wie sie abläuft und was von ihr verlangt wird, die Psychotherapie als Bergwanderung nahebringen. Die Patientin kann somit ihre sinnlichen Erfahrungen mit Bergwanderungen und das, was sie darüber weiß, auf das Konzept der Psychotherapie übertragen. Es kann sich aber auch um den umgekehrten Prozess handeln, wobei Bekanntes einen neuen Aspekt erhält, also fremd gemacht wird (Jimenez, 1976). Wenn ich zu jemandem, der meine Kollegin Cornelie lediglich oberflächlich kennt, sage: »Cornelie ist ein Juwel« so kann das sein Konzept und seine Wahrnehmung der Person Cornelie verändern, indem es Aspekte hinzufügt, die vorher nicht repräsentiert waren, wie »sie ist eine geschätzte Person«, »die Beziehung zu Cornelie ist ihm wertvoll, bedeutet ihm etwas«. Diese Vorgänge erinnern an Piagets Beschreibung fundamentaler Lernschemata, nämlich den Konzepten der Assimilation und Akkommodation.

Die Nebeneinanderstellung von einer Zieldomäne und einer Quelldomäne, die miteinander verbunden werden, bilden den Kern einer Metapher. Die Zieldomäne, in der Linguistik auch Tenor, Topik oder Bildempfänger genannt, ist das Subjekt einer Metapher, der Gegenstand, auf den sie sich bezieht. Die Quelldomäne, in der Linguistik auch als Vehikel oder Bildgeber bezeichnet, wird genutzt, um die Zieldomäne zu erklären, dadurch kommt es zu einer Verbindung der gemeinsamen Attribute von Zieldomäne und Quelldomäne. Ein einfaches Beispiel hierfür wäre das von Lakoff & Johnson (2018) verwendete Shakespeare-Zitat: »Julia ist die Sonne«. Eigenschaften, die normalerweise einen Stern, nämlich die Sonne charakterisieren, wie etwa Wärme, Licht und eine zentrale Position, werden auf einen Menschen, namentlich Julia übertragen. Die Konzepte werden somit verbunden und dadurch können auch emotionale Komponenten bzw. Einstellungen, die mit der Quelldomäne Sonne assoziiert sind, auf die Zieldomäne Julia übertragen werden. Genaugenommen wird aber auch das Konzept der Quelldomäne Sonne durch das Konzept der Zieldomäne Julia verändert. So werden einige Eigenschaften der Sonne unterdrückt, die sich nicht für eine Übertragung eignen, z. B.: ist der erdnächste Stern, hat eine große Masse, stößt Gaswolken aus, ist 4,5 Milliarden Jahre alt. Wir sehen daran, dass die Quelldomäne einer Metapher immer auch einen unbenutzten Bereich hat (▶ Abb. 2.1). Nach Jost (2008) kann die Metapher somit als eine Art Filter gesehen werden, der gewisse Aspekte der Quelldomäne betont und andere unterdrückt.

Was genau von der Quelldomäne auf die Zieldomäne übertragen wird, wird auch vom Kotext und vom Kontext beeinflusst. Kotext bezeichnet die sprachliche Umgebung einer Metapher und gibt Hinweise, welche Eigenschaften der Quelldomäne auf die Zieldomäne übertragen und welche unterdrückt werden. Deutlich wird das, wenn die Metapher »Julia ist die Sonne« durch die Aussage »Sie blendet Menschen« ergänzt wird. Wir bekommen in diesem Fall ein völlig anderes Bild von Julia als wenn die Metapher durch die Aussage »Menschen können ihre Wärme spüren« ergänzt wird. Der Kontext wird zum einen durch das Konzeptwissen der Empfängerin der Metapher bestimmt (ist der erdnächste Stern, stößt Gaswolken aus, ist 4,5 Milliarden Jahre alt, ist unabdingbar, damit sich auf der Erde Leben entwickeln kann), zum anderen aber auch durch die Kultur. Menschen, die in einer Kultur leben, welche die Sonne als zentrale Gottheit verehrt, haben wahrscheinlich eine besondere Einstellung und Beziehung zur Sonne. Für sie erhielte Julia dann göttliche Eigenschaften. Auch subjektive Erfahrungen mit der Sonne stellen Kontextfaktoren dar. Jemand, der unter einer Sonnenallergie leidet, fühlt sich durch die Sonne womöglich bedroht und könnte dieses Gefühl der Bedrohung auf Julia übertragen. Jemand, der sich gerne sonnt und braungebrannt durch die Gegend läuft, überträgt eher das Gefühl des Wohlbefindens auf Julia.

2 Das Wesen der Metapher

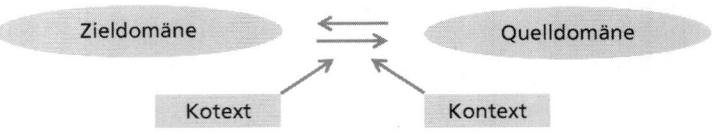

Die Sonne
- ~~ist ein Stern~~
- nimmt eine zentrale Position ein
- ist warm
- spendet Leben
- ~~stößt Gaswolken aus~~

- ~~ist 4,5 Mrd Jahre alt~~
- ~~hat eine große Masse~~
- ist freundlich
- macht mich froh

Abb. 2.1: Schematische Darstellung der Übertragung von Eigenschaften der Quelldomäne auf die Zieldomäne einer Metapher unter Berücksichtigung von Kotext und Kontext. Eigenschaften der Quelldomäne Sonne, welche durch die Zieldomäne Julia unterdrückt werden, sind durchgestrichen dargestellt.

Durch den Effekt der Übertragung, aber auch des Unterdrückens von Eigenschaften der Quelldomäne (z.B. Emotionen und Einstellungen), haben Metaphern einen suggestiven Effekt (▶ Kap. 2.5). So intendiert die Metapher »Flüchtlingslawine« eine Übertragung der mit der Quelldomäne »Lawine« assoziierten Ängste vor der zerstörerischen Kraft des Naturereignisses, dem Verschüttet werden und dem qualvollen Ersticken, auf die Zieldomäne des Zuzugs von Flüchtlingen. Übertragen werden können aber auch die Hilflosigkeit angesichts einer abgehenden Lawine oder die Motivation aktiv zu werden, um eine Lawine auf jeden Fall zu verhindern. Auch die Metapher der »Asylantenflut« ist verbreitet und überträgt ähnliche Eigenschaften von der Quelldomäne Flut auf die Zieldomäne Asylanten. Beide Metaphern sind eine Untermetapher der Metapher »Der Zuzug von Flüchtlingen ist eine Naturkatastrophe«.

Die Übertragung von Erfahrungen aus einem Bereich, in dem eine gewisse Expertise besteht, auf einen anderen Bereich, der neu ist, scheint ein phylogenetisch und ontogenetisch adaptiver Prozess zu sein, der Sinn macht. Jemand, der gelernt hat Auto zu fahren und dabei eine gewisse Erfahrung und Routine entwickelt hat und nun erstmals mit einem Motorboot fahren möchte, wird seine Erfahrungen des Autofahrens auf das Fahren eines Motorboots übertragen. Beide haben einen Motor, der gestartet werden muss, einen Tank oder Akku, der gefüllt bzw. geladen sein sollte, eine Möglichkeit, das Tempo der Fahrt zu regulieren und ein Lenk- bzw. Steuerrad mit dem die Richtung geändert werden kann. Es gibt also viele Ähnlichkeiten, aber doch gibt es Unterschiede. Beispielsweise gibt es im Boot kein Bremspedal, sondern es wird gebremst, indem der Rückwärtsgang eingelegt wird, es gibt im Boot kein Gaspedal, sondern einen Hebel mit dem beschleunigt werden kann etc. Auto- und Motorbootfahren ist also sowohl gleich als auch unterschiedlich. Um das Neue zu lernen, wird auf das Bekannte zurückgegriffen. Dieser Prozess scheint sowohl in der Entwicklung der Menschheit als auch in der Entwicklung eines jeden Individuums eine zentrale Rolle zu spielen. Julia ist die Sonne und gleichzeitig ist Julia nicht die Sonne. Kopp (1995) geht so weit zu postulieren, dass die Metapher ein grundlegendes Prinzip der Evolution darstellt.

Auch Adjektive (»verworrene Gedanken«), Adverbien (»bitter daherreden«) und Verben (»die gehässigen Worte verbrannten ihre Zunge«) können metaphorisch gebraucht werden und lassen sich auf eine Nebeneinanderstellung zweier Substantive zurückführen (»Gehässigkeit ist Hitze«).

Es gibt neben der Metapher sehr ähnliche Konzepte, von denen ich hier drei aufführen möchte, um Gemeinsamkeiten und Unterschiede aufzuzeigen.

Das Wort *Analogie* kommt ebenfalls aus dem Griechischen und bedeutet Entsprechung. Im Gegensatz zur Metapher »Julia ist die Sonne« wird das Wort wie hinzugefügt: »Julia ist wie die Sonne«. Explizit wird darauf hingewiesen, dass es sich um zwei verschiedene Konzepte handelt und zwischen diesen Konzepten Ähnlichkeiten bestehen. Mit Hilfe der Analogie wird die Beziehung zwischen zwei Dingen durch bekannte oder ähnliche Beziehungen zwischen zwei anderen Dingen erklärt. »Wenn ich meine Erkältung mit Antibiotika behandele, ist das ja wie mit Kanonen auf Spatzen schießen.« Die übertriebene Unangemessenheit der Maßnahme, eine Erkältung mit Antibiotika zu behandeln, wird hier mit einer feststehenden Redewendung »Mit Kanonen auf Spatzen schießen« verdeutlicht.

Im Fall der *Metonymie* wird eine Eigenschaft eines Objekts, einer Person oder eines Sachverhalts benutzt, um sich auf eine andere Eigenschaft oder das Objekt, die Person oder den Sachverhalt selber zu beziehen. Wenn der Nachbar herüberkommt und sagt: »Ich brauche ein paar starke Arme«, so meint er, dass er etwas Schweres transportieren möchte und dazu die Hilfe einer starken Person braucht. In diesem Fall steht der Teil für das Ganze, also die starken Arme für die starke Person, was als *Synekdoche* bezeichnet wird, eine Unterform der Metonymie. »Der Teil steht für das Ganze« stellt nach Lakoff & Johnson (2018) ein metonymisches Konzept dar. Es gibt noch weitere metonymische Konzepte, wie z. B. »der Erzeuger steht für das Produkt.« Ein Beispiel hierfür wäre, wenn ich jemanden auffordere: »Gib mir mal ein Tempo«. Hier steht die Marke Tempo für das Produkt und ich erwarte gar kein Tempo, sondern ein Papiertaschentuch. Wie metaphorische Konzepte sind auch metonymische Konzepte in unserem Denken verwurzelt und strukturieren unsere Einstellungen und Handlungen, jedoch sind bei der Metonymie die Aspekte, worauf Bezug genommen wird, spezifischer. Auch in der religiösen Symbolik spielt die Metonymie eine besondere Rolle (vgl. Lakoff & Johnson, 2018). So gilt im Christentum der Weinstock als Symbol für die Verbundenheit zwischen Christus und den Gläubigen. »Ich bin der Weinstock, ihr seid die Reben«, sagt Jesus (Johannesevangelium 15, 1–8). Die Reben wachsen und tragen Früchte, solange sie mit dem Weinstock verbunden sind. So kann der Glaube fruchtbar werden. Beim Abendmahl symbolisiert der Wein das Blut Christi.

Krause & Revenstorf (1997) stellen fest, dass es sich bei Geschichten, Märchen, Fabeln, Parabeln, Sagen, Mythen, Anekdoten und Gleichnissen nicht um Metaphern per se handelt, sondern um Erzählformen, die Träger oder Rahmen für Metaphern und Analogien darstellen können (▶ Kap. 4). Erzählformen unterscheiden sich untereinander hinsichtlich literarischer Gesichtspunkte, wie Aufbau, Inhalt und Struktur. Geschichten stellen nach Lankton & Lankton (1991) eine Methode oder einen Rahmen dar, die der Aufnahme und der Weitervermittlung therapeutischer Suggestionen und Verknüpfungen an den Patienten dienen. Besonders im psychotherapeutischen Bereich wird oft von Metaphern gesprochen, wenn eigentlich therapeutische Geschichten gemeint sind, was in diesem Fall eine Synekdoche wäre: Ein Teil (Metapher) steht für das Ganze (Geschichte, die Metaphern enthält).

2.2 Die Metapherntheorie nach Lakoff und Johnson

Die Metapher ist Forschungsgegenstand zahlreicher Disziplinen. Linguistik, Psychologie, Rhetorik, Philosophie, Literaturwissenschaft, Semiotik, Soziologie, Medien- und Erziehungswissenschaft nähern sich der Metapher aus unterschiedlichen Perspektiven, was zu einem teilweise unübersichtlichen Methodenpluralismus führt (vgl. Gehring, 2013). Holyoak & Stamenković (2018) benennen drei für die kognitive Psychologie wesentliche Theorien des Verstehens von Metaphern. Zwei davon stellen Informationsverarbeitungsmodelle dar. Diese Theorien hier vorzustellen, würde den Rahmen des Buches sprengen und somit wird an dieser Stelle die wohl derzeit prominenteste und auch integrativste Metapherntheorie von Lakoff und Johnson (1980/2018) vorgestellt.

Anhand des Beispiels in Kapitel 1 »Argumentieren ist Krieg« haben wir bereits erfahren, was es bedeutet, wenn ein Konzept metaphorisch strukturiert ist, nämlich, dass wir nicht nur in Kriegsbegriffen über das Argumentieren reden, sondern auch dementsprechend wahrnehmen und denken, fühlen und handeln. Die Person, mit der wir argumentieren, wird zum Gegner, den wir besiegen möchten.

George Lakoff (ein Linguist) und Mark Johnson (ein Philosoph) entwickelten ihre Metapherntheorie seit den 1970er Jahren. Ihr wegweisendes Werk »Leben in Metaphern« veröffentlichten sie 1980, 2018 erschien es in der 9. Auflage und hat die Forschung in ganz unterschiedlichen Disziplinen beeinflusst (▶ Kap. 1). In ihrer Theorie formulieren sie vier Grundgedanken:

1. Die Metapher stellt nicht nur ein sprachliches Stilmittel dar, auch unsere Wahrnehmung, unser Denken und unser Handeln sind von Kindheit an metaphorisch strukturiert. Wir können die Welt nur mit Hilfe von Metaphern erfahren und verstehen.
2. Metaphern haben ein kulturelles Fundament.
3. Die Quelldomäne von Metaphern liegt im Bereich der menschlichen Sensumotorik, verfügt also über einen Bezug zum menschlichen Körper (»embodiment«). Der Körper bzw. die sinnliche Erfahrung wird somit zum Referenzpunkt bei der Schaffung von Bedeutung.
4. Metaphern beleuchten gewisse Aspekte und verdunkeln andere. In der Metapher »Julia ist die Sonne« werden Eigenschaften wie etwa Wärme, Licht und eine

zentrale Position auf Julia übertragen, diese Aspekte werden beleuchtet, während mögliche andere Aspekte, die Julia charakterisieren, wie möglicherweise Ungeduld, Fleiß oder Bildung verdunkelt werden (siehe auch das Beispiel Flüchtlingslawine aus ▶ Kap. 1).

Ein Beispiel, in dem das »embodiment« deutlich wird, ist die Metapher »mehr ist oben, weniger ist unten«. Sie begründet sich in der Erfahrung des Kindes, dass ein Turm aus Bauklötzen höher wird, je mehr Bauklötze aufeinandergestapelt werden, der Wasserstand steigt, je mehr Wasser in die Badewanne gefüllt wird. Buchholz (2015) führt an, dass die Metapher durch die sinnliche Erfahrung des Kindes, das aufrecht Gehen zu lernen, verankert wird. Dabei machen Kinder die Erfahrung, dass sie, wenn sie sich aufgerichtet haben, mehr überblicken können. Zudem erfahren sie, dass Erwachsene, die größer sind als sie, mehr können und mehr dürfen als sie. Die Metapher spiegelt sich in vielen alltäglichen Aussagen wider, deren Metaphorik uns nicht unbedingt bewusst ist, z. B.: »Die Aktienkurse sind gefallen«, »Die Kriminalität stieg letztes Jahr an«, »Sie ist schon über 80 Jahre alt«, »Mit seinen schulischen Leistungen ging es bergab«.

Es gibt jedoch noch andere Metaphern der räumlichen Orientierung, die nach dem oben-unten- Schema konzeptualisiert sind. Das metaphorische Konzept »Glücklich sein ist oben, traurig sein ist unten« ergibt sich über die Erfahrung des menschlichen Körpers im Raum und führt zu Aussagen wie: »Ich fühle mich heute obenauf«, »Ich bin in Hochstimmung«, »Deine Ermunterung gibt mir Auftrieb«, »Ich fühle mich down«, »Gestern ist meine Stimmung völlig abgestürzt«. Bezug genommen wird dabei auf die Körperhaltung in Abhängigkeit der Stimmung. Wir gehen aufrecht, wenn wir fröhlich und heiter sind, gebeugt, wenn wir uns depressiv oder traurig fühlen.

Auch die Metapher »Gesundheit und Leben sind oben; Krankheit und Tod sind unten« hat eine physische Grundlage. Wer krank ist, liegt flach, wer tot ist, kommt unter die Erde. Viele basale Konzepte werden nach Metaphern der räumlichen Orientierung organisiert. Orientierungsmetaphern haben ihre Wurzeln in unserer physischen und kulturellen Erfahrung. Die Metapher »Gut ist oben, schlecht ist unten« zeigt sich beispielsweise in Siegerehrungen bei sportlichen Wettkämpfen. Der Sieger steht ganz oben auf dem Podest, die Zweit- und Drittplatzierten stehen eine Stufe niedriger aber immer noch erhöht. Im Supermarkt werden die billigeren Artikel, die oft auch von geringerer Qualität sind, meistens unten in den Regalen platziert, die teuren oben. Gesellschaftlich gut gestellte Bürger sind Teil der »high society«, während Menschen in prekären Lebensverhältnissen der Unterschicht, Kriminelle der Unterwelt zugeordnet werden. Auch die Religion richtet sich nach der Metapher »Gut ist oben, schlecht ist unten« aus und lokalisiert das Paradies oben im Himmel, die Hölle dagegen im Untergrund. Gottwald, Elsner & Pollatos (2015) untersuchten in einer Studie, wie sich die Position der Präsentation von neutralen Gegenständen auf Bewertungen von Probanden auswirkt und fanden heraus, dass die Objekte tatsächlich positiver bewertet wurden, wenn sie im Gesichtsfeld oben anstatt unten dargeboten wurden. Der Effekt »schlecht ist unten« war sogar noch größer als »gut ist oben«. Nach Lakoff & Johnson (2018) sind elementare metaphorische Konzepte mit den elementaren Werten unserer Kultur kohärent. »Mehr ist besser«, »Größer ist besser« stellen kulturelle Bewertungen dar und sind kohärent mit der Metapher »Mehr ist oben« und finden ihren Ausdruck in unserem auf Wirtschaftswachstum ausgerichteten Gesellschaftsmodell.

Schwarz (1997) stellt fest, dass Menschen Dinge in Begriffen ihrer Körper, ihrer Körperfunktionen und ihrer Handlungen verstehen. Daraus leitet er eine Reihe von Grundmetaphern ab, welche die Denkschulen sowohl der westlichen als auch der östlichen Philosophie teilweise seit Jahrtausenden beeinflussen und die sich – wenn überhaupt – nur marginal verändert haben. Ich möchte hier exemplarisch zwei kreative Studien aufführen, welche die Hypothese des embodiment, also des sensumotorischen Verankertseins von Metaphern überprüfen, auch wenn die kleine Auswahl der Vielzahl der Studien in diesem Bereich nicht gerecht wird. Humphries et al. (2019) verglichen das Verstehen von Metaphern von Parkinson-Patienten und gesunden Probanden. Parkinson zählt zu den degenerativen Erkrankungen des extrapyramidalen-motorischen Systems. Dopaminmangel führt u. a. zu Bewegungsstörungen bis hin zu Bewegungslosigkeit und Haltungsinstabilität. Frühere Studien mit bildgebenden Verfahren hatten gezeigt, dass Metaphern, die motorische Prozesse enthalten (z. B. »ins Gras beißen«), entsprechende Areale im Gehirn aktivierten, welche diese Bewegung steuern und somit Bewegungssimulationen auslösten. Angenommen wurde, dass diese Bewegungssimulation bei an Parkinson Erkrankten beeinträchtigt sei, was sich auf das Verstehen von Metaphern, die sich auf Bewegung beziehen, auswirken sollte. Humphries et al. (ebd.) präsentierten ihren Probanden metaphorische und nicht-metaphorische Sätze, die entweder Bewegungen enthielten oder Geräusche. Wie erwartet, war lediglich das Verstehen der metaphorischen Bewegungssätze bei Parkinson-Patienten verzögert, nicht jedoch bei wörtlichen Bewegungssätzen. Bei gesunden Probanden fand sich dieser Effekt nicht. Er trat auch nicht bei allen dargebotenen Metapherformen auf. Gibbs (2013) führte ein Experiment durch, bei dem Probanden eine Geschichte über eine romantische Beziehung hörten, die entweder gut oder schlecht ausging. Die Geschichten wurden dabei entweder metaphorisch in Begriffen von Bewegung beschrieben »Deine Beziehung bewegte sich in eine gute Richtung« oder nicht-metaphorisch »Deine Beziehung war Dir wichtig«. Anschließend wurden die Teilnehmer aufgefordert, mit verbundenen Augen bis zu einer ca. 12 Meter entfernten Markierung zu gehen, während sie an die Geschichte denken sollten, die sie gerade gehört hatten. Diejenigen Probanden, welche die Geschichte mit dem Happy End gehört hatten, gingen länger und weiter als die Rezipienten der Geschichte, die schlecht ausging, jedoch nur unter der Bedingung der metaphorischen Beschreibung. Gibbs interpretierte die Ergebnisse in dem Sinne, dass das Verstehen von metaphorischen Erzählungen auf körperlichen Simulationen (embodied simulations) der in den Geschichten beschriebenen Aktionen beruht.

Metaphern lassen sich auf verschiedenen Abstraktionsebenen finden (▶ Abb. 2.2):

Für Schmitt & Heidenreich (2019) gehört das Schema der *räumlichen Orientierung* (x ist oben, y ist unten) auf die höchste Abstraktionsebene und sie bezeichnen es als ein *metaphergenerierendes Schema*. Als weiteres wichtiges metaphergenerierendes Schema benennen sie das *Objektschema*. Die frühe Erfahrung des Kindes mit dreidimensionalen, abgegrenzten Objekten führt zur Herausbildung dieses Schemas, das in der Aussage »Ich schenke Dir meine Liebe« seinen Ausdruck findet. Liebe wird hier als ein abgegrenztes Objekt konzeptualisiert, das verschenkt werden kann. Als weiteres Schema in dieser Kategorie führen sie die *Substanz* an, die in der Erfahrung des Hantierens mit Substanzen begründet liegt. »Sie überschüttete ihn mit ihrer Liebe« beruht auf der Metapher »Liebe ist eine Substanz«. Häufig begegnet uns auch das *Behälterschema*, welches auf der Erfahrung unseres Körpers als Behälter basiert. Auch Räume, in denen wir uns aufhalten, sind Behälter. Behälter sind immer durch ein Innen und ein Außen definiert und können in der Sprache meist durch Präpositionen, wie »in« oder »aus« identifiziert werden. Die Aussagen »Ich fühle mich wohl in meinem Leben« oder »Verschwinde aus meinem Leben« gehen auf die Metapher »Das Leben ist ein Behälter« zurück. Auch in diesem Fall wird angenommen, dass die Metapher sinnlich verankert ist, da das Kind früh erfährt, dass es sich in einem Kinderbett, in einem Raum, in einem Haus befindet und dass sein Organismus durch die Haut von der Umwelt abgegrenzt ist. Auch in der Beschreibung von psychischen Aspekten hat die Metapher eine Relevanz. Ausdrücke, wie »Der ist doch nicht ganz dicht«, »Die hat doch nicht alle Tassen im Schrank«, »Ich stehe unter Druck« sind nur ein paar wenige Beispiele dafür, wie Aussagen über den psychischen Zustand auf das Behälterschema zurückgehen. Abschließend sei hier noch die *Personifikation* als Schema genannt. Abstrakte Eigenschaften werden hier als Personen gesehen. In der Aussage »Die Depression schlug wieder zu« wird die Metapher »Die Depression ist ein Aggressor« erkenntlich. Es gibt noch weitere metaphergenerierende Schemata und Schmitt & Heidenreich (2019) betonen, dass bisher im Rahmen der Analysen keine endgültige Anzahl identifiziert werden konnte.

Relevanter für psychotherapeutische und beraterische Zwecke ist die Ebene, die Ulmen & Wirth (2015) als *konzeptuelle Metaphern* bezeichnen und Schmitt und Heidenreich (2019) als *metaphorische Konzepte*. Die Metapher »Argumentieren ist Krieg« ist eine solche Metapher. Aus dem Quellbereich lässt sich oft eine Vielzahl von Eigenschaften auf den Zielbereich übertragen, einige Eigenschaften jedoch nicht (▶ Kap. 2.1). Oft sind die Metaphern zudem hierarchisch innerhalb der Ebene angeordnet und weisen manchmal Überschneidungen mit anderen Metaphern auf. So können die Aussagen »Schießen Sie los« und »Ihre Kritik traf mich« Ausdruck der Metapher »Argumentieren ist ein Schusswechsel« sein, die wiederum eine Untermetapher der Metapher »Argumentieren ist Krieg« ist. Diese wiederum ist eine Untermetapher der Metapher »Diskussion ist körperliche Auseinandersetzung«, welche wiederum eine Untermetapher der Metapher »Das Leben ist ein Kampf« darstellt. Die Metapher »Zeit ist Geld« ist mit den Metaphern »Zeit ist eine begrenzte Ressource« und »Zeit ist ein kostbares Gut« verbunden. Zusammen bilden sie nach Lakoff & Johnson (2018) ein kohärentes System metaphorischer Konzepte. Aus der Erfahrung in unserer Gesellschaft lernen wir, dass Geld eine begrenzte Ressource ist, wir machen die Erfahrung, dass knappe Ressourcen wertvoll sind und so kommen wir zu den Ableitungen von Zeit als begrenzter Ressource und als kostbarem Gut. Dazu kommen die metaphergenerierenden Konzepte »Zeit ist eine Substanz« und »Zeit ist ein Objekt« und schon macht es metaphertheoretisch völlig Sinn, wenn wir Zeit sparen, verschwenden, investieren, auskosten, opfern, stehlen, schenken, nehmen oder verfließen lassen. Im klinischen Bereich erachten es Schmitt & Heidenreich (2019) für hilfreich, den Sinn mehrerer zusammenhängender Metaphern als metaphorische Konzepte zu rekonstruieren und führen dies am Beispiel des Alkoholkonsums aus. Skirl (2013) kritisiert die aus seiner Sicht fehlende Trennung von sprachlichen Ausdrücken und Konzepten bzw. konzeptuellen Domänen und bezeichnet Begriffe wie konzeptuelle Metapher und metaphorische Konzepte als widersinnig. Er fordert eine genaue Unterscheidung von sprachlicher und konzeptueller Ebene.

Manifeste Metaphern (Ulmen & Wirth, 2015) oder *konkrete metaphorische Redewendungen* (Schmitt & Heidenreich, 2019) sind Alltagsmetaphern, zu denen Redewendungen und Sprichwörter gehören, aber auch lexikalisierte Metaphern (▶ Kap. 2.4). Meist werden weniger Eigenschaften der Quelldomäne auf die Zieldomäne übertragen als bei konzeptuellen Metaphern. Auch literarische Metaphern, wie »Die Sonne war ein glühendroter Feuerball«, zählen dazu. Hier wird die Form, Farbe und Temperatur des Balles im Quellbereich auf den Zielbereich Sonne übertragen, womit die Eigenschaften des Balles, welche auf die Sonne übertragen werden können, auch schon erschöpft sind. Metaphern auf dieser Ebene finden sich oft im Alltag, sei es in der journalistischen Berichterstattung oder in der Unterhaltung mit Nachbarn, und haben deshalb für diese Bereiche eine besondere Bedeutung. Auch in der Therapie werden manifeste Metaphern von Patienten immer wieder zur Problembeschreibung benutzt (z. B. »Ich bin ein Hamster im Laufrad.«, ▶ Kap. 3.3).

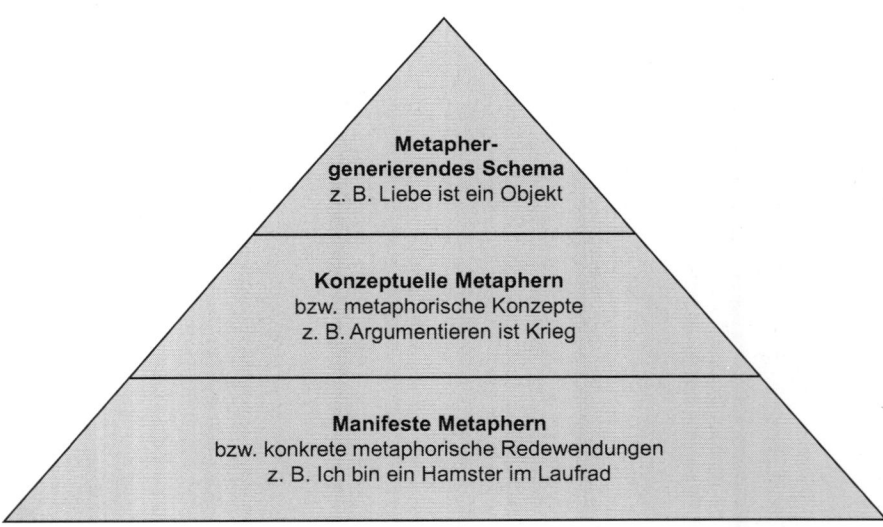

Abb. 2.2: Abstraktionsebenen von Metaphern

Pecher (2018) äußert jedoch Zweifel daran, dass abstrakte Konzepte immer in sensumotorischen Erfahrungen begründet sind. Auch Varga (2018) sieht gewisse Grenzen der konzeptuellen Metapherntheorie und weist auf unbeantwortete philosophische Probleme hin. Schmitt und Heidenreich (2019) befinden, dass die

Theorie von Lakoff und Johnson, wie jede Metapher, gewisse Aspekte hervorhebt, andere wiederum ausblendet. Sie kritisieren, dass, obwohl Lakoff und Johnson den Grundgedanken eines kulturellen Fundaments von Metaphern formulieren, sie die Kultur jedoch nicht im angemessenen Maße berücksichtigen und kulturwissenschaftliche und soziologische Ansätze vernachlässigen. Darüber hinaus unterliege auch der Körper sozio-kulturellen Einflüssen und Wahrnehmungen und werde dadurch mitbestimmt. Zudem werden nach Meinung von Schmitt und Heidenreich (ebd.) Metaphern der Bindung im Sinne von Bowlby (2001) nicht berücksichtigt. Unklar bleibt deshalb, ob unterschiedliche Bindungstypen sich in ihrem Metapherngebrauch unterscheiden, sowohl was die Häufigkeit des Gebrauchs als auch den Inhalt der Metaphern betreffen.

2.3 Verarbeitung von Metaphern

Gibt es Unterschiede in der Verarbeitung von Metaphern und wörtlicher Sprache, und wenn ja, welche? In der Verarbeitung von metaphorischer und wörtlicher Sprache gibt es zunächst mehr Gemeinsamkeit als diskret voneinander Abzugrenzendes. Worterkennung, sowohl in der gesprochenen Kommunikation als auch beim Lesen, beansprucht große Teile der linken Hirnhälfte, aber auch die rechte Hemisphäre ist beteiligt und alle vier Hirnlappen werden aktiviert, um aus Worten Sinn zu erschaffen, was etwa eine Viertel- bis eine halbe Sekunde dauert. Dabei wird auch der Kontext mit einbezogen und das Rezipieren von Tätigkeitswörtern zeigt Aktivierungen in anderen Hirnstrukturen als das Rezipieren bildhafter Substantive (Jacobs, 2015). Auch das Allgemeinwissen scheint sich auf die Beteiligung der Hemisphären auszuwirken. Während Probanden mit einem großen Allgemeinwissen Metaphern in beiden Hemisphären gleich gut verarbeiten, scheinen sich Probanden mit niedrigem Allgemeinwissen eher auf die linke Hemisphäre zu verlassen, wenn sie konventionelle Metaphern verarbeiten (Briner, Schutzenhofer & Virtue, 2018). Kotext- und Kontextfaktoren (▶ Kap. 2.1) bestimmen in der Regel, ob ein Ausdruck wörtlich oder als Metapher wahrgenommen wird. Dennoch scheinen wir bei der Rezeption von neuen, lebendigen Metaphern einen größeren kognitiven Aufwand zu betreiben als bei konventionellen Metaphern (▶ Kap. 2.4). Geläufige Redewendungen und Metonymie verarbeiten wir sogar schneller als andere sprachliche Ausdrücke (Michl, 2019). Blickbewegungsmessungen erbrachten Unterschiede beim Lesen von konventionellen und unkonventionellen Metaphern. Probanden sprangen beim Lesen von unkonventionellen Metaphern verstärkt zurück, um die Textpassage wiederholt zu lesen, was den Verarbeitungsprozess komplexer machte und mehr Zeit in Anspruch nahm (von Stockhausen & Christmann, 2015). Wird eine Metapher gelesen, so scheint der Leser seine vorläufige Interpretation erst zu überprüfen, bevor er weiterliest. Metaphern (z. B. Wissen ist ein Fluss) führen zudem zu mehr Blickbewegungen und damit zu einer längeren Lesezeit, als das bei Vergleichen (Wissen ist wie ein Fluss) der Fall ist (Ashby, Roncero, De Almeida &

Agauas, 2017). Dem linken unteren Frontalgyrus (LUFG) wird eine besondere Beteiligung bei der Bedeutungskonstruktion von Sprache beigemessen und tatsächlich war die Aktivität dort beim Rezipieren von neuen Metaphern größer als bei konventionellen Metaphern und wörtlichen Ausdrücken, wie eine MRT (Magnetresonanztomographie)-Studie nahelegt (Forgacs et al., 2012, vgl. Benedek et al., 2014). Ob wir Metaphern relativ mühelos verstehen oder ob eine Metapher eine Interpretation erfordert, hängt vom Metapherntyp, der Ausdrucksform der Metapher, vom Wissen sowie ihrem Symbolisierungsmodus ab. Metaphern werden desto besser verstanden, je konventioneller die Ausdrucksform und Funktion, je eindeutiger ihre interagierenden Konzepte und je gewöhnlicher der Symbolisierungsmodus sind (Jost, 2008).

Christmann & Groeben (2013) benennen zwei unterschiedliche Zugänge der kognitiven Psychologie, um das Verstehen von Metaphern zu erforschen. Der erste Zugang untersucht, wie das metaphorisch Gemeinte rekonstruiert wird. Die Metapherntheorie von Lakoff und Johnson beantwortet diese Frage mit der sensumotorischen Verankerung von Konzepten im Körper (embodiment). Ein weiterer Zugang besteht darin, den Verarbeitungsaufwand beim Verstehen von Metaphern zu fokussieren. Christmann & Groeben (ebd.) führen dazu drei Modelle auf von denen das *Modell der gestuften Salienz* das integrativste ist. Das Salienzprinzip besagt, dass zunächst die hervorstechenden (salienten) Bedeutungen eines Ausdrucks verarbeitet werden. Vertraute und konventionelle Bedeutungen werden deshalb zuerst verarbeitet, da sie im mentalen Lexikon ganz oben stehen. Neue Metaphern sind jedoch nicht im mentalen Lexikon repräsentiert und es bedarf zusätzlichen kognitiven Aufwands, um sie zu verstehen. Der Verarbeitungsaufwand richtet sich also nach dem Grad der Konventionalität einer Äußerung. Konventionelle Metaphern werden somit direkt verarbeitet und genauso schnell verstanden wie wörtliche Ausdrücke. Bei der Rezeption von neuen Metaphern erfolgt zuerst die Aktivierung der wörtlichen Bedeutung, die darauffolgende Konstruktion der figurativen Bedeutung erfordert dann mehr Zeit.

Kopp (1995) sieht in der Metapher eine Synthese aus imaginativen und verballogischen Prozessen. Paivio & Walsh (1993) gehen davon aus, dass bei der Kodierung von Metaphern, neben verbal-assoziativen Prozessen, auch bildliche Vorstellung eine Rolle spielt. Indem die beiden unabhängigen aber miteinander verbundenen Prozesse interagieren, kommt es zu einer tieferen Verarbeitung und zu einer besseren Erinnerung von figurativer Sprache. Metaphern haben somit einen Einfluss auf das Gedächtnis und werden wohl aufgrund der Beteiligung imaginativer Prozesse gut erinnert. Imaginative Prozesse spielen jedoch auch bei der Aktivierung von Emotionen eine wichtige Rolle (vgl. Krause & Revenstorf, 1997). Metaphern, die von Probanden als angemessen eingeschätzt wurden, konnten von ihnen mühelos bildlich vorgestellt werden, neue Metaphern konnten sie jedoch schlechter imaginieren. Eine kreative Metapher definiert sich durch ein gewisses Verhältnis von Neuheit und Angemessenheit. Metaphern, die ein hohes Maß an Imagination auslösten, wiesen eine perzeptuell-konfigurale Ähnlichkeit zwischen Quell- und Zieldomäne auf (»der See ist ein Spiegel«) (Fainsilber & Kogan, 1984). Stott, Mansell, Salkovskis, Lavender & Cartwright-Hatton (2010) betonen die Wichtigkeit der imaginativen Komponente von Metaphern und ihre Auswirkungen auf ein besseres

Erinnern für die Psychotherapie. Wichtig sei es deshalb, in der Therapie mit lebendigen Metaphern zu arbeiten und die Verbindung zu visuellen Imaginationen, aber auch zu Imaginationen in anderen Sinnesmodalitäten aktiv zu fördern (▶ Kap. 2.6). Das gelenkte Explorieren von Metaphern in der Therapie führt zu einer tieferen Verarbeitung der Inhalte, die in der Folge leichter abrufbar sind. Oft sind mit einer Metapher komplexe Bedeutungsstrukturen verknüpft, welche dann durch die Metapher erinnert werden können.

2.4 Lebendigkeit von Metaphern

Metaphern werden auch anhand des Kriteriums der Lebendigkeit unterschieden: *Lexikalisierte (schlafende, tote) Metaphern* haben bereits Einzug in Lexika gehalten (z. B. Tischbein, Flughafen, Lebensabend). Bei einem aus zwei Substantiven zusammengesetzten Wort handelt es sich um ein sogenanntes Nomen-Nomen-Kompositum, das nicht in vielen Sprachen, im Deutschen aber besonders häufig, vorkommt. Die interagierenden Konzepte sind zu einem lexikalischen Ausdruck »erstarrt« und werden als feststehende Begriffe im mentalen Lexikon gespeichert. Um den metaphorischen Ursprung zu erfassen, bedarf es einer Rekonstruktion der Quell- und der Zieldomäne. So wird bei Lebensabend der letzte Teil des Tages, nämlich der Abend auf die letzte Phase der Lebensspanne übertragen. Insofern eignet sich der Begriff schlafende Metapher besser als der Begriff tote Metapher, da die figurative Bedeutung wieder hergestellt werden kann, z. B. in der Dichtung (s. u.). Lexikalisierte Metaphern lassen kaum Spielraum zu, welche der mit der Quelldomäne verbundenen Eigenschaften auf die Zieldomäne übertragen werden können. Die Anzahl lexikalisierter Metaphern wächst ständig weiter und sie gehen dann ins Lexikon ein, wenn sie über eine gewisse Zeitspanne mit gleichbleibender Bedeutung gebraucht werden. Neuere Beispiele wären der Rettungsschirm, ein Begriff, der in der Finanzkrise Einzug ins Lexikon fand, und die Pandemiemüdigkeit, eine Metapher, die in der Coronapandemie auftauchte. Nicht jedes Nomen-Nomen-Kompositum stellt allerdings eine Metapher dar. So bezeichnet die Polizeiuniform lediglich, zu einem Wort zusammengezogen, die Uniform eines Polizisten.

Auch Verben, besonders solche, die eine Bewegung bezeichnen, haben nach Kohl (2013) neben ihrer ursprünglichen eine metaphorische Bedeutung. So hat das Verb »bringen« ursprünglich die Bedeutung von »einen Gegenstand oder eine Person an einen anderen Ort bewegen«, tatsächlich wird es oft metaphorisch benutzt: »Ich bringe es nicht mehr« im Sinne von etwas zustande bringen, »Ich bringe es zu Ende« im Sinne von beenden, »das bringt es nicht« im Sinne von taugen, »Meine Geldanlage bringt eine Dividende« im Sinne von erwirtschaften. Unmittelbar erschließt sich uns die metaphorische Bedeutung nicht. Der Metaphorik schon ein bisschen bewusster werden wir uns im Fall von Redewendungen, die bringen als Verb enthalten (s. a. konventionalisierte Metaphern). »Ein Kind zur Welt bringen« bedeutet gebären, »Um die Ecke bringen« ist eine Metapher für töten. Wenn ich »Meine Tochter unter die Haube bringe«, verheirate ich sie.

Konventionelle (konventionalisierte) Metaphern tauchen in bestimmten Kontexten immer wieder auf und sind dort bewährt und geläufig. Redewendungen oder Sprichwörter sind oft hoch konventionell (z. B. Morgenstund' hat Gold im Mund). Oft verwenden Patienten Metaphern, die von der Gesellschaft oder einem engeren sozialen Umfeld benutzt werden, um Krankheiten oder Störungen zu beschreiben. Eine Studie von McMullen & Conway (2002) ergab nach einer Auswertung des Metapherngebrauchs von Patienten in 471 Therapiesitzungen, dass Depression häufig in vier konzeptuellen Metaphern (▶ Kap. 2.2) beschrieben wurde. Depression ist ein Abstieg, Depression ist Dunkelheit, Depression ist ein Gewicht und Depression ist ein Kidnapper. Tatsächlich lassen sich viele Aussagen, die Depression betreffen, auf diese vier konzeptuellen Metaphern zurückführen und da sie von einer Vielzahl von Menschen immer wieder im gleichen Kontext benutzt werden, gelten sie als konventionell. Dazu passen Ergebnisse der Studien von Persich et al. (2019). Personen, die Konzepte der Dunkelheit gegenüber Konzepten des Lichts vorzogen (ca. 25 % der Probanden), hatten höhere Neurotizismus-Werte, erlebten mehr depressive Affekte im Alltag und zeigten neben einer erhöhten Anzahl depressiver Symptome zudem häufiger Symptome einer generalisierten Angststörung.

Übung 2

Eine Studie von McMullen & Conway (2002) ergab, dass Depression von Patienten in vier konzeptuellen Metaphern beschrieben wurde: Depression ist ein Abstieg (z. B. »Meine Stimmung zieht mich runter.«), Depression ist Dunkelheit (z. B. »Meine Welt ist grau.«), Depression ist ein Gewicht (z. B. »Es drückt auf mein Gemüt«), Depression ist ein Kidnapper (z. B. »Ich bin in meiner Stimmung gefangen«). Finden Sie so viele Aussagen wie möglich, welche die konzeptuellen Metaphern beschreiben.

Lebendige Metaphern tauchen oft in der Poesie auf (z. B. »Der Morgen war ein Fisch im Kescher, glitzernd und zappelnd am pechschwarzen Rand ihres Bewusstseins (…).« Boyle, 2005, S.11) und schaffen neue und kreative Bedeutungen. Aufgrund der Neuheit ist bei ihnen der Prozess der Übertragung zwischen den verbundenen Konzepten besonders intensiv und erfolgt nicht so mühelos wie bei lexikalisierten und konventionellen Metaphern (▶ Kap. 2.3). Die Metaphern stellen dann einen Bruch dar, es entsteht beim Empfänger eine Irritation oder eine Anstrengung, die Metapher zu begreifen. Lebendige Metaphern brechen mit konventionellen Bezugsrahmen. Volitionale und emotionale Eigenschaften des Quellbereichs treten besonders hervor. Lebendige Metaphern werden nicht wie lexikalisierte Metaphern einfach verstanden, die Metaphern werden interpretationsbedürftig, was einem bewussten und aktiven Prozess entspricht. Fischer (2005) sieht in der Interpretation einer Metapher einen kognitiven Prozess, der abduktivem Schließen gleicht. Christmann & Groeben (2013) fanden in einer Studie, dass die Rezeption von unkonventionellen Metaphern ein erhöhtes Maß an kognitiver Verarbeitung beim

Empfänger erfordert und dass objektive Maße (Lese- und Verarbeitungszeit) mit subjektiven Maßen (Selbsteinschätzung der kognitiven Belastung) korrelieren. Die erhöhte Anstrengung wurde jedoch als positiv bewertet, wenn die Probanden mit dem Verarbeitungsresultat zufrieden waren, wenn sie die Metaphern nachvollziehen konnten. Ästhetisches Gefallen hängt auch davon ab, ob es gelingt, Bedeutungsvarianten zu entdecken, ein Prozess, der Zeit und Anstrengung erfordert und als ästhetisches Paradox bezeichnet wird. Somit braucht es ein Genusserleben, damit sich der Aufwand beim Verstehen einer lebendigen Metapher lohnt, ein Ergebnis, das Wimmer, Christmann & Ihmels (2016) im Wesentlichen replizieren konnten. Bohrn et al. (2013) konnten in einer f-MRT-Studie aufzeigen, dass lediglich neue, verfremdete Sprichwörter, im Vergleich mit konventionellen Sprichwörtern, zu affektiv-ästhetischen Reaktionen und Aktivierungen von Hirnstrukturen führten, die mit Lust und Vergnügen einhergehen. Lakoff & Johnson (1989) stellen fest, dass in der Literatur nicht ausschließlich neue Metaphern geschaffen werden, sondern oft auch konventionelle Metaphern kreativ verwendet werden, um einen ästhetischen Lesegenuss zu ermöglichen. Konventionelle Metaphern können neu kombiniert werden, an einer konventionellen Metapher können neue, ungewöhnliche Aspekte hervorgehoben und Grenzen unserer konventionellen Vorstellung erweitert werden. So kann der Leser über die Grenzen gewöhnlicher Denkweisen und seiner automatischen Rezeption von konventionellen Metaphern hinausgeführt werden.

> **Übung 3**
>
> Nehmen Sie sich zwei Zeitungsartikel aus unterschiedlichen Ressorts zur Hand (z. B. Politik und Feuilleton). Versuchen Sie, in den Zeitungsartikeln so viele Metaphern wie möglich zu identifizieren. Unterscheiden Sie dabei nach: lexikalisierten Metaphern (z. B. Tischbein, Lebensabend), konventionellen Metaphern (Sprichwörter, Phrasen) und lebendigen Metaphern (z. B. Rosengewitter, Sternenkrallen).

Klar wird, dass die oben beschriebenen Kategorien nicht diskret, sondern eher ein Kontinuum sind, dessen Endpunkte auf der einen Seite lexikalisierte Metaphern sind, sehr geläufig und häufig gebraucht, auf der anderen Seite kreative Neuschöpfungen lebendiger Metaphern, die äußerst selten oder sogar nur einmal verwendet werden (▶ Abb. 2.3, vgl. Stoellger, 2013).

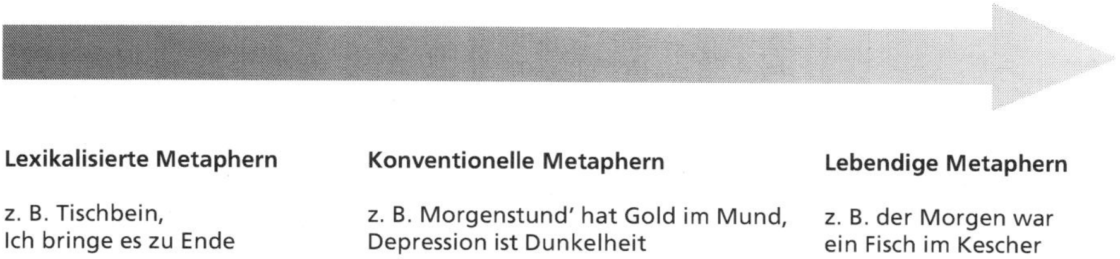

Lexikalisierte Metaphern	Konventionelle Metaphern	Lebendige Metaphern
z. B. Tischbein, Ich bringe es zu Ende	z. B. Morgenstund' hat Gold im Mund, Depression ist Dunkelheit	z. B. der Morgen war ein Fisch im Kescher

Abb. 2.3: Darstellung der Lebendigkeit von Metaphern als Kontinuum

2.5 Die Metapher als Suggestion

Ich möchte nun darlegen, warum die Metapher eine Suggestion darstellt. Der Begriff Suggestion leitet sich aus dem Lateinischen »subgerere« bzw. »suggerere« ab, wörtlich übersetzt mit »unterschieben«. Während im Englischen und im Französischen »to suggest« bzw. »suggérer« eher im positiven Sinne von vorschlagen gebraucht wird, hat suggerieren im Deutschen eine überwiegend negative Konnotation im Sinne von »einblasen, einflüstern« (Peter, 1996). Eine Person (der Suggestor) beeinflusst über verbale Kommunikation, non-verbales Verhalten und/oder Kontextfaktoren willentlich oder unwillentlich eine andere Person (den Suggestanden), in einer Weise, dass diese Intentionen, Überzeugungen, Gefühle oder Wünsche des Suggestors übernimmt. Dieser Prozess der Beeinflussung muss auf der automatischen Aktivierung von Bedeutungsstrukturen beruhen, sodass sich der Suggestand einer Beeinflussung nicht bewusst ist (Lundh, 2000). Um die Kriterien einer Suggestion zu erfüllen, muss für den Empfänger zumindest virtuell die Möglichkeit bestehen, anders zu reagieren als in der suggerierten Weise. Außerdem wird gefordert, dass die Reaktion unwillkürlich erfolgen muss. Wenn ich also gemeinsam mit jemandem in einem Raum mit geöffnetem Fenster sitze und die andere Person bitte, das Fenster zu schließen, da ich friere, ist das keine Suggestion, sondern eine direkte Aufforderung. Beginne ich jedoch sichtbar zu frösteln und blase mir warme Luft auf die Hände, woraufhin die andere Person das Fenster schließt, so erfüllt mein nonverbales Verhalten das Kriterium einer Suggestion. Über die Aktivierung von Spiegelneuronen bei der anderen Person kommt es zu einer empathischen Reaktion, die sie bewegt, das Fenster zu schließen, selbst wenn ihr nicht kalt ist.

Im Alltag sind ständig suggestive Beeinflussungsprozesse wirksam und alle psychophysiologischen Abläufe können auf suggestivem Wege beeinflusst werden, ob in direkten oder indirekten, verbalen oder non-verbalen Formen (Gheorghiu, 1996). Suggestionalen Prozessen kommt eine große Bedeutung zu, um Mehrdeutigkeit und Ungewissheit aufzulösen. In Therapie, Beratung und Coaching befinden sich Menschen oft in Situationen, die durch mangelnde Klarheit und Sicherheit gekennzeichnet sind. Fehlen Anhaltspunkte für wichtige Entscheidungen und ist unsere Fähigkeit, Vorhersagen zu machen und Kontrolle auszuüben, eingeschränkt, spielen Suggestionsphänomene eine wichtige Rolle, indem sie unser Verhalten und Erleben beeinflussen und dazu beitragen, Ambiguität und Ungewissheit zu reduzieren oder aufzulösen. Explizit arbeitet besonders die Hypnotherapie mit Suggestionen, suggestive Elemente kommen jedoch in jeder Art von Therapie vor (vgl. Krause & Riegel, 2015). Vladimir Gheorghiu erhob Suggestibilität teilweise mit selbstgebastelten Apparaturen. So gab es eine Versuchsanordnung, die aus einem Kasten mit einem Loch darin bestand. Die Probanden bekamen die Instruktion, ihren Arm durch das Loch zu stecken und hatten die Aufgabe, einen Knopf zu drücken, wenn sie einen Temperaturreiz an der Hand spüren sollten. Tatsächlich gab es aber in dem Kasten keinen Hitzereiz, der appliziert wurde, dennoch drückten fast alle Probanden nach einer gewissen Zeit den Knopf, weil sie meinten, ein Wärmegefühl an der Hand wahrzunehmen.

2.5 Die Metapher als Suggestion

Mit Hilfe von Hypnoseskalen wird versucht, die überdauernde Fähigkeit einer Person, hypnotisiert zu werden und/oder eine gewisse Tiefe einer hypnotischen Trance zu erreichen, zu messen. Ursprünglich wurde angenommen, dass eine gesteigerte Suggestibilität das Ergebnis einer tiefen Hypnose ist. »Tiefe« ist dabei eine Metapher, die sich aus der in der Historie gebräuchlichen, konzeptuellen Metapher »Hypnose ist Schlaf« ableitet. Inzwischen ist es jedoch wissenschaftlicher Konsens, dass es sich bei Hypnose und Schlaf um eindeutig voneinander abgrenzbare Zustände handelt. Tiefe in der Hypnose gilt jedoch aufgrund von Übertragungen der Metapher als erstrebenswert, da ja auch ein tiefer Schlaf als besonders erholsam und damit wünschenswert betrachtet wird. Auch heute noch wird eine Trancevertiefung imaginativ meist über das Bild einer Treppe umgesetzt, die nach unten führt, mit jeder Zahl, die der Hypnotiseur zählt, geht der Hypnotisand einen Schritt tiefer. Zum anderen ist die Metapher der tiefen Hypnose kohärent mit der Konzeptualisierung des Unbewussten, das topografisch immer unterhalb des Bewussten angesiedelt und häufig Ziel hypnotherapeutischer Interventionen ist. Das Unbewusste ist letztendlich ebenfalls eine Metapher und enthält in der Hypnotherapie Ressourcen und implizites Wissen einer Person. In der Psychoanalyse ist das ES (Sitz von Trieben) topografisch unterhalb des ICH und des Über-ICH angeordnet.

Um die nicht-hypnotische Suggestibilität von der hypnotischen Suggestibilität zu trennen, müsste strenggenommen die Suggestibilität einmal ohne Hypnose und einmal in Hypnose erhoben werden. Braffman & Kirsch (1999) taten dies und es zeigte sich, dass bei 29 % der Probanden durch Hypnose keine Steigerung der Suggestibilität erfolgte. Das ist bei Hochsuggestiblen aufgrund des Deckeneffekts auch nachvollziehbar. Sie können selbstverständlich keine Steigerung der Suggestibilität durch Hypnose erfahren, wenn sie auch ohne Hypnose schon maximal suggestibel sind. Bei 46 % der Probanden zeigte sich eine Steigerung der Suggestibilität durch Hypnose, bei 25 % jedoch sogar eine Verringerung. Eine Hypnoseinduktion kann der Suggestibilität somit auch abträglich sein, etwa im Falle negativer Einstellungen oder Ängsten gegenüber Hypnose. Bereits Ende des 19. Jahrhunderts hatte Bernheim postuliert, dass eine formale Hypnoseinduktion nicht notwendig sei, um therapeutische Effekte zu erzielen, sondern dass es vielmehr auf die Suggestion ankommt, ein Gedanke, der unter anderen von Barber (1969) aufgegriffen wurde. Übrigens, das Verfahren einer Therapie mit Suggestionen, das Bernheim entwickelte, nannte er damals Psychotherapie. Erickson, Rossi & Rossi (1994) betonen, dass das Erleben einer Trance nicht automatisch bedeutet, dass Patienten direkte Suggestionen annehmen. Übersuggestibilität ist demnach kein notwendiges Charakteristikum einer wirksamen Trance.

Metaphern stellen Suggestionen dar. Konzepte werden beim Rezipieren einer Metapher automatisch aktiviert und die Prozesse der Übertragung, aber auch der Hemmung, von Merkmalen der Quelldomäne in Bezug auf die Zieldomäne vollziehen sich außerhalb der bewussten Kontrolle, zumindest so lange, bis wir dem Prozess bewusste Aufmerksamkeit zuwenden. Selbst dann können wir den Prozess nicht verhindern, sondern lediglich analysieren. So kommt es dann, dass eine Metapher wie die Flüchtlingsflut, Eigenschaften, die mit der Quelldomäne Flut verbunden werden (Ängste um das eigene Leben oder den Verlust von Besitz, das Gefühl von Bedrohung und eigener Hilflosigkeit, der Handlungsimpuls, sich vor der Flut zu schützen, etwa durch den Bau von Dämmen, welche die Flut abhalten), auf die Zieldomäne, den Zuzug von Flüchtlingen, überträgt. In diesem Beispiel sind das vor allem emotionale Komponenten, aber der Handlungsimpuls, sich durch Dämme vor der Flut zu schützen, findet seine Entsprechung im Bau von Grenzzäunen, um Flüchtlinge vom Zuzug abzuhalten, wie es beispielsweise in Ungarn, Polen und den USA bereits geschehen ist.

Suggestionen durch Metaphern erfolgen auch in Therapie, Beratung und Coaching. Idealerweise enthalten diese Ressourcen und Handlungsmöglichkeiten im Sinne einer Problemklärung oder -lösung für die Klienten. Gleichzeitig sollten sich aber Therapeut, Berater und Coach bewusst sein, selbst Empfänger von Metaphern und damit von Suggestionen ihrer Klienten zu sein, was dazu führen kann, dass möglicherweise eine resignative und ausweglose Problemsicht übernommen wird, die sich destruktiv auf die Arbeit auswirken kann (▶ Kap. 3).

2.6 Imagination als Schlüssel zur Arbeit mit Metaphern

Imagination (hier begrifflich synonym für Vorstellung verwendet) stellt ein wesentliches psychisches Phänomen dar, das bei allen Menschen wirksam ist. Bereits Kinder erschaffen sich Fantasiewelten und bewegen sich in ihnen. Kinder können zunächst weniger gut zwischen der Welt der Vorstellung, die sie selbst erschaffen, und der äußeren »realen« Welt unterscheiden. Aber auch bei Erwachsenen nimmt die Imagination bei der Konstruktion ihres subjektiven Weltmodells eine wichtige Rolle ein. Wenn wir an die Vergangenheit denken, benutzen wir Imagination, ebenso, wenn wir unsere Zukunft planen oder erträumen. Imagination kann intensive Gefühle und physiologische Reaktionen in uns auslösen und unsere Identität sowie unser Selbstbild sind eng an Imagination geknüpft. In der helfenden Arbeit mit Menschen begegnen uns immer wieder Menschen mit neurotisch oder psychotisch fixierten Konstruktionen der »Wirklichkeit« (Krause, 2019). Bei Imaginationen handelt es sich um subjektive Konstruktionen, keineswegs sind es objektive Repräsentationen der Welt in uns und dieser Prozess der individuellen und sozialen Konstruktion ist fragil (Peter, 2015). Vogelsang und Pietrowsky (2019) formulieren die bereits in der griechischen Antike geäußerte Ansicht, dass nicht die Dinge selbst, sondern deren Vorstellungen in uns unsere Gefühle und unser Handeln bestimmen und betonen die immense Bedeutung innerer Repräsentationen. Unsere inneren Repräsentationsprozesse werden in einem lebenslangen Gestaltungsprozess immer wieder angepasst und verändert durch neue Erfahrungen, Einsichten und Vorstellungen. Paivio und Walsh (1993) gehen davon aus, dass sowohl verbal assoziative Prozesse als auch Imagination bei Sprache einschließlich Metaphern beteiligt sind. Die beiden Systeme können sowohl unabhängig voneinander als auch kooperativ arbeiten. Krause und Revenstorf (1997) vermuten, dass mit Metaphern assoziierte

Vorstellungsbilder einen wesentlichen Einfluss auf die emotionale Komponente bei klientengenerierten Metaphern haben (▶ Kap. 3.3) und dass Metaphern aufgrund der bildlichen Kodierung besser erinnert werden als abstrakte Sprache, die kaum Imagination hervorruft.

Insofern erscheint es schlüssig, dass Imagination auch an der Genese und Aufrechterhaltung von psychischen Störungen beteiligt ist. Auch nutzen alle mir bekannten Therapieschulen –mehr oder weniger explizit – Imagination, um die Wirklichkeitskonstruktion von Menschen zu verändern. Kirn, Echelmeyer & Engberding (2015) unterscheiden zwischen Behandlungsformen, die ausschließlich mit Imagination arbeiten (z.B. die Katathyme Imaginative Psychotherapie), und Behandlungsformen, die Imagination als Methodenbausteine einsetzen (z.B. Schematherapie). Im Rahmen der kognitiven Verhaltenstherapie (KVT) kommt Imagination z.B. bei der Systematischen Desensibilisierung, dem verdeckten Modelllernen oder der Coping Imagery zur Anwendung. Die Wirksamkeit von Therapien mit imaginativen Methoden konnte bisher für eine Vielzahl psychischer Störungsbereiche aufgezeigt werden (Kirn et al., ebd.).

Ein weiteres Therapieverfahren auf der Grundlage von Imagination ist die IRRT (Imagery Rescripting & Reprocessing Therapy), deren Grundzüge von Mervin Schmucker Anfang der 1990er Jahre konzipiert wurden (Köster & Köster, 2019). Bei dieser Therapieform, die ursprünglich zur Behandlung der Posttraumatischen Belastungsstörung entwickelt wurde, geht es um die imaginative Umschreibung traumatisch erlebter Erfahrungen. In der Erinnerung an die imaginativ ausgestalteten und aktualisierten traumatischen Erfahrungen werden dem Patienten Ressourcen bereitgestellt, mit denen er das subjektive Erleben der traumatisierenden Situation verändern kann. Dadurch können die oft intrusiv erlebte Hilflosigkeit und das Gefühl des Ausgeliefertseins, das mit dem Trauma einhergeht, reduziert werden, indem die Person imaginativ Schutz, Trost und Geborgenheit erfährt. Inzwischen wurde die Anwendung des Verfahrens auch auf Phobien erweitert (vgl. Krause, 2019), auf die anhaltende Trauerstörung (Köster & Köster, 2019) und die Behandlung von Albträumen (Pietrowsky, 2019).

Menschen unterscheiden sich in ihrer Imaginationsfähigkeit. Eine gute Imaginationsfähigkeit sowie die Fähigkeit, sich in die eigene imaginative Aktivität zu versenken, trägt auch zu einer guten Hypnotisierbarkeit bei und in Hypnose vollzieht sich die Arbeit vorwiegend imaginativ. Es gibt Möglichkeiten, die Imaginationsfähigkeit zu messen. Eine ursprünglich zur Erfassung der Hypnotisierbarkeit entwickelte Skala, die dabei angewendet werden kann, ist die »Creative Imagination Scale« (CIS; Wilson & Barber, 1978). Der Proband wird zur Imagination von zehn Items anhand von Vorstellungsbildern angeleitet. Die Durchführung dauert 25 Minuten und die Skala wird ohne Hypnoseinduktion präsentiert. Eine traditionelle Hypnoseinduktion mit Augenfixierung und Suggestionen zur Entspannung veränderte die Werte der CIS nicht wesentlich, weshalb die Skala womöglich eher die Imaginationsfähigkeit misst als die Hypnotisierbarkeit (Krause & Riegel, 2015). Vor dem Beginn einer Therapie mit imaginativen Methoden kann der Therapeut auf diese Weise Informationen darüber bekommen, wie gut sich ein Patient Dinge vorstellen kann bzw. in welchen Sinnesmodalitäten er das gut kann.

Bei den Begriffen Imagination oder Vorstellung wird zunächst einmal vor allem an die visuelle Komponente gedacht, was die Metapher des »Vorstellungsbilds« auch nahelegt. Die visuelle Modalität hat sich in der Phylogenese beim Menschen als dominantes Sinnessystem herausgebildet und erhält dadurch auch in der Anleitung zur Imagination eine besondere Bedeutung. Eine Imagination kann jedoch auch in anderen Modalitäten repräsentiert sein, nämlich in auditiven, taktilen, olfaktorischen, gustatorischen und kinästhetischen (propriorezeptiven) Sinneseindrücken. Je mehr Sinneseindrücke eine Imagination konstituieren, desto intensiver und realitätsnaher wird die Vorstellung erlebt. Das bedeutet für die Anleitung einer Imagination, dass diese lebendiger gestaltet werden kann, wenn Wahrnehmungssätze benutzt werden. Anstatt eine Anleitung direkt und abstrakt zu formulieren, kann die Anleitung in eine Vielzahl wahrnehmbarer Ereignisse aufgelöst werden (Krause, 2019; Bongartz & Bongartz, 2000).

Die Anleitung »Sie befinden sich auf einer Bergwanderung« wird in Erlebniseinheiten aufgelöst:

- Visuell: »Sie sehen das dunkle Grün der Tannen und das helle Grün der Wiesen.«
- Auditiv: »Sie lauschen dem Zwitschern der Vögel.«
- Taktil: »Sie spüren die harte und kühle Oberfläche des Felsens.«
- Olfaktorisch: »Sie riechen den Duft der Tannennadeln.«
- Gustatorisch: »Sie genießen den reinen Geschmack des Wassers der Quelle.«
- Kinästhetisch: »Sie spüren die Muskulatur Ihres Körpers beim Wandern.«

Zudem ist es von Vorteil, einfache Sätze zu verwenden und auf Verneinungen und Verschachtelungen in der Satzkonstruktion möglichst zu verzichten (»Sie klettern konzentriert und sicher, sind völlig im Hier und Jetzt« versus »Sie denken nicht daran, dass Sie beim Klettern abstürzen können, da Sie unaufmerksam sind, weil Sie an die Probleme mit dem Chef denken, der Ihnen in letzter Zeit so viel Ärger gemacht hat«; Krause, 2019; Bongartz & Bongartz, 2000).

Auch beim Verstehen von Metaphern scheint Imagination eine wichtige Rolle zu spielen (▶ Kap. 2.3). Indem imaginative und verbal-logische Prozesse zusammenwirken, kommt es zu einer tieferen Verarbeitung, was das Erinnern von Metaphern fördert (Kopp, 1995, Paivio und Walsh, 1993). Zudem bieten Imaginationen auch einen guten Zugang zu Emotionen. Stott et al. (2010) empfehlen deshalb, die Verbindung zu visuellen Imaginationen, aber auch zu Imaginationen in anderen Sinnesmodalitäten bei der Arbeit mit Metaphern aktiv zu fördern. In der metaphernreflexiven Perspektive nach Schmitt und Heidenreich (2019, 2020) erfährt die Imagination in ihrer Bedeutung für die Arbeit mit Metaphern jedoch keine Aufmerksamkeit.

Das hier vorgestellte Vorgehen für die Arbeit mit patientengenerierten Metaphern besteht darin, eine Metapher imaginativ zu explorieren, was sich interaktiv zwischen Patient und Therapeut vollzieht (▶ Kap. 3.6). Ziel ist es, ein gemeinsames Vorstellungsbild zu schaffen. Erst dieses gemeinsame Bild ermöglicht es, eine gemeinsame Sprache zu sprechen, d. h. mit der Metapher das Gleiche zu meinen und zu verstehen. Es wird deutlich, was ein Patient aus dem Quellbereich der Metapher auf sein Problem, den Zielbereich der Metapher, überträgt, welche Teile der Metapher genutzt werden und welche ungenutzt bleiben. So können bisher verborgene Ressourcen in der Metapher entdeckt und genutzt werden. Der Therapeut strukturiert in diesem Prozess die Exploration der Metapher durch gelenktes Erkunden. Um den Patienten nicht durch seine eigene innere Vorstellung der Metapher zu beeinflussen, ist es deshalb zunächst günstig, offene Fragen zu formulieren. Das hat zudem den Vorteil, dass der Therapeut dem subjektiven Erleben des Patienten nicht widersprechen kann, was die Gefahr birgt als störend empfunden zu werden und Reaktanz auslösen kann. In Kapitel 3.6 werden Beispiele für das Formulieren offener Fragen zur Elaboration der Imagination einer Metapher gegeben.

Die visuelle Modalität nimmt bei der Exploration eine wichtige Rolle ein, zum einen, weil sie bei den meisten Menschen das dominante Sinnessystem darstellt, zum anderen, da auf der visuellen Ebene differenzierte und detaillierte Veränderungen an einer Imagination vorgenommen werden können. Durch das Einbeziehen weiterer Sinnessysteme kann eine Imagination jedoch vollständiger und ganzheitlicher elaboriert werden. So werden die meisten Leser bereits einmal die Erfahrung gemacht haben, dass Gerüche einen starken Hinweisreiz für Erinnerungen und Emotionen darstellen und bei der Anleitung zu einer Imagination geht es auch darum, Emotionen zu aktualisieren. Um als Therapeut das Bild der Metapher während der Exploration dem des Patienten anzugleichen, ist es erforderlich, auch nach der Perspektive zu fragen, aus welcher der Patient die beschriebene Situation sieht. Es kann sich entweder um eine teilnehmende Perspektive handeln, dann sieht sich der Patient so, als ob er sich in der imaginierten Situation befände und alles aus diesem Blickwinkel heraus wahrnähme. Oder es handelt sich um eine beobachtende Perspektive, in der der Patient sich selbst von außen in der imaginierten Situation agieren sieht. Manchmal wechseln die Perspektiven auch zwischen den beiden Modalitäten hin und her.

Imagination kann als Methode bezeichnet werden, die eine Intervention mit Metaphern ermöglicht. Ihr kommt somit eine Schlüsselrolle in der Arbeit mit patientengenerierten Metaphern zu, da sie die Tür zu einem geteilten Verständnis der Metaphern öffnet.

2.7 Entwicklungspsychologische Aspekte

Säuglinge besitzen sehr früh differenzierte Wahrnehmungsmöglichkeiten, sie können qualitativ und quantitativ zwischen Reizen unterscheiden. Zusammen mit der Fähigkeit, Unterscheidungen zu bewerten, bekommen sie Orientierung in der Welt. Säuglinge können sogar Unterscheidungen in verschiedenen Sinnesmodalitäten miteinander verbinden, sie also von einer auf die andere Sinnesmodalität übertragen. Hier bilden sich bereits die Grundlagen der Entwicklung zum Verstehen und Leben in Metaphern heraus. Im Spiel entwickeln Kinder ihr Verständnis für Metaphern und bereits mit ca. 1,5 Jahren können sie im Spiel einen Gegenstand benutzen, »als ob« es ein Spielzeugauto wäre. Doch wann etablieren Kinder Metaphern als Denkkonzepte? Diese Frage ist schwer zu beantworten. Während Dreijährige primäre konzeptuelle Metaphern noch nicht verstehen, können Vierjährige bereits teilweise den Kontext von Metaphern nutzen, während Fünfjährige bereits den Gebrauch von einigen konzeptuellen Metaphern erklären können (vgl. Ulmen & Wirth, 2015).

Bei sechs- bis achtjährigen Kindern können Metaphern bereits das Textverständnis und die Behaltensleistung verbessern. Sie wussten, welche Eigenschaften sie aus der Quelldomäne einer Metapher auf die Zieldomäne übertragen konnten. So meinten sie z. B. bei der Analogie von Leukozyten und Soldaten nicht etwa, dass die Blutkörperchen Gewehre hätten, sondern konnten abstraktere Funktionen, die im Kontext der Geschichte sinnvoll waren, übertragen (Vosniadou & Ortony, 1983). Teilweise können bereits Vorschulkinder Geschichten metaphorisch zur Problemlösung einsetzen und zu einer der Geschichte analogen Lösung für ein Dilemma gelangen (Holyoak, Junn & Billman, 1984).

Nach Winner (1988) entwickeln Kinder ihr Wissen über semantische Konzepte nach und nach. Als erstes verstehen sie Metaphern, die sie sich über die sensorische Erfahrung erschließen. Um die physikalisch-psychologische Metapher »weich« zu verstehen, muss das Kind etwas über Struktur von Oberflächen wissen. Diese können hart, rau, glatt oder eben weich sein. Darüber hinaus sollte das Kind etwas über das Konzept Persönlichkeiten und über Beziehungen zwischen Persönlichkeiten und Oberflächen wissen. Persönlichkeiten können freundlich, nachgiebig, feige oder gemein sein. Erst wenn das Kind weiß, welche Oberfläche mit »weich« kontrastiert und im psychologischen Bereich fein genug differenzieren kann, um verschiedene Oberflächen auf unterschiedliche Persönlichkeiten abzubilden, erst dann kann es Metaphern verstehen, die Persönlichkeitseigenschaften mit Konzepten der Oberflächenstruktur beschreiben. Ist erst einmal die Beziehung zwischen den Bereichen hergestellt, also versteht das Kind, was es bedeutet, wenn eine Person als »weich« bezeichnet wird, sollte es auch verstehen, was es bedeutet, wenn eine Person als hart oder rau beschrieben wird. Ob Kinder Metaphern adäquat verstehen, hängt somit vor allem von ihrem Wissen über die Bereiche ab, welche die Metapher miteinander verknüpft (vgl. Krause & Revenstorf, 1997).

Eine Studie von Falkum, Recasens & Clark (2017) zeigte, dass bereits dreijährige Kinder unter gewissen Umständen Metonyme verstehen und auch produzieren konnten. Die Fähigkeit ließ bei älteren Kindern wieder nach, die eher eine wörtliche Interpretation der Metonyme bevorzugten, was die Autoren mit einem wachsenden metasprachlichen Bewusstsein erklären, das in der Entwicklung vorübergehend zu einer Überbewertung wörtlicher Bedeutung von Sprache führt. Willinger et al. (2019) führen an, dass Metaphern beim Lernen, aber auch im klinischen Kontext, eine wichtige Rolle spielen. Elfjährige konnten in einer Studie Metaphern besser verstehen und zeigten eine höhere Präferenz für Metaphern als Sieben- und Neunjährige. Die Fähigkeit, metaphorische Sprache zu verstehen und zu nutzen, scheint sich mit zunehmendem Alter zu verbessern. In der frühen Pubertät steigen die kognitive Flexibilität und die Geschwindigkeit der Informationsverarbeitung an, was die Fähigkeit, Verarbeitungsstrategien für Metaphern anzuwenden, fördert. Die Autoren erklären diese Fortschritte mit einer in dieser Entwicklungsphase erfolgenden neuronalen Neuorganisation. Hessel & Murphy (2019) zeigten, dass englische Kinder in der zweiten Klasse (Sechs- bis Siebenjährige) Metaphern besser verstehen konnten als Erstklässler (Fünf- bis Sechsjährige). Kinder, die Englisch als einzige Sprache erlernt hatten, zeigten dabei ein besseres Metaphernverständnis als zweisprachig aufgewachsene Kinder.

Es scheint, als ob sich bei Kindern defizitäre Erfahrungen von Affektspiegelung negativ auf die Mentalisierungsfähigkeit und somit auch auf die Ausbildung von Metaphern zur Selbstbeschreibung auswirken, was sich auch später noch beispielsweise in Psychotherapien zeigen kann. Kinder haben jedoch die Möglichkeit, in Rollenspielen einen unangenehmen Arztbesuch nachzuspielen und dabei die Rolle zu wechseln, um als Arzt den Teddy zu untersuchen. Es erfolgt eine Reinszenierung der Situation, welche die unangenehmen Gefühle ausgelöst hat, gleichzeitig erfolgt über den Perspektivwechsel eine Distanzierung von den belastenden Emotionen (Ulmen & Wirth, 2015).

Es empfiehlt sich, bei jüngeren Kindern Metaphern zunächst anhand konkreter äußerlicher Merkmale zu entwickeln, da diese leichter verstanden werden (z. B. »der Mond ist eine gebogene Banane«). Aber auch 10- bis 12-jährige Kinder erkennen bei visuellen Metaphern mehr Möglichkeiten, Eigenschaften von der Quell- auf die Zieldomäne zu übertragen, wenn die beiden Domänen hinsichtlich ihrer äußeren Form ähnlich sind. Zudem brauchen sie für die Übertragung weniger Zeit (van Weelden, Maes, Schilperoord & Swerts, 2012). In der Kommunikation mit Kindern empfiehlt es sich, semantische Konzepte, in denen sich Kinder bereits auskennen, als Quelldomäne für Metaphern auszuwählen.

Werden Metaphern bei Kindern im Rahmen einer Therapie eingesetzt, sollte der Therapeut die kognitive, physiologische und behaviorale Entwicklung des Kindes zuvor einschätzen. Nur so kann er den Metapherngebrauch an den psychologischen Entwicklungsstand des jungen Patienten anpassen. Im Grundschulalter sind Kinder durchaus in der Lage von psychotherapeutischen Interventionen mit Metaphern zu profitieren, auch wenn das Denken meist noch sehr konkret und an Objekten mit realen Handlungen ausgerichtet ist (Schlarb, 2017). Auch Handlungsmetaphern (▶ Kap. 4.10) können bei Kindern zur Anwendung kommen. Mills & Crowley (1986) gaben einem Jungen mit Enuresis den Auftrag, den Garten der Eltern nach einem bestimmten Plan zu gießen. Dabei sollte er das Gießen immer wieder unterbrechen. Ziel war es, die Kontrolle über das An- und Abschaltens des Wassers auf den Vorgang der Miktion zu übertragen.

Es bleibt festzuhalten, dass die Voraussetzungen für das Verständnis und den Gebrauch von Metaphern bereits bei Säuglingen angelegt sind, sich diese Fähigkeiten kontinuierlich entwickeln und in der frühen Adoleszenz, so etwa mit 11 Jahren, ein Entwicklungssprung erfolgt.

2.8 Die Bedeutung der Kultur

Laut Schwarz (1997) ähneln sich Grundmetaphern zwischen den Kulturen, da sie ursprünglich alle einen Bezug zu menschlichen Körpern, Körperfunktionen und Handlungen haben. Er knüpft damit an die Hypothese des »embodiment« von metaphergenerierenden Schemata von Lakoff & Johnson (1980/2018) an. In meiner psychotherapeutischen Arbeit mit Menschen aus unterschiedlichen Kulturkreisen fiel mir jedoch auf, dass es sowohl Unterschiede als auch Ähnlichkeiten hinsichtlich des Gebrauchs und des Verständnisses von Redewendungen und Sprichwörtern gab, die sich auf einer niedrigeren hierarchischen Ebene befinden, als die von Schwarz (ebd.) benannten Grundmetaphern (▶ Kap. 2.2). Bereits innerhalb des europäischen Kulturbereichs konnte ich gewisse Unterschiede feststellen. Die Redewendung »Ein Tropfen auf den heißen Stein«, die ausdrückt, dass etwas (z. B. eine 10 Euro-Spende) nur einen winzig kleinen Teil zum Ganzen (Bekämpfung der Kindersterblichkeit in der Dritten Welt) beiträgt, würde auf Französisch »Une goutte d'eau dans la mer« (Ein Wassertropfen im Meer), auf Englisch »a drop in the bucket« (Ein Tropfen im Eimer) und auf Spanisch »solo una granita de arena en el desierto« (Nur ein Sandkorn in der Wüste) lauten. Nach Kopp (1995) entsteht eine nicht-lineare Beziehung zwischen der Quell- und Zieldomäne der Metaphern. Es besteht keine Ähnlichkeit zwischen den Domänen der Metapher (Quelldomäne: ein Tropfen, heißer Stein, und Zieldomäne: Spende von 10 Euro, Kindersterblichkeit in der Dritten Welt), sondern die Beziehungen der Elemente innerhalb der Quelldomäne ähneln den Beziehungen der Elemente innerhalb der Zieldomäne, nach dem Schema: a (ein Tropfen) verhält sich zu b (heißer Stein) wie c (10 Euro-Spende) zu d (Kindersterblichkeit in der Dritten Welt). Diese Beziehungen sind meist kulturübergreifend gleich oder ähnlich. Aufgrund dieser Ähnlichkeit machen die Metaphern aus anderen Kulturkreisen auch für einen deutschen Muttersprachler Sinn und die übertragene Bedeutung kann erschlossen werden, wenngleich die Bildebene eine andere ist. Manchmal könnte es jedoch Erklärungsbedarf geben und die Metapher wird für das Mitglied der anderen Kultur nicht selbstverständlich in der vom Sender intendierten Bedeutung verstanden, sondern nur unter dem höherem Verarbeitungsaufwand einer lebendigen, unkonventionellen Metapher (▶ Kap. 2.2, ▶ Kap. 2.4). Tabelle 2.1 gibt einen Überblick über eine Auswahl von Redewendungen und Sprichwörtern. Dabei fällt auf, dass die Redewendungen in keinem Fall in allen vier Sprachen gleich sind. Das Sprichwort »the early bird catches the worm« ist als »der frühe Vogel fängt den Wurm« inzwischen auch im Deutschen gebräuchlich. Auch Holmes, Flusberg & Thibodeau (2018) kamen anhand von drei Studien zum Schluss, dass Metaphern in Form eines Nomen-Nomen-Kompositums, die sich auf Körperteile beziehen (z. B. heartbreak), auch in anderen Sprachen und Kulturen (Indien, China) eine Bedeutung haben und verstanden werden, wenngleich nicht vollumfänglich. Barchard, Grob & Roe (2017) warnen deshalb davor, Metaphern unreflektiert in psychologischen Tests zu verwenden, besonders wenn diese kulturübergreifend eingesetzt werden sollen.

2.8 Die Bedeutung der Kultur

Tab. 2.1: Aufstellung von Redewendungen und Sprichwörtern auf Deutsch, Französisch, Spanisch und Englisch sowie deren wörtliche Übersetzung.

Deutsch	Französisch	Spanisch	Englisch
Ein Tropfen auf den heißen Stein	Une goutte d'eau dans la mer	Una granita de arena en el desierto	A drop in the bucket
	Ein Wassertropfen im Meer	Ein Sandkorn in der Wüste	Ein Tropfen im Eimer
Morgenstund' hat Gold im Mund	À qui se lève matin, Dieu aide et prête la main.	A quien madruga, Dios le ayuda	The early bird catches the worm
	Wer früh aufsteht, dem hilft Gott und reicht ihm die Hand	Dem Frühaufsteher hilft Gott	Der frühe Vogel fängt den Wurm

Auch innerhalb eines Landes gibt es Unterschiede im Gebrauch von Metaphern, und zwar sowohl zwischen Gruppen unterschiedlicher ethnischer Abstammung als auch innerhalb einer ethnischen Gruppe, die sich jedoch durch den Gebrauch der Sprache unterscheidet. In einer Studie wurden vorwiegend spanisch sprechende Latinos in den USA mit Angloamerikanern und Amerikanern asiatischer Abstammung, aber auch mit Latinos, die vorwiegend englisch und nur noch selten spanisch sprachen, hinsichtlich des Metaphergebrauchs verglichen. Es fand sich, dass die spanisch sprechenden Latinos eine höhere Präferenz für metaphorische Ausdrücke aufzeigten, Metaphern besser erinnerten und mehr in wissenschaftliche und politische Argumente vertrauten, wenn diese in Metaphern ausgedrückt wurden. Auch mochten sie Personen mehr, die eine metaphorische Sprache benutzten und wünschten eher diese kennenzulernen (Ondish, Cohen, Lucas & Vandello, 2019).

Eine Metapher ist in einer Kultur dann verwurzelt, wenn die Aspekte, die sie beleuchtet, dem entsprechen, was wir kulturell erfahren. Kultureller Wandel geht oft damit einher, dass neue metaphorische Konzepte eingeführt werden und alte verschwinden. So trägt die Einführung der kapitalistischen Metapher »Zeit ist Geld« (▶ Kap. 2.2) zu einer Verwestlichung vieler Kulturen bei, indem sie deren Konzepte für Zeit und Geld verändert und somit Denk- und Handlungsweisen der Menschen beeinflusst. Deshalb ist auch immer der kulturelle, aber auch der soziale Kontext, in dem Metaphern eingesetzt werden, von Bedeutung (Lakoff & Johnson, 2018).

Meili, Heim, Pelosi & Maercker (2020) führten bei einer brasilianischen indigenen Gemeinschaft eine Feldstudie durch, um adaptive Reaktionen auf Krisen bzw. widrige Ereignisse zu erheben und sie mit dem soziokulturellen Kontext in Beziehung zu setzen. Die halbstandardisierten Interviews unterzogen sie einer systematischen Metapheranalyse und kamen zu dem Ergebnis, dass kulturelle Narrative und Metaphern wichtige Einblicke in die Denkweise einer Kultur geben. Sie fanden u. a. Metaphern der Einheit und der Spiritualität, Metaphern, die einen Bezug zu kulturellen Erzählungen der indigenen Gemeinschaft hatten und deren Sichtweise auf Natur, Kollektivität und Kosmologie widerspiegelten. Daraus ergeben sich Anhaltspunkte, um Interventionen im Bereich der Gesundheitsfürsorge einer Kultur anzupassen und dadurch zu verbessern. Quelldomänen von Metaphern können Glaubenssätze enthalten, die in einer Kultur geteilt werden und die sich von anderen Kulturen unterscheiden. Ein Verständnis der Unterschiede von Metaphern, die sich auf die psychische Gesundheit beziehen, sind wesentlich für eine effektive Unterstützung von Menschen aus anderen Kulturen, die ein Trauma erlitten haben (Meili & Maercker, 2019).

Besonders die Zunahme der Migration durch Krieg und militärische Konflikte in Syrien, Afghanistan und dem Irak und die hohe Anzahl von Menschen, die in ihren Heimatländern oder auf der Flucht traumatisiert wurden, stimulierte die Beachtung von kulturellen Unterschieden in der Behandlung von Traumatisierten. Auch Metaphern gerieten dabei in den Fokus. Eine zentrale Rolle in der Betreuung unbegleiteter, minderjähriger Flüchtlinge bekam dabei die Metapher des »Lebensbaums«, die Teilnehmenden in einem Workshop vorgestellt wurde, um im Rahmen eines narrativen Ansatzes über Probleme und Traumata berichten zu können. Sie konnten mit dieser Metapher Geschichten aus ihrem Leben erzählen, die in ihrer kulturellen und sozialen Herkunft verwurzelt sind (Jacobs, 2018).

Schmitt & Heidenreich (2019) betonen, dass sowohl professionelle Helfer im psychosozialen Bereich als auch deren Klienten in kulturspezifischen Denkmustern sozialisiert sind. Nur über die aus der Kultur heraus vermittelten Metaphern, die gewisse Aspekte betonen, andere wiederum ausblenden, kann Psychisches dargestellt und kulturübergreifend verstanden oder auch missverstanden werden. Kopp (1995) warnt jedoch Therapeuten davor, Metaphern, die kulturelle Werte eines Patienten ausdrücken und von der Ethnie des Patienten geteilt werden, mit Metaphern zu verwechseln, die das Selbst und das Leben des Patienten beschreiben. Dazu ist ein gewisses Maß an Wissen über die Kultur des Patienten notwendig (▶ Kap. 3.1).

Übung 4

Notieren Sie sich diejenigen Sprichwörter oder Redewendungen, die Ihnen als erste in den Sinn kommen. Welche dieser Sprichwörter oder Redewendungen haben eine Bedeutung in Ihrem Leben? Häufig findet man zu einem Sprichwort ein anderes, das diesem widerspricht (z. B. »Der frühe Vogel fängt den Wurm« vs. »Man soll den Tag nicht vor dem Abend loben.«). Überprüfen Sie, ob es zu den Sprichwörtern, die Sie notiert haben, ein »Gegensprichwort« gibt.

3 Patientengenerierte Metaphern

In diesem Kapitel wird aufgezeigt, wie mit Metaphern, die von Patientinnen in den Gesprächskontext eingebracht werden, gearbeitet werden kann. Selbstverständlich habe ich das hier beschriebene Vorgehen nicht alleine erfunden, es basiert auf der Arbeit und den Erkenntnissen vieler kluger Köpfe, die sich der Erforschung der Metapher und ihrer therapeutischen und beraterischen Nutzung angenommen haben. Ich habe das Vorgehen auf eine mir sinnvoll erscheinende Art und Weise systematisiert und ausgebaut im Bestreben, hilfreiche Erkenntnisse und Anregungen für die Arbeit in Gesprächskontexten zu vermitteln. Das Kapitel beginnt damit, die professionelle innere Haltung bei der Arbeit mit Metaphern zu reflektieren. Es gibt Antwort auf die Frage, welche patientengenerierte Metaphern für Psychotherapie, Beratung und Coaching bedeutsam sind, sowie welche diagnostischen Erkenntnisse aus ihnen gezogen werden können. Im Anschluss wird gezeigt, wie ein shift von einer Problem- hin zu einer Ressourcenorientierung erfolgen kann und wie ein Metaphernwechsel angeregt werden kann, wenn die Problemmetapher keine oder nur wenig Ressourcen enthält. Die Exploration von Metaphern wird systematisch dargestellt. In einem Fallbeispiel wird aufgezeigt, wie eine Metapher zum Leitmotiv einer Therapie werden kann und wie im Rahmen einer Langzeittherapie über mehrere Sitzungen hinweg mit der Leitmetapher gearbeitet werden kann. Ein Flussmodell zur Arbeit mit patientengenerierten Metaphern wird eingeführt und abschließend werden therapeutische Effekte der Arbeit mit Metaphern zusammengefasst.

Die Aufteilung in patientengenerierte und therapeutengenerierte Metaphern legt nahe, dass es sich hierbei um diskrete, voneinander abgrenzbare Kategorien handelt. So ist es jedoch nicht ganz. Therapie vollzieht sich immer in einer Interaktion zwischen Menschen, die sich durch verbale und non-verbale Prozesse beeinflussen. Metaphern kommen in Gesprächen auf, werden interaktiv erkundet und elaboriert. So nimmt eine Therapeutin womöglich Einfluss auf Metaphern zur Selbstbeschreibung ihrer Patientinnen, indem sie Stichworte gibt, die Metaphern auslösen, oder indem sie bei der Erkundung einer Metapher Patientinnen in eine gewisse Richtung lenkt und so die Elaboration der Metapher beeinflusst. Andererseits lässt sich auch die Therapeutin in ihrer Auswahl von Metaphern leiten und berücksichtigt dabei das Alter, den Wissensstand, das soziale Umfeld, die (sub-)kulturelle Zugehörigkeit, die Persönlichkeit, die Problematik, die Psychopathologie, das Störungsmodell und die Ressourcen der Patientinnen. Dabei sollte sie auch die Beziehungsqualität nicht außer Acht lassen. Sowohl patienten- als auch therapeutengenerierte Metaphern sind somit nicht völlig voneinander unabhängig und die Interaktionseffekte sollten berücksichtigt werden.

Drei gute Gründe führen Stott et al. (2010) an, die dafürsprechen, patientengenierten Metaphern eine besondere Aufmerksamkeit zukommen zu lassen. Erstens haben diese Metaphern bereits die Aufmerksamkeit der Klientinnen und sind meist deren Versuch, ein abstraktes Problem zu verstehen und in Worte zu fassen. Zweitens offenbaren sich Therapeutinnen durch diese Metaphern oft neue Aspekte und Bedeutungen an einem Fall und drittens sind diese Metaphern oft mit lebendiger Imagination verbunden, was für die therapeutische Arbeit genutzt werden kann (▶ Kap. 2.6). Ein wesentliches Prinzip, das M.H. Erickson für die Hypnotherapie formulierte und welches die Arbeit mit patientengenerierten Metaphern charakterisiert, ist das der Utilisation. Dahinter steckt die Vorstellung, dass Therapeutinnen nutzen, was Patientinnen in die Therapie mitbringen. Revenstorf (2015a) und Trenkle (2015) beschreiben, dass das Weltbild, Lernerfahrungen, Emotionen, Motivationslage, Charakterstruktur und Interaktionsmuster der Patientin in der Therapie genutzt werden können, um Reaktanz und Widerstand zu vermeiden. Diese Aufstellung kann um die Metaphern von Patientinnen ergänzt werden, die ja Ausdruck ihres subjektiven Erlebens sind und die aufgeführten Eigenschaften repräsentieren. Indem patientengenerierte Metaphern durch die Therapeutin aufgegriffen werden, dockt diese unmittelbar an der Erlebenswelt der Patientin an, um darin Veränderungen zu initiieren, etwa durch eine Elaboration der Metaphern und eine Nutzung der darin enthaltenen Ressourcen.

Schmitt und Heidenreich (2019) bezeichnen die Arbeit mit patientengenerierten Metaphern als metaphernreflexives Intervenieren, ein Begriff, der sowohl analytische Aspekte der Erarbeitung eines Verständnisses der Metaphern von Klientinnen als auch die Arbeit mit den Metaphern einschließt.

Wir wissen, wie schwer es unseren Klientinnen oft fällt, ihre Gefühle differenziert zu beschreiben und auszudrücken. Rogers (1980) beschrieb, dass Gefühle häufig in Form von Metaphern hochkommen und ausgedrückt werden. Das Finden einer passenden Metapher hilft Klientinnen dabei, ihre Gefühle ganzheitlicher zu erfahren. Patientengenerierte Metaphern sind Formulierungen, mit denen die Patientin ihre Situation oder sich selbst beschreibt. Wir verstehen dadurch nicht nur was objektiv geschieht, sondern bekommen auch einen Einblick in subjektive Bedeutungen. Die Patientin stellt dabei sich bzw. ihr Problem als die Zieldomäne der Metapher dar, die Quelldomäne wird durch ein für sie stimmiges oder ein erlerntes, durch die (Sub-)Kultur vermitteltes Konzept ausgedrückt. Unter diagnostischen Gesichtspunkten betrachtet gibt die Patientin mit der Wahl des Quellbereichs einen guten Einblick darin, wie sie in ihrer Problemsituation denkt und fühlt und welche Handlungsmöglichkeiten sie wahrnimmt oder eben nicht. Über die Metapher zur Problembeschreibung bekommen wir also Hinweise zu physiologischen, kognitiven, emotionalen und volitionalen Komponenten der problematischen Situation. Als volitionale Komponente möchte ich hier Handlungsentwürfe und motivationale Parameter in der Situation definieren, welche durch die Metapher aktiviert aber auch limitiert werden.

In Abbildung 3.1 wird die Metapher »Mein Alltag ist ein großer, steiler Berg. Ich weiß nicht, wie ich ihn bewältigen soll« dargestellt. Neben perzeptuellen Merkmalen (groß und steil) wird von der Quelldomäne Berg durch den Kotext (»Ich weiß nicht, wie ich ihn bewältigen soll«) auch Ratlosigkeit angesichts von Bewältigungsansätzen auf den Zielbereich »Mein Alltag« übertragen. Diagnostisch wird allein aus dieser kurzen Beschreibung des Alltags klar, dass die Patientin derzeit über keine aktiven Handlungsentwürfe (volitionale Komponente) zur Bewältigung ihres Alltags verfügt. Wenn so eine Metapher im Gespräch geäußert wird, bestünde der nächste Schritt darin, die Metapher aus dem Gesprächsfluss herauszulösen, sie als bedeutsam zu benennen und weiter mit der Patientin zu explorieren.

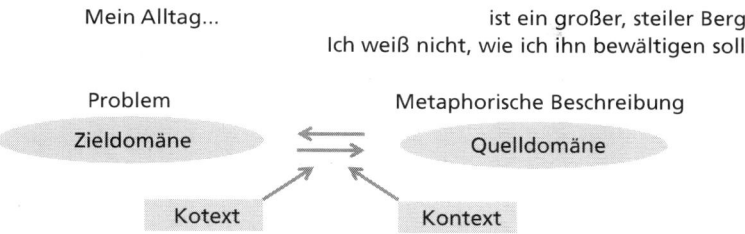

Auf das Problem werden folgende Eigenschaften der Quelldomäne übertragen:

- ist groß
- ist steil
- wirkt nicht zu bewältigen
- Ratlosigkeit

Abb. 3.1: Darstellung der metaphorischen Prozesse einer patientengenerierten Metapher zur Problembeschreibung

Bei den zur Veranschaulichung eingebrachten Fallbeispielen handelt es sich zumeist um Gedächtnisprotokolle, die im Anschluss an Sitzungen aus Aufzeichnungen erstellt wurden. Ich habe dabei versucht, den Charakter des Gesprächs so gut wie möglich wiederzugeben. Zu den Fallbeispielen werden nur die für das Verständnis wichtigsten Informationen dargestellt, biografische Daten werden so verändert, dass die Personen nicht wiederzuerkennen sind, sich im besten Falle selbst anhand der Daten nicht wiedererkennen.

3.1 Die professionelle innere Haltung bei der Arbeit mit Metaphern

Vielleicht ist es angemessen, die innere Haltung von Therapeutinnen, Beraterinnen und Coachinnen an dieser Stelle zunächst metaphorisch zu beschreiben:

Sie befinden sich mit Ihrem Gegenüber in einem Boot, das auf dem Gesprächsfluss mit der Strömung treibt. Mal gibt es ruhigere Phasen, in denen das Boot langsam und träge dahingleitet, mal wird der Strom reißender. Ihre Aufgabe ist es, das Boot im Gesprächsfluss zu steuern und zu manövrieren, möglichst zu verhindern, dass es kentert oder an einem Felsen leckschlägt. Das erfordert eine gewisse Konzentration, Aufmerksamkeit und Expertise. Es bedarf nun einer besonderen, zusätzlichen Achtsamkeit, auch den Grund des Flusses im Auge zu behalten. Ab und zu glitzert dort nämlich ein Edelstein auf. Den können Sie nur ergreifen, wenn Sie ihn auch bemerken. Nicht jeden Edelstein auf dem Grund des Flusses werden Sie heben, manchmal ist die Strömung einfach zu stark, der Fluss zu tief oder das Wasser zu trübe. Und mancher Stein, der auf dem Grund des Flusses blinkt, erweist sich nach dem Herausholen als einfacher Kieselstein, den Sie dem Fluss zurückgeben können. Wenn Sie jedoch einmal einen Edelstein erwischt haben, dann können Sie ihn gemeinsam mit Ihrem Gegenüber betrachten und bestimmen, herausfinden, was er Ihrem Gegenüber bedeutet. Es ist zunächst ein gemeinsamer Wert, auf den Sie beide achtgeben. Der Stein kann gemeinsam bearbeitet und geschliffen werden. Die Form des Steins und die Art und Weise, wie er das Licht bricht, wird sich dadurch womöglich verändern und am Ende der Bootsfahrt kann Ihr Gegenüber diesen Stein mit nach Hause nehmen und manchmal hat die Bootsfahrt, der Fund und die Bearbeitung des Edelsteins ihn verändert und er kann sich noch lange an dem Juwel erfreuen.

Die Methode des gelenkten Erkundens erscheint mir ideal, um eine patientengenerierte Metapher zu explorieren. Die Therapeutin vervollständigt durch Fragen das Bild der Metapher, um dadurch auch bisher von der Patientin ungenutzte Anteile der Metapher sichtbar zu machen. Dabei beginnt sie zunächst mit offenen Fragen, um im weiteren Verlauf der Exploration der Metapher dann konkreter und differenzierter nachzufragen und eventuell in einem dritten Schritt ihre eigenen Wahrnehmungen mitzuteilen (▶ Kap. 2.6 und ▶ Kap. 3.6).

In der Arbeit mit Menschen sollte man sich nicht anmaßen, das innere Erleben des Gegenübers besser zu kennen als die Betreffende selbst. Korrekturen durch das Gegenüber sollten stets willkommen sein, um die Metapher in einer für die Person stimmigen Art und Weise zu elaborieren. Dadurch, dass die Therapeutin eine Metapher visualisiert und ein inneres Bild konstruiert, wird die Patientin selbst zu imaginativer Aktivität angeregt. Die Patientin sollte jedoch immer das durch die Therapeutin vorgeschlagene Bild ihrer Metapher verändern oder zurückweisen bzw. ihr eigenes Bild konstruieren dürfen. Dies setzt Empathie für die Patientin und die Fähigkeit, sich in ihre Lage einzufühlen, voraus. Kopp (1995) schlägt vor, dass Therapeutinnen, wenn sie mit Metaphern arbeiten, mit »dem dritten Auge zuhören«. Das bedeutet, dass sie der Patientin die Bilder spiegeln, die patientengenerierte Metaphern in ihnen hervorrufen. Dabei gehen sie mit behutsamen Fragen vor: »Passen diese Bilder zu Ihrem Erleben?«, »Korrigieren Sie mich, wenn Sie das anders empfinden.«

Meines Erachtens nach ist es kein Widerspruch, wenn die Therapeutin sowohl permissiv als auch direktiv vorgeht, indem sie einerseits den Metaphern der Patientinnen Raum gibt und sie validiert, andererseits aber auch in den Gesprächsfluss eingreift, indem sie den Fokus auf der Metapher hält, den Prozess der Exploration und Elaboration von Metaphern mit Fragen lenkt und anleitet oder zu einem spä-

3.1 Die professionelle innere Haltung bei der Arbeit mit Metaphern

teren Zeitpunkt gegebenenfalls einen Wechsel der Metapher vorschlägt. Stott et al. (2010) betonen den interaktiven Aspekt bei der gemeinsamen Erkundung von Metaphern. Sie verwenden die Metapher des Verhandelns, um den Prozess zu beschreiben, mit dem es Therapeutin und Patientin gelingt, Metaphern zu finden, die beide teilen. Das Pro und Kontra einer Metapher sollte gemeinsam diskutiert werden und das Ergebnis der Verhandlungen durch die Therapeutin zusammengefasst werden.

Neben Empathie und Einfühlungsvermögen ist eine gute Imaginationsfähigkeit der Therapeutin in der Arbeit mit Metaphern von Vorteil (▶ Kap. 2.6). Das Bild einer Metapher vor dem inneren Auge zu sehen, ist durchaus hilfreich. Zudem ist auch eine gewisse Kreativität im Umgang mit Bildern der Metapher notwendig, um in Metaphern bisher unentdeckte Anteile aufzufinden oder um Metaphern zu dekonstruieren bzw. neue Metaphern einzuführen und diese an den jeweiligen Fall anzupassen. Da darf dann auch gerne eine spielerische Komponente dazukommen, denn die Intervention mit Metaphern darf Spaß machen.

Zu bedenken ist auch, dass es in Beratung, Coaching und Psychotherapie oft zur Begegnung mit Menschen anderer Kulturen aber auch Subkulturen kommt. Das stellt besondere Anforderungen an die professionelle Praktikerin, die in Kapitel 2.8 beschrieben sind. Eine Offenheit gegenüber anderen Kulturen und Subkulturen ist eine Voraussetzung, um mit Metaphern der betreffenden Personen zu arbeiten. Da unser Wissen über andere Kulturen und deren soziokulturell verankerte Metaphern begrenzt ist, empfehlen Schmitt & Heidenreich (2019), im helfenden Gespräch eine rekonstruierende Haltung einzunehmen und sich behutsam dem metaphorischen Denken des Gegenübers anzunähern.

Für Schmitt & Heidenreich (2019, 2020) stellt Selbsterfahrung von Praktikerinnen eine wichtige Voraussetzung dar, um mit Metaphern zu arbeiten. Deshalb schlagen sie ihnen vor, Metaphern zu erkunden, die das eigene Leben betreffen und damit Einfluss auf Glaubenssätze, Werte und Einstellungen haben. Da wir auch andere Menschen nur durch die Filter unserer eigenen Metaphern verstehen, erscheint es wichtig zu wissen, welche Metaphern bei uns wirksam sind, was genau sie hervorheben und was sie verdunkeln. Der metaphorische Prozess vollzieht sich oft unbewusst und suggestiv (▶ Kap. 2.5), weshalb es im Rahmen von Selbsterfahrung sinnvoll ist, diese unbewussten Prozesse bewusst zu machen. Zudem betonen sie ein validierendes Vorgehen in der Reaktion auf Metaphern von Klientinnen.

Im professionellen Kontext sind auch wir Helfenden ständig für den suggestiven Einfluss klientengenerierter Metaphern empfänglich. Manchmal enthalten diese Metaphern keine aktiven Lösungsmöglichkeiten und die Traurigkeit, Ratlosigkeit, Hilflosigkeit und Verzweiflung, die damit einhergeht, überträgt sich auf uns. Wenn Sie in einer Sitzung solche Emotionen bei sich feststellen, sollten Sie ein besonderes Augenmerk auf die Metaphern Ihres Gegenübers legen. Indem Sie diese Metaphern, am besten gemeinsam mit Ihrer Klientin, in den Fokus der Aufmerksamkeit rücken, haben Sie die Möglichkeit, den Quellbereich der Übertragung der Emotionen zu entdecken. Durch die gemeinsame Arbeit an der Metapher verändern sich dann meist auch die Emotionen der Therapeutin. Dazu reicht es nicht, einfach auf dem Gesprächsfluss dahinzutreiben, sondern Sie sollten auch den Grund des Flusses im Auge behalten. Um die Metaphern aus dem Gesprächskontext herauszulösen, bedarf es einer besonderen Aufmerksamkeit. Wissen über Metaphern ist dabei eine Grundvoraussetzung.

> **Übung 5**
>
> Wählen Sie einen Menschen aus Ihrem Umfeld aus und achten Sie eine Zeit lang auf dessen Metapherngebrauch. Welche Metaphern benutzt die Person? Können Sie aus deren metaphorischen Aussagen (z. B. »Ich habe mich heute Morgen aus dem Bett gekämpft« »Im Büro wurde ich von einer Kollegin angegriffen, da habe ich zurückgeschossen«) auf eine dahinterstehende konzeptuelle Metapher (z. B. »Mein Leben ist Krieg«) schließen?

3.2 Welche Metaphern sind bedeutsam?

Patientinnen verwenden Metaphern, um bestimmte Aspekte ihres Selbst, ihrer Situation, ihres Problems oder auch positive Veränderungen zu beschreiben. Diese Metaphern sollten von der Therapeutin sorgfältig beachtet werden und sind dann besonders wertvoll, wenn sie kooperativ und über mehrere Sitzungen weiterentwickelt sowie von beiden gleich verstanden und gebraucht werden (Angus & Rennie, 1988; Martin, Cummings & Hallberg, 1992; McMullen 1989). Angus (1990) ist der Ansicht, dass der Metapherngebrauch der Patientin Hinweise auf ihr Selbstbild und ihre charakteristischen Rollenbeziehungsmuster gibt.

Patientinnen drückten in erfolgreichen Therapien ihre innere Erfahrung verstärkt durch Metaphern aus. In weniger erfolgreichen Therapien wurden Metaphern eher zum Ausdruck äußerer Erfahrungen genutzt, die keinen Bezug zum Hauptthema der Therapie hatten (Oberlechner, 2005). Das legt nahe, dass Metaphern, die einen Bezug zu den Themen der Therapie haben, von der Therapeutin besonders beachtet und aus dem Gesprächskontext herausgelöst werden sollten.

Kopp (1995) hebt die Bedeutung von Metaphern hervor, die internale, metaphorisch-kognitive Strukturen einer Person beschreiben. Diese Metaphern strukturieren nämlich unsere Überzeugungen und Glaubenssätze, Gedanken, Gefühle, Verhalten und Beziehungen in gewissen Lebenssituationen. Er grenzt diese Art von Metaphern von solchen ab, die von einem größeren sozialen oder kulturellen Umfeld gebraucht werden (z. B. »Argumentieren ist Krieg«). Nach Kopp (ebd.) gibt es sechs spezifische kognitiv-metaphorische Strukturen, mit denen Individuen sich selbst, andere, das Leben, aber auch die Beziehungen zwischen verschiedenen Aspekten des Selbst, die Beziehung zu anderen und zum Leben beschreiben und die das Erleben strukturieren (▶ Tab. 3.1).

Tab. 3.1: Beispiele für die sechs Kategorien relevanter Metaphern nach Kopp (1995)

Zieldomäne	Metapher
Selbst	Ich bin ein Dampfkessel unter Druck
Andere	Mein Partner ist eine Dampfwalze
Leben	Mein Alltag ist ein großer, steiler Berg
Beziehung: Selbst-Selbst	Ich stelle mir immer wieder selbst ein Bein
Beziehung: Selbst-Andere	In größeren Gruppen bin ich ein Mäuschen
Beziehung: Selbst-Leben	Ich kämpfe gegen Windmühlen

Die Auswahl therapeutisch bedeutsamer Metaphern ist sicherlich nicht immer einfach und erfordert eine gewisse Übung in der Identifikation von Metaphern, sowie ein gewisses Wissen über Beratung, Coaching und Psychotherapie im Allgemeinen, aber auch über Metaphern im Besonderen. Wenn Sie sich auf die Arbeit mit Metaphern einlassen, werden Sie schnell ein Gefühl dafür entwickeln, welche Metaphern für Ihren Gesprächskontext (Beratung, Therapie, Coaching) bedeutsam sind. Es ist völlig in Ordnung, auch einmal eine Metapher herauszugreifen, die nicht so bedeutsam und wichtig ist und die Sie nach kurzer gemeinsamer Reflektion mit Ihrer Klientin wieder fallen lassen können. Auch mir passiert es immer wieder, dass ich eine Metapher im Gesprächsfluss übersehe. Die gute Nachricht ist, dass eine zentrale Metapher, die das Erleben der Klientin strukturiert, von dieser meist wiederholt eingebracht wird. Oft wird die Metapher jedoch nicht stringent als konzeptuelle Metapher (▶ Kap. 2.2) formuliert (z. B. »Mein Leben ist ein Krieg«, s. u.), sondern es erfolgen über verschiedene Sitzungen verteilt unterschiedliche metaphorische Aussagen (z. B. »Ich habe mich durch den Tag gekämpft«, »Ich habe mich geschlagen gegeben«) wie Puzzleteile, die Sie dann zusammenfügen können, bis Sie die konzeptuelle Metapher hinter diesen Aussagen identifizieren.

Fallbeispiel: Mein Leben ist ein Krieg

Coaching eines freiberuflich tätigen Architekten, Mitte 50. Er leidet unter Erschöpfung, Anspannung, kann schlecht abschalten und regenerieren. Die Testergebnisse anhand einer Depressionsskala und einer Symptomcheckliste zeigten grenzwertige Ergebnisse, die jedoch eine Diagnose nach ICD-10 (noch) nicht rechtfertigten. Der Klient entschied sich dafür, ein Coaching über 10 Sitzungen wahrzunehmen und die Kosten selber zu tragen. Ziele waren »sich neu aufzustellen«, »besser abschalten zu können«, »neue Kraft und Energie zu entwickeln«.

Über die ersten drei Sitzungen verteilt machte der Klient im Gesprächskontext folgende Aussagen: »Ich habe bei der Ausschreibung mit meinem Entwurf eine Niederlage erlitten«, »Ich möchte beruflich noch einmal richtig angreifen«, »Meine Scheidung war ein Rosenkrieg«, »Immer wieder greift mich meine Tochter an, sie hat sich mit ihrer Mutter verbündet«, »Es erschöpft mich, an so vielen Fronten kämpfen zu müssen.« Jede einzelne dieser metaphorischen Aussagen wäre vielleicht noch nicht so evident gewesen, in der Summe ließ sich jedoch daraus die Metapher: »Mein Leben ist ein Krieg« ableiten. Besonders die familiären Beziehungen, aber auch die Arbeit konzeptualisierte der Klient als Krieg. Der Klient war sich dieser Metapher jedoch nicht bewusst:

Klient: »Es erschöpft mich, an so vielen Fronten kämpfen zu müssen!«
Coach: »Welche Fronten sind es denn?«
Kl.: »Ich sagte ja schon letztes Mal, der Rosenkrieg wirkt immer noch nach, obwohl die Scheidung seit einem Jahr durch ist. Meine Ex und meine Tochter sind mir feindlich gesinnt und attackieren mich, so oft sie können. Die Arbeit erfordert auch immer wieder eine große Kraftanstrengung und bei dem neuen Projekt möchte ich noch mal richtig angreifen. Und dann ist da noch der Alltag, gegen den ich jeden Tag angehen muss, irgendwie bedrohlich das Ganze.«

Mit der ersten Frage bin ich zunächst in die Metapher eingestiegen, ohne sie auf eine Metaebene zu heben. Das führte beim Klienten dazu, in der Metapher zu bleiben und weitere kohärente, metaphorische Aussagen zu machen.

Co.: »Darf ich da kurz einhaken?«
Kl. nickt.
Co.: »Bereits in den letzten Sitzungen sind mir einige Ihrer Aussagen besonders aufgefallen (wiederholt die oben beschriebenen Aussagen). Fällt Ihnen daran auch etwas auf?«
Kl.: (überlegt ein paar Sekunden) »Ich weiß jetzt nicht, was Sie meinen, aber so wie Sie es wiedergegeben haben, so ist mein Leben gerade.«
Co.: »Sie beschreiben Ihr Leben wiederholt in Kriegsbegriffen, man könnte meinen, Ihr Leben sei ein Krieg.«
Kl.: (zögert wieder und schaut überrascht) »Jetzt, wo Sie es sagen, … ja, so fühlt sich das an, wie im Krieg.«

Der Klient war sich seiner konzeptuellen Metapher »Mein Leben ist Krieg« bisher nicht bewusst. Das Erkennen einer solchen Metapher löst oft zunächst Überraschung, manchmal auch Ratlosigkeit aus. Metaphern erweisen sich zudem häufig als ich-synton, das heißt, sie sind einer selbständigen, kritisch-analysierenden Betrachtung nicht zugänglich und werden aus der eigenen Perspektive nicht als störend oder Leid erzeugend wahrgenommen. Erst im Rahmen einer Intervention von außen können sie auf einer Metaebene betrachtet und analysiert werden. Eine Coachin ermöglicht es der Klientin, ihre konzeptuelle Metapher zu erkennen. Das gelingt nur dann, wenn die Beratende es schafft, die verschiedenen Puzzleteile (metaphorische Aussagen) zu erkennen und zu einem ganzen Bild (konzeptuelle Metapher) zusammenzufügen.

Einfacher zu erkennen sind manifeste Metaphern bzw. konkrete metaphorische Redewendungen (▶ Kap. 2.2). Wie sehr der Umgang mit klientengenerierten Metaphern die therapeutische Beziehung beeinflusst, illustriert folgendes Beispiel:

3.2 Welche Metaphern sind bedeutsam?

Fallbeispiel: Die Exekution

Ein Manager, Anfang 40 kommt zum Erstgespräch. Er wirkt sehr angespannt und unter großem Druck, sitzt »wie auf dem Sprung« in seinem Sessel. Er berichtet, dass er seit über einem Jahr arbeitslos sei. Seine Ehefrau arbeite in Vollzeit, er kümmere sich um die beiden Kinder, übernehme große Teile der Haushaltsführung und bewerbe sich. Er sei bisher drei Arbeitsverhältnisse nach seinem Studium eingegangen, das längste sei über eineinhalb Jahre gegangen. Nach dem ersten Arbeitsverhältnis habe er ein Burnout gehabt, sei 14 Tage in einer Klinik gewesen. Der Arbeitsplatz sei jedes Mal weit weg vom Heimatort der Familie gewesen. So sei er Wochenendpendler gewesen. An jedem Arbeitsplatz habe es Differenzen und Konflikte mit Mitarbeitenden oder Vorgesetzten gegeben, stets sei es zu einem Auflösungsvertrag gekommen. Die Ursachen dafür attribuiert er vor allem external.

Patient: »In meinem letzten Arbeitsverhältnis habe ich mich sehr engagiert und richtig reingehängt. Ich wollte den Job nicht schon wieder verlieren. Dafür habe ich es auch auf mich genommen, am Montag früh fünf Stunden auf der Autobahn zu verbringen und das gleiche am Donnerstagabend zurück. Ich habe von Montag bis Donnerstag 40 bis 50 Stunden gearbeitet.«

Therapeut: »Das klingt sehr anstrengend und erschöpfend.«

Pat.: »Ich habe es auf mich genommen, schließlich wollte ich auch einen meiner Qualifikation entsprechenden Arbeitsplatz. Das ging auch so weit gut, bis ich während einer Klausursitzung exekutiert wurde. Ich saß auf der Anklagebank und mir wurden Vorhaltungen gemacht. Ich sehe sie noch vor mir, wie sie mir Fehler vorgeworfen haben, ich wurde standrechtlich erschossen, erledigt.«

Ther.: (macht eine Pause): »Aber Sie sitzen doch ganz lebendig vor mir.«

Pat.: »Wollen Sie mich jetzt verarschen? Sie haben ja keine Ahnung, wie brutal das für mich war. Ich war in der Firma tot, danach.«

Ther.: »Nein, ich möchte mich nicht über Sie lustig machen, ich bin nur betroffen. Sehen Sie…, Sie haben da eine heftige Metapher benutzt, nämlich dass Sie exekutiert wurden und dabei ums Leben kamen. Ich finde diese Metapher sehr destruktiv und würde gerne mit Ihnen schauen, ob es eine weniger martialische Metapher gibt, die diese Situation in anderen Begriffen beschreiben kann.«

Pat.: (wirkt abwesend, als ob er in Gedanken oder Erinnerungen versunken sei) »Sie haben keine Vorstellung davon, wie das für mich war.«

Ther.: »Ich würde mir das gerne in den nächsten Sitzungen noch einmal genauer mit Ihnen anschauen, wenn das okay für Sie ist. Wie ging es dann weiter für Sie?«

Pat.: »Es ging gar nicht mehr weiter. Ich konnte diesen Leuten nicht mehr unter die Augen treten, mein Ruf war zerstört. Ich habe mich krankschreiben lassen, dann haben wir einen Auflösungsvertrag gemacht.«

Kurz nach dieser Gesprächspassage war die Sitzung zu Ende und ein Anschlusstermin wurde vereinbart. Einen Tag vor dem nächsten Termin sagte der Patient die Sitzung per E-Mail ab. Er wolle sich einen Psychotherapeuten suchen, mit dem die Chemie besser sei.

Den Eindruck, dass »die Chemie nicht gestimmt hat«, hatte ich auch schon während der Sitzung. Ich empfand den Patienten als aggressiv und fordernd. Natürlich könnte man jetzt über Übertragungsphänomene spekulieren. Der Patient hatte in seinen Arbeitsverhältnissen wiederholt die Erfahrung gemacht, nicht anerkannt und abgelehnt zu werden und die Gründe dafür hatte er externalisiert. Möglicherweise war seine Wahrnehmung von mir dadurch beeinflusst und er fühlte sich durch meine Äußerung in seinem Leid nicht ernst genommen und kritisiert. Ich hätte das Gespräch vermutlich günstiger gestalten können. Anstatt die Metapher (»Ich wurde exekutiert und standrechtlich erschossen.«) gleich zu dekonstruieren und zu bewerten (»Aber Sie sitzen doch ganz lebendig vor mir«, »Ich finde diese Metapher sehr destruktiv.«) hätte ich sie zunächst validieren können. Schmitt & Heidenreich (2019) betonen, wie wichtig das wertschätzende Validieren von klientengenerierten Metaphern ist, besonders zu Beginn einer Beratung. Es wäre besser gewesen, den Patienten zunächst dadurch zu validieren, dass ich seine Metapher gemeinsam mit ihm empathisch und geduldig exploriere, um gegebenenfalls zu einem späteren Zeitpunkt einen Metaphernwechsel anzuregen. Im günstigsten Fall erkennt der Patient mit der Zeit selbst, dass er eine destruktive Metapher benutzt, die wenig Ressourcen und Möglichkeiten zur Problemlösung enthält (▶ Kap. 3.6). Ein behutsameres Vorgehen hätte sich wahrscheinlich günstiger auf die Beziehungsgestaltung ausgewirkt.

Metaphern, mit denen eine Patientin die Therapie, den therapeutischen Prozess oder die therapeutische Beziehung beschreibt, sind besonders relevant und sollten von der Therapeutin identifiziert und betrachtet werden.

Fallbeispiel: Die Therapie als Objekt

Eine Studentin Anfang 20, sehr leistungsorientiert, kommt aufgrund von Versagensängsten und Leistungsdruck zur Psychotherapie. Wird sie kritisiert, bekommt sie massive Selbstzweifel, reagiert oft aggressiv und abwertend der Kritikerin gegenüber, wodurch es immer wieder zu Konflikten im privaten Umfeld kommt. In der Therapie ist sie bisher verschlossen und antwortet auf Fragen sehr einsilbig. Wir befinden uns in der sechsten Sitzung einer verhaltenstherapeutischen Kurzzeittherapie.

Patientin: »Aus den letzten beiden Sitzungen konnte ich nichts mitnehmen.«
Therapeut: »Was hätten Sie denn gerne mitgenommen?«
Pat.: »Irgendwas, was mich weiterbringt, Tipps und Strategien, wie ich meine Probleme lösen kann. Ich habe das Gefühl, ich mache keine Fortschritte.«
Ther.: »Ich glaube, wir sollten uns noch mal darüber unterhalten, was Therapie ist, wie sie abläuft und was sie bewirken kann. So wie Sie das formuliert haben, kommt es mir vor, als müsste ich Ihnen jede

	Sitzung ein Päckchen packen, am besten hübsch in Geschenkpapier eingewickelt, während Sie bloß kommen müssen, um sich das Päckchen abzuholen. Und dann erwarten Sie, dass jedes Mal etwas Neues, besonders Wertvolles im Päckchen steckt.«
Pat.:	»Das hört sich für mich doof an.«
Ther.:	»Für mich auch. Ich sehe mich nämlich als Therapeut, nicht als Päckchenmacher.«
Pat.:	»Aber Sie sind doch der Fachmann, wenn ich nichts mitbekomme, macht die Therapie ja keinen Sinn.«

Wenn eine Patientin zur Sitzung erscheint und meint: »Aus den letzten Sitzungen konnte ich nichts Neues mitnehmen«, so besteht Klärungsbedarf. Die Patientin sieht die Therapie bzw. ihre Ergebnisse offenbar als ein Objekt, das sie mitnehmen kann. Sie sieht beim (aktiven) Therapeuten eine Bringschuld, ihr (passiv) jede Sitzung etwas Neues zu produzieren oder zu servieren und ist enttäuscht, frustriert und verärgert, wenn sie nichts mit nach Hause bekommt. Vielleicht habe ich ja zu Beginn der Therapie mein Therapieverständnis und mein Vorgehen nicht klar genug vermittelt oder die Patientin hat mein Verständnis von Therapie nicht übernommen. An dieser Stelle empfiehlt es sich zu überprüfen, ob die Metaphern, was Therapie eigentlich ist oder wie sich eine therapeutische Beziehung gestaltet, deckungsgleich oder miteinander vereinbar sind, oder ob eine neue, gemeinsam geteilte Metapher gefunden und elaboriert werden kann.

Ther.:	»Darf ich Sie einladen, mal einen anderen Blick auf die Therapie zu werfen?«
Pat. nickt.	
Ther.:	»Sie haben doch erzählt, dass Sie gerne reisen und letztes Jahr in Thailand waren. Nächstes Jahr wollten Sie doch nach Costa Rica.«
Pat.:	»Ja, ich hoffe, es klappt.«
Ther.:	»Was wollen Sie denn sehen in Costa Rica?«
Pat.:	»Unbedingt den Regenwald, aber ich möchte auch ein bisschen an den Strand.«
Ther.:	»Werden Sie dann alleine in den Regenwald laufen?«
Pat.:	»Nein, ich bin ja mit meiner Freundin zusammen, aber Touren in den Regenwald gehen nur mit Führer.«
Ther.:	»Dann stellen Sie sich doch mal die Therapie als so eine Expedition in den Regenwald vor. Ich bin in diesem Fall der Tourguide, der sich in der Gegend auskennt, der weiß, wo es schöne Plätze gibt und wo wilde Tiere anzutreffen sind. Trotz dieses Wissens…, meinen Sie, ich kann Ihnen garantieren, dass Sie jeden Tag einen Jaguar oder einen Brüllaffen sehen? Oder haben Sie die Erwartung, ich trage Sie durch den Wald?«
Pat.:	»Nein, natürlich nicht. Ich möchte ja auch selber gehen, das ist ja auch die Herausforderung bei der Sache.«

Ther.:	»Anders funktioniert es auch nicht, ich schaffe es nicht, Sie zu tragen, und wilde Tiere zu sehen, lässt sich nicht unbedingt planen. Aber ich bin überzeugt, wenn wir Geduld haben und uns Zeit lassen, werden wir früher oder später etwas Interessantes entdecken auf unserer Tour. Was würde das denn für die Therapie bedeuten?«
Pat.:	»Ich brauche Geduld...«
Ther.:	»Und sonst noch was?«
Pat.:	»Ich weiß nicht..., vielleicht eine nicht so große Erwartungshaltung und selber gehen halt.«

In diesem Fall habe ich mich entschieden, die Metapher »Therapie ist ein Objekt (Päckchen)« und kann mit nach Hause genommen werden, zu verlassen und eine neue Metapher, »Therapie ist eine gemeinsame Expedition in den Regenwald«, anzubieten. Auch in der neu eingeführten Metapher ist eine gewisse Asymmetrie in der Beziehung von Therapeut (Tourguide, der sich im Regenwald auskennt) und Patientin (Expeditionsteilnehmerin) abgebildet. Allerdings stehen das gemeinsame Entdecken und Erkunden im Vordergrund. Zudem wird betont, dass es sich um einen Prozess handelt, an dem die Patientin selbst aktiv beteiligt sein sollte. Die Patientin nimmt also nicht nur passiv Päckchen entgegen, sondern muss bei der Expedition gewisse Anstrengungen unternehmen, um neue Erfahrungen (wilde Tiere sehen) zu machen. Die Patientin erwähnte zu Beginn der Gesprächssequenz, dass sie keine Fortschritte mache. In der neu eingeführten Metapher wird betont, dass Fortschritte nur dann gemacht werden können, wenn sie selbst durch den Regenwald geht und nicht die Erwartung hat, getragen zu werden. Die hohe Erwartungshaltung der Patientin wird dadurch relativiert, dass der Tourguide auch nicht immer garantieren kann, dass jeden Tag ein wildes Tier gesichtet wird. Er weiß zwar um die Orte, an denen die Wahrscheinlichkeit besteht, Sichtungen zu machen, er kann es aber selbst nicht beeinflussen und kontrollieren. Ich hätte die Metapher auch monologisch vortragen können, habe mich aber dafür entschieden, sie gemeinsam mit der Patientin zu entfalten und zu erkunden, wie bei der Expedition durch einen Regenwald. Mehr Fallbeispiele, in denen es zum Wechsel einer Metapher kommt, finden sich in Kapitel 3.7.

Nicht in jeder Sitzung werden bedeutsame Metaphern geäußert, so wie in den oben geschilderten Fallbeispielen dargestellt. Menschen unterscheiden sich auch darin, wie oft sie Metaphern äußern und welche Art von Metaphern sie benutzen. Manchmal begrenzen sich Metaphern lediglich auf feststehende Redewendungen und Sprichwörter und haben keinen Bezug auf das Selbst, auf Andere oder auf das Leben (s. o.) oder bieten wenig Möglichkeiten zur Übertragung von der Quelldomäne auf die Zieldomäne, so, wie in der folgenden Gesprächssequenz:

Fallbeispiel: Da wird ja der Hund in der Pfanne verrückt

Gesprächssequenz im Rahmen einer Langzeittherapie (51. Sitzung) eines Patienten, der sich wegen einer rezidivierenden depressiven Störung in Psychotherapie befand.

Patient: »Ich hatte einen furchtbaren Tag, heute ging alles schief.«

3.4 Von der Problembeschreibung zur Ressourcenorientierung

Der Einstieg in die Intervention erfolgte zunächst durch erkundendes Fragen. Bis zu diesem Zeitpunkt habe ich die Metapher gemeinsam mit der Patientin exploriert und das Bild der Metapher konkretisiert und erweitert. Ich habe erfahren, dass es sich um ein Segelschiff aus Holz handelt, dass Flaute herrscht, sie allein auf dem Schiff ist und das Schiff somit der Strömung ausgesetzt ist. Zudem wusste ich nun, was die Patientin mit »Strömungen« (ein Aspekt der Quelldomäne) auf die Zieldomäne überträgt (die Erwartung von anderen, die Verpflichtungen, eigene Ansprüche und Ängste) und dass diese das Schifflein in jeweils unterschiedliche Richtungen treiben. Ich hatte nun schon ein recht konkretes, visuelles Bild der Metapher vor dem inneren Auge. Zudem bekam ich einen Eindruck von den Emotionen, die sie in der beschriebenen Situation empfand, nämlich Angst und Panik. Meinen Vorschlag, dass auch Wut beteiligt sein könnte, hat sie zurückgewiesen. Zudem war da der Gedanke »Ich komme nicht an, wo ich hinwill«. Weitere Gedanken wurden auch auf meine Nachfrage hin nicht genannt, jedoch deutete die Aussage »Ich bin der Strömung ausgeliefert« auf einen erlebten Kontrollverlust hin. Sie sieht keine aktiven Handlungsmöglichkeiten, ist passiv der Strömung ausgeliefert. Körperlich fühlt sich die Patientin angespannt, unruhig und empfindet Übelkeit. Tatsächlich berichtete sie schon in den Sitzungen zuvor, dass sie sich im Alltag öfters übergebe, was sie auf die hohe innere Anspannung zurückführte. Aus der Quelldomäne der Metapher übertrug die Patientin auf ihr Problem:

- *Kognitiv:* Orientierungslosigkeit »Ich weiß nicht, wo ich mich befinde«, »Ich komme nicht an, wo ich hinwill«, Ziellosigkeit »Ich weiß nicht, wohin ich mich entwickeln soll«, Kontrollverlust »Ich bin der Situation ausgeliefert«
- *Emotional:* Angst, Panik, Hilflosigkeit
- *Physiologisch:* Anspannung, innere Unruhe, Übelkeit
- *Volitional:* Passivität bei Wunsch nach aktiver Kontrolle

Im weiteren Gesprächsverlauf versuchte ich, mit der Patientin die bisher unentdeckten Ressourcen der Metapher zu explorieren.

Ther.:	»Sie sind ja die Einzige an Bord. Das heißt dann, dass Sie sich vor niemandem rechtfertigen müssen und reisen können, wohin Sie wollen? Sie sind autonom, d. h., Sie dürfen selbst entscheiden, den Kurs bestimmen!«
Pat.:	»Im Prinzip ja... mein Partner lässt mich selbst entscheiden und gibt mir viel Freiraum, er würde mich sogar für ein Jahr gehen lassen, aber ich weiß einfach nicht. ... Soll ich meinen Job behalten oder nach Südamerika gehen?«
Ther.:	»Das eine hieße also, im sicheren Hafen zu bleiben und das andere, in See zu stechen und ferne Länder zu entdecken?«
Pat.:	»Ja, mein Job fordert mich nicht besonders, aber er ist sicher. Mir macht aber Angst, was nach Südamerika kommt.«
Ther.:	»Ich habe mal irgendwo den Spruch gelesen: Schiffe werden nicht dazu gebaut, um im Hafen zu liegen.«

3 Patientengenerierte Metaphern

Pat.:	(grinst) »Da ist was dran… und wenn ich mal unterwegs bin, dann geht's mir richtig gut. Das war in Indonesien so und auch, als ich schon einmal in Südamerika war, dann sind die Ängste weg.«
Ther.:	»Sobald Sie sich also ein Ziel gesetzt haben, Proviant und Ausrüstung an Bord haben, vielleicht eine gute Seekarte und Instrumente zum Navigieren, fühlen Sie sich sicher?«
Pat.:	»Sobald ich mich eingeschifft habe und in See gestochen bin, gibt's erst mal keinen Weg zurück. Dann fühle ich mich zuversichtlich und lebendig.«

Während ich die in der Metapher enthaltenen Ressourcen im Bild der Metapher ausführte, verließ die Patientin die Bildebene der Metapher und übertrug die Ressourcen sofort auf ihr Problem. Der Hinweis auf Autonomie und, dass sie als einzige auf dem Schiff auch den Kurs bestimmen kann, führte dazu, zu erkennen, dass ihr Partner sie nicht daran hindern wolle, ein Jahr für eine karitative Organisation nach Südamerika zu gehen, dass sie es selber entscheiden könne. Dennoch war sie sich noch nicht sicher, ob sie bereit war, ihre sichere Festanstellung aufzugeben und dachte schon daran, wie es nach dem Jahr in Südamerika weitergeht. Zudem erinnerte sie sich daran, dass es ihr bei Entscheidungskonflikten in der Vergangenheit jeweils gut ging, sobald sie eine Entscheidung getroffen hatte. Die Patientin hatte in der Vergangenheit bereits zwei längere berufliche Auslandsaufenthalte. Ihre Aussage »Wenn ich mal unterwegs bin, dann geht es mir richtig gut, dann sind die Ängste weg« versuchte ich in Begriffen der Quelldomäne der Metapher auszudrücken. Auch die Patientin wechselte zuletzt wieder in das Bild der Metapher. »Sobald ich mich eingeschifft habe und in See gestochen bin, gibt's erst mal keinen Weg zurück. Dann fühle ich mich zuversichtlich und lebendig.«

Ther.:	»Das kann ich gut nachempfinden. Auf Reisen fühle ich mich auch immer sehr lebendig. Aber da ist ja noch die Flaute, kein Wind, der einen voranbringt.«
Pat.:	»Erfahrungsgemäß kommt ja irgendwann wieder Wind auf, vielleicht muss ich einfach geduldiger sein und gelassener und zuversichtlicher.«
Ther.:	»Wie geht's denn nun auf Ihrem Schifflein?«
Pat.:	»Das fühlt sich jetzt anders an. Ich nehme Kurs auf Südamerika und sehe Land am Horizont und das fühlt sich gut an.«

Die Metapher »Mein Schifflein dümpelt orientierungslos auf dem weiten Ozean und kein Land ist in Sicht« wurde im therapeutischen Gespräch aufgegriffen, exploriert und weiterentwickelt zu: »Mein Schifflein sticht gut ausgerüstet in See mit dem Ziel Südamerika.« In der Quelldomäne der Metapher erhaltene Ressourcen wurden entwickelt und auf die problematische Situation der Patientin übertragen. Auf das Problem der Patientin wurde übertragen:

- *Kognitiv:* »Ich gebe den Kurs an«, »Ich bin gut ausgerüstet«
- *Emotional:* Zuversicht, Lebendigkeit, Angstfreiheit

- *Physiologisch:* Gelassenheit
- *Volitional:* Aktivität, Zielorientierung, »Ich möchte nach Südamerika«

Die Wahrnehmung der problematischen Situation kann sich demnach auf mehreren Ebenen verändern, wenn das Bild der Metapher exploriert und ungenutzte, ausgeblendete Ressourcen enthaltende Aspekte der Quelldomäne einer Metapher elaboriert und auf die aktuelle Situation der Klientin übertragen werden können. Weitere Beispiele dafür finden sich im folgenden Kapitel.

3.5 Die Bergmetapher reloaded

Tatsächlich taucht die Bergmetapher in meiner Arbeit als Psychotherapeut, Coach und Berater immer wieder auf. Eine Therapie besteht immer aus einer Interaktion zwischen Menschen, die sich gegenseitig beeinflussen. Oft führe ich die Psychotherapie oder ein Coaching als gemeinsame Bergwanderung ein (▶ Kap. 4.1). Auch auf meiner Homepage wird mein Verständnis von Psychotherapie in Begriffen einer Bergwanderung erklärt. Möglicherweise werden Patientinnen und Klientinnen dadurch angeregt, ihr Problem mit der Bergmetapher zu beschreiben und vielleicht begegnet sie mir deshalb häufiger als anderen. Ich finde die Metapher deshalb so hilfreich, da sie sowohl vielfältige Möglichkeiten zur Problemdarstellung bietet als auch gleichzeitig viele Ressourcen enthält, die sich im Sinne einer Problemlösung nutzen lassen. Die subjektiven Erfahrungen einer Bergbesteigung können jedoch völlig unterschiedlich sein. Deshalb stellt sich die Intervention mit der Bergmetapher nicht immer gleich dar, oft treten Wendungen ein, von denen ich selbst überrascht bin. Ich möchte an dieser Stelle drei Fallbeispiele der Bergmetapher darstellen, anhand derer ich dann ausführen möchte, wie sich die Exploration einer klientengenerierten Metapher systematisieren lässt.

Fallbeispiel: Last ablegen

Angestellter, ca. 40 Jahre alt, alleinstehend. Diagnose: F 33.1 Rezidivierende depressive Störung, derzeit mittelgradige Episode. Der Patient ist zu Therapiebeginn seit ca. sechs Wochen arbeitsunfähig geschrieben und nimmt seither ein Antidepressivum. In der Vorgeschichte bereits mehrere depressive Episoden, die zwei stationäre Aufenthalte erforderlich machten. Leitsymptome sind ein stark eingeschränktes Selbsteffizienzerleben, Antriebslosigkeit und Freudlosigkeit. Bisher lag der Schwerpunkt der Psychotherapie auf dem Etablieren einer angemessenen, aktiven Tagesstruktur und dem Aufbau euthymer Aktivitäten.

Wir befinden uns in der sechsten Sitzung einer verhaltenstherapeutischen Kurzzeittherapie:

Therapeut: »Wann ist es Ihnen in der letzten Woche denn gelungen, sich an die Tagesstruktur zu halten, die wir erarbeitet haben?«

3 Patientengenerierte Metaphern

Patient: (sitzt ohne Körperspannung im Sessel) »Das hat nicht so gut geklappt, vor allem am Wochenende bin ich wieder runter mit der Stimmung. Ich habe keinen Sinn mehr gesehen in dem Ganzen. Ich bin wieder abgerutscht, ganz tief ins Tal und jetzt muss ich die ganze Strecke wieder hoch. Das hatte ich schon so oft und ich habe die Kraft nicht mehr. Die Päckchen, die ich mit mir rumschleppe, sind so schwer und ich will sie nicht mehr tragen, die Last ist einfach zu groß.«

Ther.: »Da würde ich mir gerne einmal ein genaueres Bild davon machen…«

Pat.: »Wovon?«

Ther.: »Sie haben da ja sehr anschaulich beschrieben, dass Sie abgerutscht sind und sich jetzt in einem tiefen Tal befinden. Sie fühlen sich kraftlos und fühlen sich nicht imstande, die Last zu schultern und den Aufstieg zu schaffen.«

Pat. nickt.

Ther.: »Mich würde jetzt mal interessieren, was das für ein Bild ist, dass Sie sich von Ihrer Lage machen.«

Pat.: »Nun ja, ich sehe meine Lage als eher desolat, ich fehle schon wieder lange Zeit bei der Arbeit, die Kollegen müssen mich vertreten, ich bekomme nichts auf die Reihe, selbst einkaufen gehen fällt mir schwer. …«

Ther.: (nutzt die kurze Gesprächspause, um einzuhaken) »Lassen Sie uns doch einmal in dem Bild der Metapher bleiben, dem tiefen Tal, der Last, die Sie tragen, und dem Aufstieg, den Sie bewältigen wollen. Mich würde interessieren, wie das genau aussieht, was Sie da denken und empfinden.«

Immer wieder kommt es vor, dass Patientinnen die Ebene der Metapher gleich wieder verlassen und sich konkret in die problematische Situation begeben. Das passiert besonders, wenn ihnen nicht bewusst ist, dass sie eine Metapher genutzt haben. An dieser Stelle sollte die Therapeutin eingreifen und den Fokus wieder auf die Metapher lenken, um sie weiter zu explorieren. Das kann in einer Gesprächssequenz auch mehrmals erforderlich sein.

Pat.: (zögert und schließt kurz die Augen) »Ach so … ich sehe mich in einem dunklen Tal und vor mir liegt ein riesiger Berg.«

Ther.: »Wenn Sie in die andere Richtung schauen, was sehen Sie da?«

Pat.: »Da sind auch hohe Berge, das Tal ist eng wie eine Schlucht oder eher ein großes schwarzes Loch, es ist kalt da.«

Ther.: »Und wenn Sie nach oben schauen, was sehen Sie da?«

Pat.: »Die Gipfel der Berge sind von der Sonne angestrahlt, aber das ist so weit weg. Ich traue mir nicht zu, da hoch zu kommen.«

Ther.: »Wie fühlen Sie sich?«

Pat.: »Schwach und kraftlos«

Ther.:	»Sind da auch Emotionen?«
Pat.:	»Ich weiß nicht…«
Ther.:	»Ich könnte mir vorstellen, dass da Traurigkeit aufkommt in so einer Lage und Einsamkeit, so alleine zu sein in dieser Schlucht.«
Pat.:	»Einsam fühle ich mich auf jeden Fall. Traurigkeit … weiß nicht. Ich schäme mich, schon wieder in so einer Situation zu sein, so lange auszufallen bei der Arbeit. Meine Kollegen müssen mich vertreten. Ich fühle mich als Versager.«
Ther.:	»Was denken Sie in dieser Lage.«
Pat.:	»Ich bring's nicht. Ich bin schwach. Lass es, bleib im Loch, du landest eh wieder hier, früher oder später.«
Ther.:	»Sie haben vorher Päckchen erwähnt, die eine Last darstellen. Was sind das für Päckchen?«
Pat.:	»Große schwere Bündel, die ich mit mir rumschleppe.«
Ther.:	»Wissen Sie auch, was da drinnen ist in den Bündeln?«
Pat.:	»Meine Vergangenheit, die Fehler, die ich gemacht habe. Die Enttäuschung, nicht mehr aus meinem Leben gemacht zu haben.«
Ther.:	»Was könnten Sie denn tun, dort unten im Tal?«
Pat.:	»Wenn ich das wüsste, wäre ich einen Schritt weiter.«

Zunächst wurde das Bild der Metapher gemeinsam exploriert. Als Therapeut versuchte ich dabei, die Wahrnehmung zu lenken, um dem Patienten ein umfassendes Bild seiner Metapher zu ermöglichen und um selbst ein Bild davon zu bekommen. Aufgrund seiner Schilderungen schloss ich, dass der Patient aus einer beobachtenden Perspektive heraus imaginierte (▶ Kap. 2.6). Depressive Menschen beschreiben ihre Krankheit oft in Form von konventionellen, konzeptuellen Metaphern (McMullen & Conway, 2002, ▶ Kap. 2.4). Der Patient verwendete zu Beginn der Sitzung drei davon, nämlich Depression ist ein Abstieg (»Ich bin abgerutscht«, »Ich bin tief im Tal«, »Ich bin im Loch«), Depression ist Dunkelheit (»Das Tal ist dunkel«), Depression ist ein Gewicht (»Die Päckchen, die ich mit mir rumschleppe, sind so schwer«, »Ich will sie nicht mehr tragen«, »Die Last ist zu groß«, »Ich habe keine Kraft mehr«). Alle diese Beschreibungen stellen Aspekte der Bergmetapher dar, die der Patient formulierte. Zusätzlich zur Erkundung des Bildes der Metapher habe ich erfragt, welche Aspekte der Quelldomäne der Patient noch auf seine derzeitige Lage überträgt. Da er zunächst Schwierigkeiten hatte, Emotionen zu benennen, habe ich ein Angebot gemacht (Traurigkeit, Einsamkeit). Einsamkeit bestätigte er, Traurigkeit nicht, aber er benannte zusätzlich Scham und Enttäuschung als Emotionen. Metaphorisch als Päckchen bzw. Bündel formuliert, offenbarten sich Themen für die Therapie (»Die Fehler, die ich in der Vergangenheit gemacht habe«, »Die Schuld, nicht mehr aus meinem Leben gemacht zu haben«). Aktive Handlungsmöglichkeiten sah er keine, befand sich aber sprachlich weiter im Bereich der Berg-Metapher (Pat.: »Wenn ich das wüsste, wäre ich einen Schritt weiter«). Aus der Quelldomäne des Berges, bzw. des dunklen Tales bezog er auf seine derzeitige Situation:

- *Kognitiv:* »Ich sehe keinen Sinn mehr«, »Ich muss die ganze Strecke wieder hinauf«, »Ich will die Päckchen nicht mehr tragen«, »Du bringst es nicht«, »Lass es«,

»Du landest eh wieder im Loch«, »Die Fehler meiner Vergangenheit sind eine Last«, »Ich habe Schuld auf mich geladen«
- *Emotional:* Einsamkeit, Scham, Versagensgefühle, Enttäuschung
- *Physiologisch:* Kraftlosigkeit, Schwäche, Belastung, Kälte
- *Volitional:* Hoffnungslosigkeit, Resignation, Insuffizienz, Hilflosigkeit (fehlende Handlungsmöglichkeiten)

Ther.:	»Ja, aus dem Tal, da kommt man nicht mit einem einzigen großen Sprung heraus, da geht es nur Schritt für Schritt. Was wäre denn ein erster Schritt?«
Pat.:	»Ich sollte mich von dem alten Ballast befreien. Dann ginge es leichter bergauf.«
Ther.:	»Dann wäre das ein erster Schritt, sich mit der Vergangenheit zu versöhnen?«
Pat.:	»Das hört sich gut an, geht das denn?«
Ther.:	»Ich denke schon. Ich weiß nicht mehr wer, aber irgendeine Persönlichkeit hat sinngemäß mal gesagt: ›Die Kunst im Leben besteht darin, aus einer beschissenen Vergangenheit eine verheißungsvolle Zukunft zu machen.‹«
Pat. grinst.	
Ther.:	»Ich würde gerne mal ein Experiment mit Ihnen machen, um zu überprüfen, wie es sich anfühlen würde, ohne den ganzen Ballast der Vergangenheit. Wären Sie dazu bereit?«
Pat.:	»Ja, können wir machen.«
Ther.:	»Schließen Sie doch mal die Augen, um sich besser auf Ihre inneren Bilder konzentrieren zu können. Dann gehen Sie doch noch einmal in dieses Bild hinein. Können Sie sich in dem Tal sehen?«
Pat.:	(schließt die Augen) »Ja, ich sehe mich dort.«
Ther.:	»Wie sehen Sie sich?«
Pat.:	»Von oben, wie mit einer Drohnenkamera aufgenommen.«
Ther.:	»Wo befinden sich Ihre Bündel mit dem Ballast?«
Pat.:	»Die liegen neben mir.«
Ther.:	»Wie viele sind es und wie sehen sie aus?«
Pat.:	»Es sind drei so Ballen, in Stoff eingepackt.«
Ther.:	»Können Sie die mal anheben?«
Pat.:	»Mach ich, die sind schwer.«
Ther.:	»Können Sie die tragen?«
Pat.:	»Einzeln vielleicht, aber nicht alle zugleich.«
Ther.:	»Schauen Sie sich doch mal um, ob da im Tal einen passenden Ort gibt, an dem Sie die Bündel unterstellen können, um sie für eine Weile zu verwahren.«
Pat.:	»Ja, da ist ein Felsvorsprung.«
Ther.:	»Können Sie die Bündel dort mal unterstellen?«
Pat.:	»Ich kann es versuchen. ... So, jetzt liegen sie unter dem Felsvorsprung.«

3.5 Die Bergmetapher reloaded

Ther.:	»Sagen Sie sich, dass es nur für den Moment ist, dass Sie später darauf zurückkommen werden, um sich mit dem Inhalt der Bündel zu beschäftigen.«
Pat. nickt.	
Ther.:	»Jetzt, wo die Bündel erst einmal sicher verwahrt sind… Wie fühlt sich das an?«
Pat.:	»Etwas leichter, aber ich weiß ja, dass die Bündel noch da sind. Es wäre schön, ich hätte sie ganz los.«
Ther.:	»Klar, die laufen nicht weg, wie gesagt, wir werden zu einem späteren Zeitpunkt darauf zurückkommen. Nun gehen Sie doch mal einen Schritt den Berg hoch.«
Pat.:	»Ja, das geht.«
Ther.:	»Steigen Sie mal so weit auf, wie die Kraft reicht.«
Pat.:	(nach einer Pause) »Jetzt bin ich schon ein Stück weit gekommen.«
Ther.:	»Wie ist es, wenn Sie zurückblicken?«
Pat.:	»Ich sehe mich auf einem Felsen stehen und etwa 50 Meter unter mir ist der Grund des Tals, da ist auch der Felsvorsprung mit den Ballen.«
Ther.:	»Und was denken Sie.«
Pat.:	»Ich denke, dass ich es wieder rausschaffen kann aus dem Loch, dass es sich leichter anfühlt ohne den Ballast, auch wenn ich noch nicht so genau weiß, wie es mit dem Ballast weitergeht, da bin ich noch skeptisch. Aber einfach zurücklassen kann ich ihn auch nicht. Das wäre Umweltverschmutzung.«
Pat. grinst.	
Ther.:	»Wäre es denn eine Option, unten im Loch zu bleiben?«
Pat.:	»Nein, das ist es nicht. Da würde ich vor die Hunde gehen.«
Ther.:	»Zumindest haben Sie die Erfahrung gemacht, wie es sich anfühlen kann ohne den Ballast, und auch, dass man diesen Ballast nicht die ganze Zeit mit sich rumschleppen muss. Auch wenn er da ist, kann man ihn zwischendurch mal an einem sicheren Ort verwahren, um sich eine Zeit lang leichter zu fühlen. Ich mache Ihnen mal einen Vorschlag. Lassen Sie den Ballast doch einfach bis zur nächsten Sitzung unter dem Felsvorsprung. Vielleicht hilft Ihnen das ja, die nächste Woche mit etwas mehr Leichtigkeit und Kraft anzugehen.«
Pat.:	(sitzt nun mit etwas mehr Körperspannung im Sessel als zu Beginn) »Im Moment verspüre ich etwas Erleichterung und Energie, ich werde es versuchen. Ich finde, das war ein gutes Experiment. Jetzt fühle ich mich auch nicht mehr so alleine mit meinen Problemen.«
Ther.:	»Ja, ich wäre gerne so eine Art Bergführer für Sie, gemeinsam kommen wir schon raus aus dem Tal und ich kann Ihnen versprechen, je höher wir kommen, desto schöner werden die Ausblicke und desto mehr Licht wird es geben.«
Pat.:	»Danke, das hat heute gutgetan.«
Ther.:	»Das freut mich.«

Mit dem Vorschlag, nun den ersten Schritt zu machen, bewegten wir uns weiterhin in der Bergmetapher. »Jede Besteigung eines Berges beginnt mit dem ersten Schritt.« Hier erfolgte der shift von der Problem- zur Lösungsorientierung. Gleich den ganzen Berg auf einmal zu erklimmen, hätte den Patienten meines Erachtens überfordert. Deshalb habe ich beschlossen, ihm anzubieten, einen ersten Schritt zu machen. Für den Patienten erschien es wichtig, sich mit dem Ballast der Vergangenheit (Fehler, nicht mehr aus seinem Leben gemacht zu haben) auseinanderzusetzen, aber er zweifelte daran, das zu schaffen. Um ihm die Erfahrung zu ermöglichen, sich auszuprobieren, wie es sich ohne den Ballast anfühlt, schlug ich ihm vor, die Ballen vorübergehend an einer sicheren Stelle zu verwahren und mit dem Aufstieg zu beginnen. Das Verwahren des Ballastes führte zu etwas mehr Leichtigkeit, der Aufstieg gelang. Der Blick ins Tal führte bereits zu einem Perspektivwechsel, der Ballast war nun ein Stück weit entfernt. Ich bot ihm an, den Ballast bis zur nächsten Sitzung dort unter dem Felsvorsprung liegen zu lassen, was der Patient versuchen wollte. Zuletzt bot ich an, als Bergführer den Aufstieg gemeinsam mit ihm anzugehen, was natürlich gewisse Aspekte der Therapeutenrolle hervorhebt (z. B. kennt sich aus mit dem Problembereich, steht dem Patienten zur Seite, begleitet ihn, kann den Patienten nicht tragen, gehen muss dieser selbst), andere verbirgt (z. B. ist nicht ständig präsent, Autonomie des Patienten). Dem Patienten waren die vorher verborgenen, ausgeblendeten Ressourcen seiner Metapher nun zugänglich. Aus der Metapher »Depression ist ein Abstieg« wird »Gesundung ist ein Aufstieg«. Aus der Metapher »Depression ist ein Gewicht« wird »Therapie bedeutet Last abzulegen«. Aus der Metapher »Depression ist Dunkelheit« wird »Wohlbefinden ist Licht«. Nach der Intervention übertrug der Patient auf seine Situation:

- *Kognitiv:* »Ich komme wieder aus dem Loch raus«, »Ohne Ballast geht es leichter«, »Ich muss mich um meinen Ballast kümmern, dann kann mir der Aufstieg gelingen«, »Ich weiß jedoch noch nicht, ob es mir gelingen wird, Ballast abzulegen«
- *Emotional:* Erleichterung, Verbundenheit (aufgrund der Unterstützung durch den Therapeuten), zu Scham, Versagensgefühlen und Enttäuschung besteht eine größere Distanz
- *Physiologisch:* etwas mehr Leichtigkeit, Energie, verbesserte Körperspannung gegen Ende der Sitzung
- *Volitional:* Selbsteffizienzerleben, Motivation, den Ballast (Fehler der Vergangenheit, nicht mehr aus seinem Leben gemacht zu haben) zu bearbeiten. Motivation, den Aufstieg anzugehen.

Die vom Patienten geäußerte Redewendung »Da würde ich vor die Hunde gehen« habe ich nicht herausgegriffen, da sie meiner Meinung nach nicht mit dem Selbst oder wichtigen Aspekten seines Lebens verknüpft war. Das Fallbeispiel wird in Kapitel 3.8 weitergeführt.

Fallbeispiel: Der Schicksalsberg

Journalistin, zur Zeit der Therapie in Elternzeit, Ende 30, verheiratet, drei Kinder, ein bis sechs Jahre alt. Sie berichtet von starken Stimmungsschwankungen und

3.5 Die Bergmetapher reloaded

Erschöpfung. Sie schläft aufgrund der Kinder keine Nacht durch, ist ständig übermüdet. Dazu kommt es zunehmend zu Streit mit dem Ehemann und mit ihrer Mutter, die sich immer wieder in die Erziehung der Kinder einmischt. Die Patientin hat das Gefühl, keine Zeit mehr für sich selbst zu haben. Ihre berufliche Zukunft ist ungewiss. Wir befinden uns in der neunten Sitzung einer verhaltenstherapeutischen Kurzzeittherapie.

Patientin: »Mir ist alles zu viel, so habe ich mir mein Leben nicht vorgestellt. Ich bin wohl für alles verantwortlich, Haushalt, Erziehung, das Wohl meines Mannes, die Erwartungen meiner Mutter. Alles soll ich hinbekommen und ich habe keine Kraft mehr.«

Therapeut: »Das hört sich auch nach sehr viel an, was Sie da gerade leisten müssen. Das ist eine sehr anstrengende Lebensphase, in der Sie sich befinden.«

Pat.: »Ich stehe vor einem unüberwindbaren Berg von Problemen...«

Ther.: »Ich würde mit Ihnen gerne mal diese Metapher, dass Sie vor einem Berg unüberwindbarer Probleme stehen, näher mit Ihnen anschauen.«

Pat.: »Okay.«

Ther.: »Vor was für einem Berg stehen Sie denn da?«

Pat.: (schaut nach oben und scheint in ihre Imagination versunken, es entsteht eine Pause) »Es ist ein dunkler Berg, grau und schwarz und sehr hoch. ... Aber ich wollte Ihnen noch erzählen, wie es vorgestern wieder zum Streit mit meinem Mann gekommen ist.«

Oft sieht man als aufmerksamer Beobachter, wenn das Gegenüber in imaginative Tätigkeit versunken und durch sie absorbiert ist. Meist defokussiert der Blick, wandert nach oben, nach unten oder zur Seite. An dieser Stelle ist es wichtig, der Patientin Zeit für ihre imaginativen Vorgänge zu lassen oder sie darin zu bestärken und zu ermuntern, bzw. die gemeinsame Aufmerksamkeit auf das Bild der Metapher zu lenken.

Ther.: »Ich finde es wichtig, dass wir erst mal bei diesem Bild vom Berg verweilen. Wäre das in Ordnung für Sie? Wir können später dann noch auf den Streit eingehen.«

Pat.: »Na gut.«

Ther.: »Ist das ein Berg, den Sie kennen, den Sie vielleicht schon mal bestiegen haben?«

Pat.: »Nein, der sieht aus wie der Schicksalsberg aus ›Der Herr der Ringe‹[1], dunkel, steil und sehr bedrohlich.«

---

1 ›Der Herr der Ringe‹ ist eine von Peter Jackson verfilmte Trilogie, die zwischen 2001 und 2003 in die Kinos kam. Insgesamt konnten die Filme 17 Oscars gewinnen. Die Romanvorlage stammt von J.R.R. Tolkien und gilt als Fantasy-Klassiker. Im englischen Original erschienen die drei Bände 1954/1955. Es wird die Geschichte des Hobbits Frodo erzählt, der in den Besitz eines Ringes gerät, der seinem Besitzer eine besondere Macht verleiht. Der böse Herrscher Sauron möchte sich dieser Macht versichern. Frodo und seine Gefährten begeben

Ther.:	»Ah, die Filme habe ich auch gesehen, jetzt habe ich auch ein Bild von diesem Berg vor Augen.«
Pat.:	»Ja, das war noch eine schöne Zeit. Ich bin damals, als der Film herauskam, mit meinem jetzigen Mann ins Kino, damals waren wir noch nicht verheiratet. Das Studentenleben war so unbeschwert, ich hatte so viel Zeit für mich, habe viel mit Freunden unternommen und jedes Wochenende war Party.« (grinst)
Ther.:	»Das hört sich gut an. Ich würde gerne noch mal zurück zum Bild des Berges.«

Manchmal ist es gar nicht so einfach, gemeinsam mit den Patientinnen im Bild der Metapher zu bleiben. Zwei Mal hätte der Gesprächsverlauf eine andere Wendung nehmen können. Als die Patientin aus ihrer Studentenzeit berichtete, wäre es auch möglich gewesen, diese Ressourcensituation herauszugreifen und zu erkunden. Ich habe mich jedoch entschieden, direktiv einzugreifen und die Aufmerksamkeit wieder auf die Exploration des Bildes der Metapher zu lenken, sonst bestünde die Gefahr, dass die Intervention zerfasert oder, um es metaphorisch auszudrücken: Das Boot treibt auf dem Gesprächsfluss weiter und die Chance, den Edelstein auf dem Grund des Flusses zu greifen, ist vorbei.

Ther.:	»Haben Sie das Bild des Berges noch vor sich?«
Pat.:	»Ja.«
Ther.:	»Können Sie den Gipfel sehen?«
Pat.:	»Jetzt, wo Sie das fragen, nein, da sind Wolken.«
Ther.:	»Wie ist das Wetter?«
Pat.:	»Es regnet nicht, aber das Licht ist diffus, und aus den Wolken kommen Blitze.«
Ther.:	»Sehen Sie nur den Berg oder sehen Sie sich selbst vor dem Berg stehen?«
Pat.:	»Da ist nur der Berg, der ist felsig und karg, da sind keine Bäume.«
Ther.:	»Also ein Bild wie auf einer Postkarte?«
Pat.:	»Nein, es ist lebendiger, als wäre ich in der Szene dabei.«
Ther.:	»Ist da ein Weg oder ein Pfad?«
Pat.:	»Ja, da ist ein schmaler, steiler Pfad, der da hochführt.«
Ther.:	»Haben Sie noch andere Wahrnehmungen, hören Sie etwas?«
Pat.:	»So ein dumpfes Donnergrollen.«
Ther.:	»Ist da ein Geruch in der Luft?«
Pat.:	»Es riecht nach Schwefel, nach faulen Eiern.«
Ther.:	»Das erinnert wirklich an den Schicksalsberg aus ›Der Herr der Ringe‹.«

---

sich auf eine gefahrvolle Reise, um den Ring zu vernichten und die Völker von Mittelerde dadurch vor einer drohenden Herrschaft durch die dunkle Macht Saurons zu bewahren. Der Schicksalsberg, ein Vulkan, in den der Ring geworfen werden muss, befindet sich im Reich von Sauron. Nach vielen bestandenen Abenteuern und Verwicklungen gelingt das Vorhaben und der Vulkan vernichtet Saurons Armee und sein Reich.

3.5 Die Bergmetapher reloaded

Schmitt & Heidenreich (2019) appellieren an die Praktikerinnen, sich für Literatur, aber auch Musikstücke, Bilder oder Computerspiele zu interessieren, die den Klientinnen wichtig sind. Oft ergeben sich daraus Anknüpfungspunkte zur Metaphorik der Klientinnen und damit zu deren subjektivem Erleben. Auch die darin enthaltenen Ressourcen können dann gemeinsam entdeckt und für den Veränderungsprozess genutzt werden.

Das Bild des Berges, den die Patientin zunächst aus einer teilnehmenden Perspektive wahrnahm, war nun weitgehend exploriert und elaboriert, so dass ich mir ein inneres Bild davon machen konnte. Es ist wichtig, dass die Therapeutin ein eigenes inneres Bild konstruieren kann, das mit dem der Patientin weitgehend übereinstimmt, weshalb es auch notwendig ist, detailliert nachzufragen. Ohne die Informationen der Patientin würde ich mir einen Berg vorstellen, der von grünen Almen, mit Holzschuppen, Kühen und Tannenwäldern umgeben ist. Es schiene die Sonne, die Luft wäre klar und der Gipfel zum Greifen nah. Es röche nach frisch gemähtem Heu und die Kuhglocken bimmelten. Es wäre also ein ganz anderer Berg, als jener, den die Patientin sieht, was eine wirksame Intervention erschweren oder verhindern könnte.

Ther.: »Was empfinden Sie denn angesichts des Bergs?«
Die Mimik der Patientin verändert sich. Sie beginnt zu weinen und sinkt in sich zusammen. Ich biete ihr ein Papiertaschentuch an. Es dauert eine Weile, bis sie sich wieder gefasst hat.
Pat.: »Es ist alles so aussichtslos, ich werde das nie schaffen, ich bin so kraftlos und erschöpft.«
Ther.: »Was für Gefühle haben Sie?«
Pat.: »Ich bin so traurig und ich habe Angst vor dem, was vor mir liegt. Ich habe keinen Bock auf den Scheißberg.«
Ther.: »Da ist also auch Wut?«
Pat.: »Ja, ich bin wütend auf mich, dass ich mich so anstelle, dass ich so schwach bin. Was soll denn das für ein Vorbild für meine Kinder sein? Und ich bin wütend auf meine Mutter, dass sie ständig alles besser weiß, sich immer einmischt und so tut, als sei das alles gar kein Problem. Und ich bin wütend auf meinen Mann, dass er mich nicht genug unterstützt und ich immer alles regeln soll. Ich fühle mich so alleingelassen.«
Ther.: »Wenn Sie noch einmal bei dem Bild des Berges bleiben, was ist da ihr Handlungsimpuls?«
Pat. »Ich will mich umdrehen und weglaufen. Aber das geht doch nicht so ohne weiteres.«

Zunächst hat die Frage nach dem, was die Patientin angesichts des Berges empfindet, dazu geführt, dass sie Zugang zu ihren Emotionen bekam und weinte. In einem zweiten Schritt wurde exploriert, was die Patientin von der Quelldomäne des Berges auf die Zieldomäne, ihre Probleme, überträgt. Zugleich zeigt dieses Beispiel auch, wie die Zieldomäne, nämlich die negative Wahrnehmung ihrer Lebenssituation, das düstere Bild des Bergs bestimmt. Die positiven Eigenschaften und Ressourcen, welche die Bergmetapher bereithält, waren ausgeblendet (▶ Abb. 3.1). Aus der Quelldomäne der Metapher übertrug die Patientin auf ihr Problem:

- *Kognitiv:* »Es ist alles so aussichtslos«, »Ich schaffe das nie«, »Ich bekomme keine Unterstützung«, »Ich muss es alleine regeln«
- *Emotional:* Traurigkeit, Angst, Wut, Einsamkeit
- *Physiologisch:* Kraftlosigkeit, Erschöpfung
- *Volitional:* Vermeidungs- und Fluchtimpulse

Ther.:	»Vielleicht besteht ja tatsächlich die Möglichkeit, umzudrehen und sich einen anderen Weg zu suchen als über diesen Berg. Vielleicht kann man ja um ihn herumgehen?«
Pat.:	(denkt nach) »Das fühlt sich nicht gut an. Das wäre, als würde ich mich meinen Problemen nicht stellen und einfach weglaufen, obwohl mir ja nach Weglaufen ist.«
Ther.:	»Ich erinnere mich noch ungefähr an die Handlung bei ›Der Herr der Ringe‹. Der Schicksalsberg war doch der Vulkan, in den Frodo, der Hobbit, den Ring werfen sollte, um dessen unheilvolle Kräfte zu neutralisieren.«
Pat.:	»Ja, so war das, am Ende ist es auch gelungen. Der Berg stand mitten in Mordor, dem Reich von Sauron, der bösen Macht.«
Ther.:	»Sie kennen sich ja gut aus.«
Pat.:	»Ja, ich habe die Filme drei oder vier Mal gesehen und auch den Roman gelesen.«
Ther.:	»Wie ist es Frodo denn gelungen, seine Mission zu erfüllen? Wenn ich mich recht erinnere, war das kein Sonntagsspaziergang.«
Pat.:	(schaut nach oben) »Es war eine sehr lange und gefährliche Reise. Er hatte Gefährten und Verbündete, alleine, ohne Sam und die anderen, hätte er es wohl nicht geschafft.«
Ther.:	»Vielleicht könnte es Ihnen angesichts Ihres Berges auch helfen, wenn Sie Verbündete und Gefährten hätten?«
Pat.:	»Ja, das wäre gut.«
Ther.:	»Wen hätten Sie denn gerne als Gefährten?«
Pat.:	»Natürlich meinen Mann, auch meine Mutter, aber da ist das Verhältnis gerade kompliziert, aber sie ist schon für mich da, wenn ich es zulasse. Und wichtig ist auch meine beste Freundin, zu der der Kontakt ein wenig eingeschlafen ist. Sie hat keine Kinder und wir haben gerade völlig unterschiedliche Lebensentwürfe. Aber gerade das kann für mich ja auch inspirierend sein.«
Ther.:	»Dann nehmen Sie doch mal Ihre Gefährten und stellen Sie sie an Ihre Seite. Versuchen Sie doch mal, das Bild so zu gestalten, dass alle an Ihrer Seite sind und Sie sehen, wie sich die Gruppe auf den Berg zubewegt. ... Geht das?«
Pat.:	(schaut wieder nach oben) »Ja, das geht.« ...

Kurze Pause.

3.5 Die Bergmetapher reloaded

Ich habe die Patientin gebeten, von einer teilnehmenden in eine beobachtende Perspektive zu wechseln, um dadurch ein Bild zu entstehen zu lassen, das sie als Teil einer Gruppe, eines Teams zeigt, um dem Gefühl von Einsamkeit und fehlender Unterstützung entgegenzuwirken.

Ther.: »Verändert sich dadurch etwas an dem Bild?«
Pat.: »Ja, ich sehe jetzt den Gipfel, die Wolken und die Blitze haben sich verzogen, auch ist das Bild nicht mehr ganz so dunkel.«
Ther.: »Lassen Sie dieses Bild mal einen Augenblick lang auf sich wirken. … Wie fühlt sich das an?«
Pat.: (nach kurzer Pause) »Besser.«
Ther.: »Wie genau?«
Pat.: »Ich spüre mehr Hoffnung, dass es doch nicht alles so aussichtslos ist, dass ich es mit der Unterstützung der anderen hinbekomme, und das gibt mir Energie.«
Ther.: »Und was ist mit der Wut, der Angst und der Traurigkeit?«
Pat.: »Die Angst ist im Moment ganz weg und die Wut und die Traurigkeit sind noch da, aber gerade nicht mehr so präsent.«
Ther.: »Wie können Sie sich denn der Unterstützung Ihrer Gefährten versichern?«
Pat.: »Frodo und seine Gefährten, da gab es auch Konflikte, selbst mit seinem engsten Freund Sam hat er gekämpft wegen dem Ring. Letztendlich haben sie sich aber immer wieder zusammengerauft. Das stimmt mich zuversichtlich, dass sich auch meine Beziehung in der Partnerschaft und zu meiner Mutter wieder verbessert.«
Ther.: »Was können Sie dazu beitragen?«
Pat.: »Ich sollte vielleicht einfach um mehr Unterstützung bitten und nicht erwarten, dass alle immer wissen, was ich brauche. Mein Mann hat auch viel am Hals beruflich, wenn ich das mehr würdige und es gelingt, uns wieder mehr als Team zu sehen, dann wäre das toll. Und meine Mutter würde mir ja die beiden älteren immer wieder mal abnehmen. Ich konnte es in letzter Zeit nur nicht zulassen, da ich das Gefühl hatte, wir befinden uns in einem Wettbewerb, wer die bessere Mutter ist.«
Ther.: »Da können wir das nächste Mal ja noch einmal darüber reden. Was ist mit Ihrer besten Freundin?«
Pat.: »Da sollte ich mich mal wieder melden, die habe ich vernachlässigt, dabei tut mir ihr Zuspruch gut. Aber mir ging es in letzter Zeit nicht gut und ich habe Schwierigkeiten, mich in dieser Verfassung zu zeigen. Ich rufe sie gleich heute Abend noch an, wenn die Kinder im Bett sind.«
Ther.: »Hm, gibt es vielleicht etwas, das Sie mit diesem Gefühl des Unterstütztwerdens verbinden können, einen Gegenstand, ein Symbol, einen Talisman?«
Pat.: (überlegt eine Weile) »… Ja, ich glaube, das wäre passend. Nachdem ich mit meinem Partner den Film ›Herr der Ringe‹ zum ersten Mal gesehen habe, da hat er mir dann tatsächlich einen Ring geschenkt,

	so eine Art Verlobungsring, das hat uns echt verbunden. Den Ring habe ich schon lange nicht mehr getragen. Ich werde ausprobieren, ob er noch passt.«
Ther.:	(lächelt) »Das passt ja hervorragend zu ›Der Herr der Ringe‹. Können wir das jetzt so mal stehen lassen? Sie wollten mir ja auch noch vom Streit mit Ihrem Mann berichten.«
Pat.:	»Ja, das passt so für mich.«

Nachdem das Bild elaboriert wurde und klar war, was die Patientin aus der Quelldomäne des Berges auf ihre Situation überträgt, haben wir nach Ressourcen in der Metapher gesucht. Einen ersten Versuch von mir, sich eventuell einen anderen Weg zu suchen als über den Berg hinweg, wies die Patientin zurück. Hier zu insistieren, ist nicht empfehlenswert. Ich empfand es als stimmig, den Handlungsentwurf der Patientin, sie könne nicht einfach weglaufen, sondern wolle sich ihren Problemen stellen, zu akzeptieren. Da die Patientin ihr Bild des Berges aus der Filmtrilogie ›Der Herr der Ringe‹ entliehen hatte und ihr die Geschichte offenbar etwas bedeutete, schließlich hatte sie die Filme mehrfach gesehen und den Roman gelesen, war die nächste Idee, in der Handlung der Geschichte auf Ressourcensuche zu gehen. An diesem Beispiel zeigt sich, welchen therapeutischen Wert Geschichten haben können und dass sich Aspekte der Handlung metaphorisch auf das Problem übertragen lassen (► Kap. 4). Frodos Abenteuer, in dem er gegen eine scheinbar übermächtige böse Macht kämpft und dabei auch Berge überwinden muss, wurden als Modell zur Problemlösung herangezogen. Die Patientin fand dabei selbst die für sie subjektiv bedeutsame Ressource in der Geschichte, nämlich, dass Frodo das Abenteuer nur mit der Unterstützung von Gefährten bestehen konnte. Das warf ein neues Licht auf die derzeit konfliktreichen Beziehungen zum Ehemann und der Mutter der Patientin. Indem sie die beiden und ihre beste Freundin in das Bild einbezog, als Gefährten, die ihr zu Seite stehen, veränderte sich das Bild des Berges, es wurde heller, die Wolken und Blitze haben sich verzogen. Es veränderten sich aber auch die Emotionen, Bewertungen sowie die Physiologie und die wahrgenommenen Handlungsmöglichkeiten. Auch die Perspektive wurde verändert, während sie den Berg zu Beginn so gesehen hatte, »als wäre ich dabei«, also aus einer teilnehmenden Perspektive, betrachtete sie nun sich selbst und ihre Gefährten aus einer dissoziierten Perspektive. Nun übertrug sie aus der Quelldomäne Berg, die durch die Geschichte von ›Der Herr der Ringe‹ erweitert wurde, auch Ressourcen auf ihr Problem:

- *Kognitiv:* »Es ist nicht mehr so aussichtslos.«, »Ich bekomme es mit Unterstützung der anderen hin.«
- *Emotional:* Hoffnung, Zuversicht, Traurigkeit und Wut sind noch vorhanden, aber nicht mehr so präsent.
- *Physiologisch:* spürt mehr Energie
- *Volitional:* »Ich möchte mehr um Unterstützung bitten.«, »Ich möchte die Beziehung zu meinem Ehemann und zu meiner Mutter verbessern.«, »Ich möchte wieder engeren Kontakt zu meiner besten Freundin herstellen.«

3.5 Die Bergmetapher reloaded

Zum Schluss dieser Intervention habe ich der Patientin noch einen Anker angeboten, der ihr den Zugang zum Ressourcenerleben im Alltag erleichtern kann. Passend zu der Geschichte wählte sie einen Ring aus, den sie von ihrem Partner in der Zeit des Kennenlernens geschenkt bekommen hatte. Diese Zeit war für sie positiv besetzt und der Ring hatte einen Bezug zur Geschichte ›Der Herr der Ringe‹. Es handelt sich um einen visuellen und kinästhetischen Anker, der sie, durch Betrachtung oder Berührung, mit ihren Ressourcen in Kontakt bringen und so auch in den Alltag hineinwirken kann.

Es erfolgen in dieser Intervention auch Hinweise auf Therapieziele. In den folgenden Sitzungen stand die Verbesserung der Beziehung zum Partner und zur Mutter im Vordergrund.

Fallbeispiel: Das Gebirge als Kulisse

Coaching einer Sozialarbeiterin, Ende 50. Die Klientin ist in einer Leitungsfunktion tätig. Die Stimmung im Team ist schlecht. Sie möchte im Rahmen eines Coachings erfahren, wie sie mehr Führung zeigen und besser mit schwierigen Mitarbeitern zurechtkommen kann. Sechste Sitzung.

Coach: »Wie ist es Ihnen ergangen, seit wir uns vor 14 Tagen das letzte Mal gesehen haben?«

Klientin: (seufzt) »Meine Tätigkeit enthält so viele Aufgaben. Oft weiß ich nicht, wo ich anfangen soll. Wenn ich dann an etwas dran bin, kommt sicherlich nach spätestens fünf Minuten einer der Mitarbeiter herein und will etwas von mir. Ich möchte ja auch, dass die zu mir kommen, und biete das an. Meine Sachen bleiben dann halt liegen. Die Aufgaben türmen sich auf, wie ein Gebirge, nein, wie eine ganze Gebirgskette. Ich frag mich immer wieder, wie ich das bewältigen soll, ohne früher oder später ein Burnout zu bekommen.«

Co.: »Darf ich da mal einhaken?«

Kl.: »Ja, selbstverständlich.«

Co.: »Haben Sie mal Lust, sich mit mir Ihre Gebirgskette näher anzuschauen?«

Kl.: »Gerne.«

Co.: »Versuchen Sie, sich doch einmal ein Bild von dem Gebirge zu machen.«

Kl.: (schließt die Augen. Es entsteht eine längere Pause, sie öffnet die Augen wieder) »Ich bekomme da kein konkretes Bild.«

Co.: »Lassen Sie sich ruhig etwas Zeit.«

Kl. schließt die Augen wieder.

Co.: »Lassen Sie einfach mal ein Bild hochkommen. Sie müssen nicht bewusst kontrollieren, was für ein Bild das ist und ob es schlüssig ist oder nicht, einfach spontan auftauchen lassen.«

Es entsteht eine längere Pause.

3 Patientengenerierte Metaphern

Kl.: (schüttelt den Kopf) »Irgendwie komisch, sonst kann ich mir eigentlich gut Dinge bildlich vorstellen. Das ist ungewöhnlich, dass es nicht klappt.«
Co.: »Das ist völlig in Ordnung, wir wählen mal einen anderen Weg. ... Wenn Sie an die Aufgaben denken, die sich zu der Gebirgskette auftürmen, was empfinden Sie da körperlich?«
Kl.: »Ich spüre einen dumpfen Druck in der Magengegend.«
Co.: »Fokussieren Sie doch mal diesen dumpfen Druck und beschreiben Sie mir die Empfindung so genau wie möglich.«
Kl.: »Das fühlt sich an, als würde mir da jemand eine Faust reindrücken.«
Kl. zeigt dabei auf eine Stelle unter dem Rippenbogen.
Co.: »Ist das ein gleichbleibender Druck oder verändert er die Stelle, an der Sie ihn empfinden, oder pulsiert er?
Kl.: »Nein, der Druck ist gleichbleibend.«
Co.: »Und wie groß ist die Stelle, an der Sie den Druck spüren?«
Kl.: »Gerade so groß, wie meine Faust.«
Kl. formt eine Faust mit der rechten Hand.
Co.: »Dann bleiben Sie doch mal bei dieser Empfindung und versuchen in einem nächsten Schritt ein Bild entstehen zu lassen, das zu dieser Empfindung passt.«
Erneut entsteht eine Pause.
Kl.: (hält die Augen nach wie vor geschlossen) »Jetzt habe ich da ein Bild. Ich sehe die Gebirgskette. Sie ist weit weg.«

Nicht immer entstehen spontan visuelle Bilder auf eine Metapher hin. Manche Klientinnen benutzen zwar eine Metapher immer wieder, haben aber zunächst keine explizite imaginative Repräsentation der Metapher zur Verfügung, die sie beschreiben könnten. Diese entsteht dann manchmal erst während der Intervention und mit Hilfe einer Anleitung durch die Coachin. In diesem Fall habe ich eine Technik verwendet, die dem Focusing von Eugene Gendlin (1998) ähnelt. Ausgehend von der Fokussierung einer körperlichen Empfindung (Druck im Magen), die mit der Metapher »Meine Aufgaben türmen sich auf wie eine Gebirgskette« zusammenhängt, kam es durch synergetische Effekte zu einem stimmigen inneren, visuellen Bild der Gebirgskette. In einem nächsten Schritt wurde das Bild gemeinsam exploriert:

Co.: »Können Sie mir das Bild, das Sie jetzt vor Augen haben, näher beschreiben?«
Kl.: »Da sind schneebedeckte Gipfel, vier Stück nebeneinander. Ich sehe Sie jetzt klar vor mir. Der Himmel ist blau und wolkenlos.«
Co.: »Also scheint die Sonne?«
Kl.: »Ja.«
Co.: »Was sehen Sie sonst noch?«
Kl.: »Es stört mich, dass die Berge so weit weg sind.«
Co.: »Wollen Sie denn näher ran?«

3.5 Die Bergmetapher reloaded

Kl.: »Ja.«
Co.: »Dann versuchen Sie doch mal, sich das Bild näher ranzuholen.«
Kl.: (bekommt einen überraschten Gesichtsausdruck und lacht dann) »Damit habe ich nicht gerechnet.«
Co.: »Wieso, hat sich das Bild verändert?«
Kl.: »Ja, jetzt sehe ich, dass es gar kein echtes Gebirge ist. Es ist nur eine Kulisse, wie in einem Theater.«
Co.: (lacht) »Ja, das ist jetzt echt überraschend. Beschreiben Sie mir doch bitte das Bild.«
Kl.: »Die Kulisse ist etwa fünf Meter lang und zweieinhalb Meter hoch. Darauf sind die Berggipfel aneinandergereiht. Unten dominiert die Farbe Grün, dann kommen graue Felsen und oben liegt der weiße Schnee. Das Bild befindet sich in einem Rahmen aus Holz.«
Co. »Aus welcher Perspektive nehmen Sie das wahr?«
Kl.: »Ich stehe etwa zehn Meter davor, es ist jetzt ganz deutlich direkt vor mir.«
Co.: »Das bedeutet, dass Sie sich selbst nicht sehen auf dem Bild?«
Kl.: »Genau.«
Co.: »Wie geht es Ihnen nun angesichts der Gebirgskette.«
Kl.: »Das Schwere ist weg, es fühlt sich leicht an, wie die Papierwand, die ist ja nicht wirklich ein Hindernis.«
Co.: »Was möchten Sie tun mit der Kulisse?«
Kl.: »Ich möchte ein Loch reinmachen und einfach durchgehen.«
Co.: »Versuchen Sie es doch.«
Kl.: »Ich gehe jetzt auf die Kulisse zu, strecke die Hand durch, das Papier zerreißt. Ich mache das Loch größer und gehe einfach durch.«
Co.: »Und was ist dahinter?«
Kl.: »Ich bin auf einer Bühne und sehe nun auf einen dunkelgrünen Vorhang.«
Co.: »Was macht der Druck im Magen?«
Kl.: »Ist jetzt nicht mehr da, es fühlt sich gut an.«
Kl. öffnet die Augen.
Co.: »Da haben Sie mich jetzt aber wirklich überrascht mit Ihrer Theaterkulisse.«
Kl.: (lacht) »Ja, ich war selber überrascht, aber es entstand einfach von alleine, ich habe mir das nicht vorgenommen, es ist einfach passiert.«
Co.: »Das ist dann ein Zeichen dafür, dass es wirklich Intuition war. Was könnten Sie denn jetzt mitnehmen für die ganzen Aufgaben, die auf Sie warten?«
Kl.: »Auch wenn ich wirklich viel zu tun habe: Ich neige manchmal dazu, aus einer Mücke einen Elefanten zu machen. Besonders, wenn ich unter Stress gerate, dann bekommt alles ein unangemessenes Gewicht und ich fühle mich überfordert.«
Co.: »Die Redewendung in Ihre Bildsprache übersetzt, würde lauten: ›Aus einer Theaterkulisse die Alpen zu machen‹.«
Beide lachen.

3 Patientengenerierte Metaphern

Kl.: »Ich sollte vielleicht auch wieder dazu übergehen, eine To-do-Liste für die Woche zu machen, nicht digital, sondern auf einer Seite Papier, am besten am Freitag vor dem Wochenende. Dann sehe ich das hoffentlich gelassener, dass ich die nächste Woche überleben werde, und bekomme nicht schon am Sonntag Stressattacken, da ich die Gebirgskette vor mir habe und nicht weiß, mit welchem Berg ich beginnen soll.«

Die Exploration der Metapher brachte eine überraschende Wendung, welche sowohl die Patientin als auch mich überraschte. Dass die Imagination, die aus einer teilnehmenden Perspektive heraus erfolgte, jetzt nicht mehr das Bild einer massiven Gebirgskette enthielt, sondern eine Theaterkulisse aus Papier, führte dazu, dass die Klientin keine problembezogenen Aspekte mehr wahrnahm, sondern sofort eine Handlungsmöglichkeit entdeckte, nämlich ein Loch in die Kulisse zu reißen und einfach hindurchzugehen. Die Metapher »Meine Aufgaben türmen sich auf wie eine ganze Gebirgskette« führte dazu, dass sie folgendes aus der Quelldomäne auf die Zieldomäne übertrug:

- *Kognitiv:* »Ich weiß nicht, wie ich das bewältigen soll.«, »Ich bekomme früher oder später ein Burnout.«
- *Emotional:* Das wurde in diesem Fall nicht explizit erfragt. Es lässt sich aber vermuten, dass es Überforderung und Angst vor einem Burnout sein könnte.
- *Physiologisch:* Schwere, Druckgefühl im Magen.
- *Volitional:* Ratlosigkeit, keine aktiven Bewältigungsmöglichkeiten.

Dadurch, dass sich das Bild während der Exploration veränderte, als sich die Patientin das Bild näher holte, veränderte sich auch die Metapher in: »Meine Aufgaben türmen sich vor mir auf wie eine Theaterkulisse, auf der eine Gebirgskette abgebildet ist.« Von der Quelldomäne übertrug sie auf das Problem:

- *Kognitiv:* »Meine Aufgaben stellen nicht wirklich ein unüberwindbares Hindernis dar.« »Ich komme da durch.«
- *Emotional:* Gelassenheit, Humor
- Physiologisch: Leichtigkeit
- *Volitional:* Weniger katastrophisieren (Mücken Mücken sein lassen), Freitag To-do-Listen erstellen.

In den drei beschriebenen Fallbeispielen wurde die Bergmetapher jeweils von dem Patienten, der Patientin/Klientin im Gesprächsverlauf formuliert. Drei Mal wurde die Problemsituation der Betroffenen in Begriffen eines Bergs beschrieben. Aspekte, Merkmale und Eigenschaften eines Berges bzw. die Bewältigung seiner Besteigung wurden auf die subjektiv wahrgenommene Lebenssituation bzw. die Bewältigung von Aufgaben übertragen. Nach der Erkundung und Exploration der Bilder der zugrundeliegenden Metaphern ergaben sich sowohl Gemeinsamkeiten als auch Unterschiede.

Gemeinsam ist, dass zunächst fast ausschließlich problematische, negativ konnotierte Aspekte der Quelldomäne Berg auf die aktuelle Lebenssituation übertragen wurden. Das zeigt, dass eben auch die Zieldomäne (problematische Lebenssituation) und der Kontext (Psychotherapie, Coaching, Beratung), in denen die Metapher formuliert wird, die Übertragung von Inhalten bestimmen (▶ Abb. 3.1). Zudem sind Ressourcen in der Repräsentation der Metaphern zur Problembeschreibung zunächst oft nicht präsent, Teile der Metapher werden also von dem Patienten, der Patientin/Klientin nicht genutzt.

Wird das Bild der Metapher exploriert, so ergeben sich völlig unterschiedliche Bilder der Metapher. Im Fall »Last ablegen« imaginierte sich der Patient in einem tiefen dunklen Tal, das einem Loch glich und von hohen Bergen umgeben war. Im Fall »Der Schicksalsberg« war es ein ganz konkreter Berg, dessen Bild aus einem Film entliehen wurde. Im Fall »Das Gebirge als Kulisse« stellte sich die Klientin eine Gebirgskette als Theaterkulisse vor. Als Therapeut kann ich das Ergebnis einer Imagination nicht kennen, weshalb eine behutsame Erkundung des Bildes die Voraussetzung dafür ist, dass Patientin und Therapeutin zu einem gemeinsam geteilten Bild der Metapher gelangen können. Oft erweitert oder verändert sich das Bild der Metapher durch die Exploration, besonders offensichtlich im Fall »Das Gebirge als Kulisse«, wo aus einer Gebirgskette durch näheres Hinschauen die Theaterkulisse einer Gebirgskette entstand. Es ergaben sich somit nicht nur drei völlig unterschiedliche Bilder des Bergs, auch wurden in den Fallbeispielen jeweils unterschiedliche Aspekte eines Bergs auf die problematische Situation des Patienten, der Patientin/Klientin übertragen. Zwar waren sie, wie oben beschrieben, zumeist negativ konnotiert, unterschieden sich jedoch qualitativ. Im Fall »Last ablegen« wurden die Emotionen Einsamkeit, Scham, Versagensgefühle und Enttäuschung durch die Metapher repräsentiert. Im Fall »Der Schicksalsberg« waren es Traurigkeit, Wut und Angst. Im Fall »Das Gebirge als Kulisse« waren es Überforderung und die Angst vor einem Burnout. Hier zeigte sich der diagnostische Wert, der sich aus der Exploration des Bildes der Metapher ergibt.

Auch die Ressourcen, welche die verschiedenen Bilder bereithalten und die von den Patientinnen/Klientinnen oft zunächst nicht wahrgenommen werden, unterscheiden sich oft grundlegend. Im Fallbeispiel »Last ablegen« bestand die Ressource in dem Ablegen von Ballast (Fehler der Vergangenheit). Der Patient konnte die Erfahrung von Energie und mehr Leichtigkeit machen, indem er Ballast ablegte. Im Fallbeispiel »Der Schicksalsberg« fanden sich die Ressourcen in der Geschichte »Der Herr der Ringe«, in der der Protagonist mit Hilfe von Gefährten beinahe unlösbare Aufgaben bewältigt, was der Patientin als Modell diente. Im Fallbeispiel »Das Gebirge als Kulisse« veränderte sich das Bild während der Exploration und die Klientin konnte ihren Berg bewältigen, indem sie einfach durch die Papierkulisse hindurchging.

Im nächsten Kapitel möchte ich modellhaft beschreiben, wie die Exploration von Metaphern systematisiert werden kann.

3.6 Exploration einer Metapher

Metaphern bieten eine gewisse Freiheit zur Interpretation und sind abhängig vom Kotext, vom Kontext sowie dem Hintergrundwissen hinsichtlich der verwendeten Konzepte, was dazu führen kann, dass die Therapeutin als Empfängerin eine Metapher anders versteht, als die Patientin als Senderin sie »gemeint« hat. Es empfiehlt sich somit, zunächst einmal die patientengenerierte Metapher zu explorieren, dann herauszufinden, was die Patientin vom Bild der Metapher auf sich und ihre Situation überträgt, und in einem dritten Schritt Ressourcen und implizite Bewältigungsmöglichkeiten zu suchen und in den Fokus zu rücken. In einem vierten Schritt erfolgt die Ratifizierung. Es wird überprüft, ob die Veränderungen in der Metapher auch zu einer veränderten Problemwahrnehmung geführt haben.

Die zentrale Voraussetzung für die Arbeit mit Metaphern ist zunächst, eine relevante patientengenerierte Metapher zu identifizieren und aus dem Gesprächsfluss herauszulösen, also erst mal »den Fuß in die Tür zu stellen«. Ich denke, dass die bisherigen Ausführungen die Leserin ausreichend über das Wesen der Metapher (▶ Kap. 2) informiert und für relevante Metaphern im therapeutischen Kontext (▶ Kap. 3.1, ▶ Kap. 3.2) sensibilisiert haben. Um die Exploration einer Metapher systematisch und anschaulich darzustellen, liegt es nahe, die bereits bekannte Berg-Metapher zu verwenden:

»Mein Alltag ist ein großer, steiler Berg. Ich weiß nicht, wie ich ihn bewältigen soll«

1. *Das Bild der Metapher explorieren.*
Wir wissen zunächst nicht genau, welches Bild die Patientin anhand der metaphorischen Beschreibung im Kopf hat. Wir wissen nicht einmal, ob sie ein Bild im Kopf hat. Um sie zu verstehen, sollte das Bild zunächst gemeinsam exploriert bzw. kreiert oder ergänzt werden, denn erst so gelangen Patientin und Therapeutin zu einem gemeinsamen Bild und einer gemeinsamen Sprache, die ein Verstehen der anderen ermöglicht.

Es ist hilfreich, mit offenen Fragen zu beginnen, um die Patientin nicht gleich mit suggestiven Fragen in eine bestimmte Richtung zu lenken, sondern sie zu eigener imaginativer Aktivität einzuladen. Kopp (1995) betont, dass zunächst einmal das Bild interessiert, das die Patientin in sich trägt, nicht das Bild der Therapeutin. Das kann durch Fragen erfolgen wie:
- Was sehen Sie? Welches innere Bild zu dem Berg taucht bei Ihnen auf? Wenn wir beide auf diesen Berg schauten, was würden wir sehen?
Nachdem die Patientin ihren Berg beschrieben hat, könnte weitergefragt werden:
- Was sehen Sie noch? Wie sieht der Berg genau aus?
Oder es kann gefragt werden, ob noch andere Sinneseindrücke in der Imagination eine Rolle spielen:
- Hören Sie etwas? Sind da Geräusche? Riechen Sie etwas? Ist da ein Geruch in der Luft?

Hilfreich ist es auch, die Perspektive der Betrachterin zu erfragen (▶ Kap. 2.6):
- Aus welcher Perspektive sehen Sie den Berg? Sehen Sie den Berg, als würden Sie vor ihm stehen, oder sehen Sie sich selbst von außen vor dem Berg stehen?

Wird das Bild durch die Patientin zunächst lediglich diffus oder wenig anschaulich beschrieben, kann genauer nachgefragt werden, um das Bild des Berges zu vervollständigen:
- Wie hoch ist der Berg? Können Sie den Gipfel sehen? Welches Wetter herrscht denn? Wie ist das Licht? Welche Farben sind in Ihrem Bild? Ist das ein Berg, den Sie kennen? Wenn ja, welcher? Ist er überall gleich steil oder gibt es auch flachere Passagen? Ist der Berg bewohnt?

In dem seltenen Fall, dass bei der Patientin kein inneres Bild entsteht, das sie beschreiben kann, oder das Bild lediglich sehr unscharf ist, kann die Therapeutin ihr eigenes Bild als »Rohling« anbieten, den die Patientin dann korrigieren und weiter modellieren kann. Dazu sollte sie eingeladen werden:
- Ich bekomme da folgendes Bild im Kopf / vor meinem inneren Auge. Wollen Sie, dass ich Ihnen das Bild darstelle? Bitte korrigieren Sie mich, wenn Ihr Bild ein anderes ist / wenn es für Sie nicht stimmig ist / wenn Sie das anders sehen.

Die Exploration ist dann abgeschlossen, wenn das Bild für die Patientin stimmig ist und die Therapeutin den Eindruck hat, dass sie das Bild der Patientin nun teilt.

2. *Was überträgt die Patientin auf ihr Problem?*

In einem zweiten Schritt werden kognitive, emotionale, physiologische und volitionale (Handlungsentwürfe) Komponenten erfragt, welche subjektiv die metaphorische Beschreibung der Patientin bestimmen und die sie auf ihr Problem überträgt.
- Kognitiv: Was denken Sie angesichts des Berges? Welche Überzeugungen stecken dahinter? Was geht Ihnen gerade durch den Kopf, wenn Sie den Berg betrachten?
- Emotional: Wie fühlt sich das an, diesen Berg so zu sehen? Wie geht es Ihnen dabei / damit? Welche Emotionen / Gefühle kommen da hoch?
- Physiologisch: Welche körperlichen Empfindungen haben Sie angesichts des Berges? Was empfinden Sie körperlich? Was spüren Sie?
- Volitional: Welche Handlungsmöglichkeiten gibt es? Was können Sie tun? Wie können Sie den Berg angehen? Haben Sie den Impuls, etwas zu tun? Was wollen Sie angesichts des Berges tun?

Meistens sind patientengenerierte Metaphern zur Problembeschreibung bei Patientinnen nicht auf allen vier Ebenen bewusst elaboriert. Angebote der Therapeutin, um zu einer umfassenderen Problembeschreibung zu kommen, sind da oft hilfreich. Falls sich die Patientin schwer tut auf einer der vier Ebenen, bietet die Therapeutin intuitiv Gedanken, Emotionen, körperliche Empfindungen, Handlungsmöglichkeiten bzw. -impulse an, die sich zur Übertragung vom Bild der Metapher auf die problematische Situation eignen. Dabei lässt sie sich von ihrer Empathie und ihrem Einfühlungsvermögen in die Situation der Patientin leiten. Wichtig ist, dass die Therapeutin Korrekturen durch die Patientin zulässt und sie explizit dazu einlädt.
- Kognitiv: Steckt da nicht die Überzeugung ... dahinter? Angesichts so eines Berges könnte man ja denken ...

- Emotional: Ich könnte mir vorstellen, dass es sich ... anfühlt angesichts des Berges. Vor so einem Berg kann ja ein Gefühl von ... entstehen.
- Physiologisch: Fühlen Sie sich körperlich dann ...? Der Körper kann dann mit ... reagieren.
- Volitional: Angesichts des Berges würde ich ... tun. Was würden Sie tun? Da bietet es sich ja an, ... zu handeln. Das könnte motivieren, ... zu tun.

3. *Auffinden von Ressourcen und Bewältigungsmöglichkeiten.*
Die ersten beiden Schritte haben vorwiegend eine diagnostische Funktion. Allerdings verändert sich manchmal schon durch die Elaboration des Bildes der Metapher und durch die Ergänzung der Ebenen der Übertragung etwas an der Problemwahrnehmung (▶ Kap. 3.5, Fallbeispiel »Das Gebirge als Kulisse«). Im dritten Schritt beginnt jedoch die eigentliche Intervention. Hier werden die Ressourcen und impliziten Bewältigungsmöglichkeiten der Metapher in den Fokus gerückt. Da viele Patientinnen der Suggestivkraft der problematischen Aspekte ihrer Metapher aufsitzen und in der Metapher enthaltene Ressourcen meist ausblenden, kann die Therapeutin an dieser Stelle Angebote und Vorschläge machen. Dabei sollte sie achtsam vorgehen, sich der Filterfunktion von Metaphern bewusst sein und sich in ihrer Wahrnehmung nicht von den suggestiven Eigenschaften der Metapher beschränken lassen. Folgende Fragen wären möglich:

- Sind Sie denn schon einmal auf einen Berg gestiegen? Wenn ja, gab es positive Erfahrungen? Welche Möglichkeiten gibt es denn, einen Berg zu überqueren?

Falls die Patientin keine Ressourcen und Bewältigungsmöglichkeiten benennen kann, können Angebote gemacht werden:

- Sie könnten sich eine Bergführerin suchen, die sich in dem schwierigen Terrain auskennt. Man könnte den Berg mit einem Fluggerät überfliegen. Es besteht die Möglichkeit, einen Tunnel durch den Berg zu graben. Sie können den Berg umgehen. Sie könnten sich eine leichtere, bequemere Route aussuchen. Man könnte die Strecke bis zum Gipfel in bewältigbare Etappen unterteilen. Vielleicht hilft es, sich Zeit zu lassen beim Besteigen des Berges und den Fokus auf die reizvollen Herausforderungen oder die schönen Aussichten zu legen.

4. *Ratifizierung der Veränderungen.*
Nachdem die Ressourcen der Metapher exploriert wurden, wird überprüft, ob die Wahrnehmung von Ressourcen und Bewältigungsmöglichkeiten das Bild der Metapher verändert haben. Zudem wird überprüft, ob das, was aus der Quelldomäne der Metapher übertragen wird, auf den vier Ebenen zu einer veränderten Wahrnehmung des Problems geführt hat.

- Bild der Metapher: Hat sich am Bild des Berges etwas geändert? Sehen Sie ihn nun aus einer anderen Perspektive? Nehmen Sie den Berg größer oder kleiner wahr? Ist das Licht ein anderes? Haben sich die Farben verändert? Hat sich das Wetter geändert? Nehmen Sie andere Geräusche / Gerüche wahr?
- Kognitiv: Denken Sie nun anders über Ihre Situation nach? Welche Überzeugungen haben sich verändert? Was geht Ihnen denn nun durch den Kopf, da Sie ... (Ressource / Bewältigungsmöglichkeit benennen) nun wahrnehmen?
- Emotional: Wie fühlt sich das jetzt an? Hat sich an Ihren Gefühlen etwas verändert?

- Physiologisch: Welche körperlichen Empfindungen haben Sie nun, wenn Sie an … (Ressource / Bewältigungsmöglichkeit benennen) denken? Was sagt Ihr Körper nun?
- Volitional: Sehen Sie nun neue Handlungsmöglichkeiten? Was können Sie aktiv tun? Was ist bei der Lösung des Problems hilfreich?

Bei dem Vorgehen handelt es sich um eine Anregung, wie Metaphern gemeinsam mit Patientinnen erkundet werden können, wie Ressourcen und Bewältigungsmöglichkeiten in der Quelldomäne der Metapher gefunden und auf die Zieldomäne übertragen werden können. Ich habe dieses Vorgehen über Jahre hinweg entwickelt, im Rahmen von Workshops Kolleginnen vorgestellt und immer wieder so angepasst, dass es zu meiner Art und Weise, mit Menschen zu arbeiten, passt. Ich selbst arbeite die hier beschriebenen Schritte nicht sklavisch – wie ein Kochrezept – ab, sondern passe mein Vorgehen immer wieder den Erfordernissen der individuellen Interaktion an. Wenn Sie die Fallbeispiele genau lesen, geht es zwischen den oben beschriebenen Schritten auch mal wild hin und her, manchmal werden Schritte ausgelassen oder bleiben unvollständig. Trotzdem empfinde ich es als hilfreich, mich von diesem Modell in meiner Arbeit mit Metaphern leiten zu lassen. Ich möchte kein standardisiertes Vorgehen schaffen, sondern sehe das Modell als einen Vorschlag, eine Arbeitsgrundlage, die jede Beraterin, Coachin oder Therapeutin ihrem eigenen Stil anpassen und in ihren theoretischen Überbau integrieren kann.

> **Übung 8**
>
> Formulieren Sie eine Metapher zu einem kleinen Problem, das Sie gerade in Ihrem Leben haben. Versuchen Sie, die Metapher zu imaginieren, sich ein Bild der Metapher zu machen und beziehen Sie dabei möglichst viele Sinnessysteme ein. Explorieren Sie dieses Bild. Welche emotionalen, physiologischen, kognitiven und volitionalen Eigenschaften der Metapher übertragen Sie auf Ihr Problem? Welche Ressourcen enthält Ihre Metapher? Welche Ressourcen blendet die Metapher aus? Verändern das Entdecken und Wahrnehmen von Ressourcen der Metapher etwas daran, wie Sie das Problem wahrnehmen?

3.7 Wenn Metaphern die Lösungsmöglichkeiten einschränken: Metapherwechsel – Von der Problem- zur Lösungsmetapher

Wie bereits erwähnt, besteht für Therapeutinnen aufgrund des suggestiven Effekts von Metaphern (Filterfunktion) die Gefahr, sich durch patientengenerierte Metaphern einschränken zu lassen, da die Quelldomäne mancher Metaphern gewisse

Lösungsmöglichkeiten nicht bereithält oder die Zieldomäne (Problemsicht der Patientin) Ressourcen der ausgewählten Quelldomäne unterdrückt.

Metaphern können Hinweise geben, ob die Patientin einem Problem aktiv oder passiv gegenübersteht. Die Aussage »Ich stehe vor einer Lawine, die auf mich zukommt« impliziert wenig aktive Bewältigungsmöglichkeiten. Sich einer Lawine entgegenzustellen, scheint wenig Sinn zu machen. Die Bergmetapher »Ich stehe vor einem großen Berg« beinhaltet dagegen ein Übergewicht an Anregungen zur aktiven Bewältigung. So kann man einen Berg umgehen, über ihn hinüberklettern, einen Tunnel hindurch graben oder mit Hilfe eines Fluggeräts über ihn hinweg fliegen. Wenn sich die Patientin darauf einlässt, ihr Problem in Begriffen einer neuen Metapher zu beschreiben, die mehr Ressourcen und aktive Bewältigungsmöglichkeiten enthält, kann sie ihr Problem neu überdenken und aktivere Bewältigungsstrategien in Erwägung ziehen (vgl. Bock, 1983).

Anstatt sich von einer destruktiven Metapher lähmen zu lassen, kann es manchmal vorteilhaft sein, die Metapher – genauer gesagt – die Quelldomäne der Metapher zu wechseln. Schmitt & Heidenreich (2019) sind der Ansicht, dass neue Metaphern, die seitens der Therapeutin eingeführt werden, zu einem Reframing, einer Neubewertung des Problems führen können. Allerdings sollte das nur unter gewissen Voraussetzungen erfolgen. Die Therapeutin sollte ein klares Fallkonzept haben und sollte eine Metapher einführen, die den (sub-)kulturellen Hintergrund der Patientin berücksichtigt. Die Metapher sollte zudem für diese intuitiv erfassbar und bedeutsam sein. Des Weiteren sollte die Metapher möglichst keine Widerstände bei der Patientin auslösen und kongruent mit ihrem Wertesystem sein. Deshalb ist es günstig, die Patientin zunächst selbst nach einer neuen Metapher suchen zu lassen. Erst wenn diese Suche ergebnislos bleibt, kann die Therapeutin Vorschläge machen. Diese Vorschläge sollten dann als ein Angebot gemacht werden, das die Patientin zurückweisen kann, um dann eventuell erneut auf die Suche zu gehen, bis eine passende Metapher gefunden wird. Keineswegs sollte die Patientin den Eindruck bekommen, es würde ihr etwas übergestülpt.

Fallbeispiel: Der Boxer und der Tsunami

Selbständiger Unternehmer, Mitte 40, verheiratet, Diagnose: F43.2 Anpassungsstörung mit längerer depressiver Reaktion. Hintergrund ist ein Partnerschaftskonflikt, die Partnerin war gerade ausgezogen, er hatte finanzielle Probleme und litt unter einer hohen beruflichen Belastung. Siebte Sitzung einer verhaltenstherapeutischen Kurzzeittherapie.

Patient: »Da kommt ein Tsunami auf mich zu. Die riesige Welle baut sich unmittelbar vor mir auf und vernichtet mich.«

Therapeut: (verzieht das Gesicht) »Uhhh, was für ein Bild, das muss ein schreckliches Gefühl sein.«

Pat.: »Ich bekomme keine Luft mehr, das Herz rast, ich krieg die Panik, bin am Ende…«

Ther.: »Wie weit ist die Welle denn noch weg und wie groß ist sie?«

Pat.: »Unmittelbar vor mir. Sie ist so hoch wie ein Einfamilienhaus.«

Ther.: »Dann ist es zu spät wegzulaufen?«

3.7 Metapherwechsel: Wenn Metaphern die Lösungsmöglichkeiten einschränken

Pat.:	»Keine Chance mehr.«
Ther.:	»Und ist da irgendwo etwas in der Nähe, auf das Sie sich retten können, ein Haus, ein Baum, ein Telefonmast?«
Pat.:	»Nichts, nur ich und die Welle.«
Ther.:	»Was geht Ihnen angesichts der Welle so durch den Kopf?«
Pat.:	»Ich werde vernichtet, es ist aus, ich habe es nicht mehr in der Hand.«
Ther.:	»Gefällt mir gar nicht, das Bild!«
Pat.:	»Mir auch nicht, das können Sie glauben.«

Der Patient formulierte eine Metapher zur Problemdarstellung, die auch auf mich gewirkt hat. Sofort hatte ich die Bilder des Tsunami vom zweiten Weihnachtsfeiertag 2004 im Kopf, der für die Küstenbewohner rund um den Indischen Ozean verheerende Folgen hatte. Besonders von Touristen in Thailand waren zahlreiche Videos im Umlauf, welche die zerstörerische Kraft der Riesenwelle dokumentierten. Auch in mir hatten sich diese Bilder eingebrannt und führten zu einer emotionalen Reaktion. Da es jedoch um das Bild des Patienten und nicht um mein eigenes ging, versuchte ich gemeinsam mit dem Patienten, dessen Bild zu explorieren und Flucht- bzw. Bewältigungsmöglichkeiten zu finden, die sein Bild jedoch nicht vorhielt. Am Schluss bewertete ich das Ergebnis der Exploration (Ther.: »Gefällt mir gar nicht, das Bild«). Im Gegensatz zum Fallbeispiel »Die Exekution«, als eine schnelle Bewertung und Dekonstruktion der Metapher die Beziehung zum Patienten negativ beeinflusste, validierte der Patient in diesem Fall meine Wahrnehmung. Die therapeutische Beziehung war auch zu diesem Zeitpunkt bereits deutlich stabiler als in dem anderen Fall.

Durch die Metapher: »Da kommt ein Tsunami auf mich zu. Die riesige Welle baut sich unmittelbar vor mir auf und vernichtet mich« werden auf das Problem des Patienten übertragen:

- *Kognitiv:* »Ich werde vernichtet«, »Es gibt keinen Ausweg«, »Ich habe es nicht mehr in der Hand«
- *Emotional:* Todesangst, Panik, Resignation, Hilflosigkeit
- *Physiologisch:* Herzrasen, Atemnot, Lähmung, Schwächegefühl
- *Volitional:* Passivität, Kontrollverlust

Aufgrund der Destruktivität der Metapher und angesichts fehlender Ressourcen und Bewältigungsmöglichkeiten entschied ich mich, rasch einen Wechsel der Metapher anzubieten.

Ther.:	»Lassen Sie uns doch versuchen, eine neue Metapher für Ihr Problem zu finden. Haben Sie ein anderes Bild, das für Sie passen könnte?«
Pat.:	(überlegt eine Weile) »Da fällt mir nichts ein.«
Ther.:	»Lassen Sie sich ruhig Zeit.«

Es entsteht eine längere Pause von ca. 30 Sekunden, in der der Patient beobachtbar mit einem inneren Suchprozess beschäftigt ist. Er senkt den Blick und wirkt absorbiert.

Es kommt häufig vor, dass Patientinnen von der eigenen Metapher zur Problembeschreibung sehr vereinnahmt und bei der Suche nach einer hilfreicheren Metapher blockiert sind. In diesem Fall ist es völlig in Ordnung, wenn die Therapeutin Vorschläge macht, ohne jedoch auf ihrem Vorschlag zu beharren, wenn er von der Patientin zurückgewiesen wird.

Ther.: »Sie haben früher doch geboxt.«
Pat.: (schaut zweifelnd) »Ja?«
Ther.: »Lassen Sie uns doch einmal versuchen, Ihr Problem als einen Boxkampf zu sehen.«
Pat.: (zögert) »Dann bin ich ganz schön angeknockt und habe schon ein paar schwere Wirkungstreffer kassiert. Ich sehe schon den Schlag kommen, der mich umhaut.«
Ther.: »Aber noch stehen Sie?«
Pat.: (richtet sich im Sessel auf) »Noch stehe ich. ... «
Ther.: »Kennen Sie diese Lage von früher?«
Pat.: »Klar, es gab ein paar Kämpfe, da habe ich nur versucht, über die Runden zu kommen, nicht zu Boden zu gehen, das hat auch immer geklappt. Ich bin nie k.o. gegangen.«
Ther.: »Vielleicht muss es dann einfach jetzt das Ziel sein, diesen Kampf möglich unversehrt zu überstehen, auch wenn es eine Niederlage nach Punkten gibt.«
Pat.: »Klar, auch wenn ich es hasse zu verlieren, beim Boxen habe ich gelernt, Niederlagen einzustecken. Jetzt heißt es, auf meine Deckung zu achten, weitere Treffer zu vermeiden.«
Ther.: »Eine schöne Überzeugung. Sie können kämpfen und auch mal verlieren, das ist zwar unangenehm, aber nicht das Ende von Allem. Das bedeutet, sich im Anschluss für den nächsten Kampf wieder aufzurichten und gut in Form bringen.«
Pat.: »Genau, dann geht's wieder bei null los, schließlich habe ich deutlich mehr Kämpfe gewonnen als verloren.«
Ther.: »Haben Sie denn auch Erfahrungen aus Niederlagen gewonnen, die Ihnen dann im nächsten Kampf geholfen haben?«
Pat.: »Klar, am Anfang habe ich zu viel gewollt, habe immer meine Deckung vernachlässigt und bin nach vorne gegangen. Nachdem ich dadurch den einen oder anderen Kampf verloren habe, habe ich vorsichtiger geboxt.«
Ther.: »Was hieße das denn auf Ihr jetziges Problem übertragen?«
Pat.: »Auch wenn meine Frau mich verlässt, geht es weiter, ich werde wieder auf die Beine kommen, auch wenn sie mich jetzt überall schlecht macht. Ich versuche, mich zu schützen und es nicht so nah an mich ranzulassen.«
Ther.: »Sehr gut! Und wie fühlt sich das an?«

3.7 Metapherwechsel: Wenn Metaphern die Lösungsmöglichkeiten einschränken

Pat.: »Ich habe kaum noch Angst und fühle mich stärker, spüre meine Kraft wieder.«
Ther.: »Wo genau spüren Sie die Kraft? Spüren Sie mal in sich hinein.«
Pat.: (ballt die Fäuste) »Ich spüre sie vor allem in den Händen.«
Ther.: »Gibt es etwas, was Sie tun wollen, um dieses Gefühl der Kraft in sich zu bewahren?«
Pat.: »Ich hatte eh schon gedacht, dass ich wieder regelmäßig ins Fitnessstudio gehen möchte, zum Krafttraining. Ich hatte zuletzt so viel zu tun und abends musste ich dann heim zu meiner Frau, um mich runtermachen zu lassen. Da sie nun weg ist, kann ich wieder trainieren, das hat mir immer gutgetan.«

Wenn Vorschläge zu einem Metapherwechsel gemacht werden, dann sollte die Therapeutin darauf achten, dass die Quelldomäne möglichst aus einem Bereich kommt, in dem Ressourcen der Patientin liegen. Aus der Anamnese wusste ich, dass der Patient in seiner Jugend geboxt hatte. Er hatte mir mit einem Leuchten in den Augen davon erzählt und Bedauern darüber ausgedrückt, dass er den Sport nun nicht mehr ausüben könne. Hier vermutete ich eine Quelle für Ressourcen und der Patient konnte sich nach kurzem Zögern auf die Metapher einlassen. Aus der Metapher »Mein Problem ist ein Boxkampf« übertrug er auf seine Situation:

- *Kognitiv:* »Ich bin angeschlagen«, »Ich versuche, den Kampf möglichst unbeschadet zu überstehen«, »Ich schütze mich«, »Ich kann auch mal verlieren«, »Den nächsten Kampf gewinne ich«
- *Emotional:* Durchhaltevermögen, Furchtlosigkeit
- *Physiologisch:* Aktivierung, Kraft
- *Volitional:* Kampfeswille, Erfolgsmotivation

Es ist für die Praktikerin zudem wichtig, sich im Bereich der Quelldomäne einer Metapher etwas auszukennen und über ein gewisses Wissen über den Bereich zu verfügen. Ich bin zwar kein Boxexperte, aber durchaus sportbegeistert, habe gelegentlich einen Boxkampf im Fernsehen verfolgt und kenne mich mit den Grundlagen des Boxsports einigermaßen aus. In diesem Fall war es von Vorteil, eine gewisse Kenntnis über das Boxen zu haben, um gemeinsam mit dem Patienten die Metapher spielerisch zu erkunden und Übertragungen vom Boxen auf die Problemsituation des Patienten anzubieten (z. B. Ther.: »Vielleicht muss es dann einfach jetzt das Ziel sein, diesen Kampf möglich unversehrt zu überstehen, auch wenn es eine Niederlage nach Punkten gibt.«).

Dass Vorschläge für eine Metapher durch Therapeutinnen auch misslingen können, habe ich im Rahmen einer Supervision erfahren. Eine junge Kollegin, die selber gerne tanzte, machte einem Patienten den Vorschlag, sein Problem doch einmal in Begriffen des Tanzens zu beschreiben (»Mein Leben ist ein Tanz.«). Der Patient war ein Physiker und ein ziemlicher Nerd, der keinen guten Bezug zu seinem Körper hatte, und so scheiterte die Intervention, denn sie löste bei ihm Erinnerungen an einen Tanzkurs in der Schule aus. Zunächst hatte er keine Tanzpartnerin gefunden und sich ausgegrenzt gefühlt. Nachdem er nach der Intervention von

3 Patientengenerierte Metaphern

Lehrern endlich eine Tanzpartnerin gefunden hatte, stellte er sich beim Tanzen ungeschickt an, was ihm einiges an Spott eintrug. Klar, dass diese Erfahrung für ihn mit sehr unangenehmen Gefühlen verbunden war und er sich nicht auf die vorgeschlagene Metapher einlassen konnte. Das Beispiel zeigt, dass Therapeutinnen nicht davon ausgehen können, dass Bereiche, in denen sie ihre eigenen Ressourcen haben und die für sie positiv besetzt sind, auch von anderen in der gleichen Art und Weise wahrgenommen werden. Für die Arbeit mit Metaphern ist es somit von Vorteil, bereits in der Anamnese Bereiche zu identifizieren, in denen die Ressourcen der Patientinnen liegen, die dann im Verlauf als Quelldomänen zur Konstruktion von Metaphern genutzt werden können.

Im oben genannten Beispiel erfolgte der Metapherwechsel recht abrupt. Es kann auch von Vorteil sein, eine destruktive Metapher zunächst gemeinsam mit der Patientin zu dekonstruieren, bevor eine neue gefunden wird.

Fallbeispiel: Einbetoniert – die Knoten lösen

Coaching einer freiberuflich tätigen Architektin, Anfang 40, die gemeinsam mit ihrem Partner ein Architekturbüro betreibt. Sie sei beruflich unzufrieden. Ihr Partner arbeite wesentlich mehr als sie und bringe auch mehr finanzielle Ressourcen in die Familienkasse ein. Sie habe in den letzten 12 Jahren viel Zeit mit der Erziehung der Kinder und der Haushaltsführung verbracht, beruflich fühle sie sich abgehängt. Sie wolle nun beruflich eigene Projekte und Ideen unabhängig vom Partner verwirklichen, was zu Spannungen in der Partnerschaft geführt habe. 15. Sitzung.

Klientin:	»Ich habe das Gefühl, nicht wirklich weiterzukommen. Ich meine, wir haben ja alles schon mehrfach durchgesprochen… aber ich sehe noch keine Lösung.«
Coach:	»Haben Sie denn eine Metapher für Ihre derzeitige Lage?«
Kl.:	»Es fühlt sich einbetoniert an.«
Co.:	»Was ist denn einbetoniert?«
Kl.:	»Ich habe da ein Bild einer Betonplatte, da stehen ich und mein Partner einander halb zugewandt, die Füße sind in einer Fundamentplatte einbetoniert.«
Co.:	»In welchem Abstand stehen Sie denn da?«
Kl.:	»Etwa zwei Meter auseinander.«
Co.:	»Und da ist nur dieses Fundament aus Beton, sonst nichts?«
Kl.:	»Ich sehe da nur diese Bodenplatte.«
Co.:	»Welche Konsistenz hat der Beton?«
Kl.:	»Er ist fast fest.«
Co.:	»Könnten Sie heraussteigen, wenn Sie es wollten?«
Kl.:	»Nein, dazu ist er schon zu fest.«
Co.:	»Was empfinden Sie in dieser Situation?«
Kl.:	»Erstarrung, … Lähmung und es ist bedrückend und auch traurig. Ich bin unglücklich.«
Co.:	»Haben Sie körperliche Empfindungen?«
Kl.:	»Ich bin ungeheuer angespannt.«

3.7 Metapherwechsel: Wenn Metaphern die Lösungsmöglichkeiten einschränken

Co.: »Und was denken Sie?«
Kl.: »Da stehen wir nun, wir können nicht aufeinander zugehen, können uns aber auch nicht lösen vom gemeinsamen Fundament. Da gibt es zwischen uns eine Distanz, die nicht zu überwinden ist.«
Co.: »Das trifft Ihre gegenwärtige Situation in der Partnerschaft ja ganz gut.«
Kl.: »Ja, ich finde, dieses Bild bringt es auf den Punkt. Ich kann mich nicht lösen, aber ich kann auch nicht wieder mit ihm richtig zusammenkommen. Wir sind beide in unseren Standpunkten erstarrt, da gibt es gerade keine Annäherung. Wir haben schon so viel miteinander geredet, ich versuche, mich ihm zu erklären, aber er versteht mich nicht und sieht nur sich selbst und seine Meinung. Ich möchte da weg!«
Co.: »Haben Sie sonst eine Idee, wie Sie sich aus der Lage befreien können?«
Kl.: (überlegt) »Nein, es ist so aussichtslos.«
Co.: »Kann der Beton irgendwie verflüssigt werden, damit Sie wieder einen gewissen Spielraum bekommen?«
Kl.: »Ich wüsste gerade nicht, wie. Aber die Situation tut mir nicht gut auf Dauer.«
Co.: »Und wie sieht es aus mit schwerem Gerät, könnte ein Presslufthammer Sie befreien?«
Kl.: »Sehe ich nicht ...«

Die Klientin äußerte das Gefühl, nicht weiterzukommen in ihrer derzeitigen Situation. An dieser Stelle hatte ich die Intuition, die rational-verbale Ebene zugunsten der bildhaften Ebene zu verlassen. Die Patientin nahm das Angebot an und formulierte die Metapher »Es fühlt sich einbetoniert an«, was darauf hindeutet, dass besonders die emotionale Komponente durch die Metapher abgebildet ist. Es erfolgte die Elaboration der Metapher, die ihre aktuelle emotionale Lage sehr kongruent beschrieb. Bei der Suche nach Ressourcen zeigte sich jedoch, dass die Metapher keine für die Klientin stimmigen Lösungsmöglichkeiten bereithielt. Aus der Metapher: »Mein Partner und ich sind in einer Fundamentplatte einbetoniert« wurde auf die aktuelle Problemsituation der Patientin übertragen:

- *Kognitiv:* »Wir können nicht aufeinander zugehen«, »Wir können uns nicht lösen«, »Die Distanz zwischen uns ist nicht zu überwinden«, »Ich möchte da weg«, »Es ist aussichtslos«
- *Emotional:* Traurigkeit, Bedrückung, Schuldgefühle, gegen die sie sich wehrt
- *Physiologisch:* Erstarrung, Lähmung, Anspannung
- *Volitional:* erzwungene Passivität bei einem Wunsch nach Befreiung, fehlende Lösungsmöglichkeiten

Co.: »Die Metapher drückt Ihre derzeitige emotionale Lage gut aus, jedoch scheinen wir in ihr keine Lösungsmöglichkeiten zu finden.«
Kl.: »Hm, und nun?«

Co.:	»Wir könnten die Metapher noch einmal überprüfen, ob sie Ihre derzeitige Situation wirklich gut abbildet.«
Kl.:	»Treffend ist die Partnerschaft abgebildet. Wir sind aufeinander bezogen, ohne dass wir uns wirklich nah sind. Die Kinder, die Familie, der Freundeskreis, das Haus, die berufliche Situation, finanziell… Darüber sind wir miteinander verbunden.«
Co.:	»Bei der beruflichen Verbindung haben Sie ja bereits einige Knoten gelöst.«
Kl.:	»Das stimmt, ich habe jetzt meine eigene Homepage erstellt und habe bereits einen Auftrag unabhängig von meinem Partner bekommen.«
Co.:	»Kann das von der Metapher mit dem Betonfundament abgebildet werden?«
Kl.:	»Irgendwie nicht, festbetoniert sein ist etwas Statisches. Kleine Veränderungen sind kaum möglich. Dass ich mich schon ein bisschen gelöst habe, ich weiß nicht, da gibt es keine Entsprechung.«
Co.:	»Stimmt, da hinkt die Metapher. Veränderungen erfolgen ja oft graduell und nicht nach dem Alles-oder-Nichts-Prinzip.«

Indem die Metapher gemeinsam auf der Metaebene betrachtet wird, kann überprüft werden, welche Aspekte des Problems durch die Quelldomäne der Metapher betont werden und welche Aspekte ausgeblendet werden. Die Klientinnen können dann mit einer gewissen Distanz auf die Metapher blicken. So fällt es leichter, die Metapher zu verlassen, um sich daraufhin für eine Metapher zu entscheiden, welche die problematische Situation differenzierter abbildet und die auch Ressourcen, Lösungs- und Bewältigungsmöglichkeiten enthält. Im vorgestellten Fallbeispiel erkannte die Klientin, dass einige Aspekte der Partnerschaft und auch ihre aktuelle emotionale Befindlichkeit von dem »einbetoniert sein« gut abgebildet wurden. Ausgeblendet durch die Metapher waren Fortschritte, die im Sinne einer graduellen Veränderung erfolgen können bzw. bereits erfolgt sind.

Kl.:	»Sie haben vorher ja gesagt, ich hätte schon ein paar Knoten gelöst. Vielleicht wäre ja das Bild hilfreicher.«
Co.:	»Das können nur Sie entscheiden, wir können es gerne ausprobieren. Wie sehe die Metapher dann aus?«
Kl.:	»Wir sind aneinander gefesselt mit mehreren Seilen und vielen Knoten.«
Co.:	»Haben Sie ein Bild dazu?«
Kl.:	»Ja, die Seile sind ein einziges, verworrenes Kuddelmuddel und binden uns aneinander. Wir stehen uns einander zugewandt, aber berühren uns nicht, aufgrund der Seile kommen wir nicht voneinander weg.«
Co.:	»Und wie fühlt sich das an?«
Kl.:	»Erst einmal ähnlich wie vorher, aber auch anders.«
Co.:	»Sehen Sie denn auch schon ein gelöstes Seil?«

3.7 Metapherwechsel: Wenn Metaphern die Lösungsmöglichkeiten einschränken

Kl.:	»Ja, ein Seilende hängt schon herunter, das berufliche.«
Co.:	»Können die anderen Seile denn auch gelöst werden?«
Kl.:	»Theoretisch schon.«
Co.:	»Was bräuchte es denn praktisch?«
Kl.:	»Auf jeden Fall einen langen Atem und das notwendige Fingerspitzengefühl.«
Co.:	»Haben Sie das?«
Kl.:	(lächelt) »Ich denke, ja. Ich wusste ja schon, dass sich das Ganze nicht über Nacht von alleine löst, aber nun sehe ich, dass es möglich ist. Ich kann ja ein Seil nach dem anderen angehen und lösen.«
Co.:	»Mit dem beruflichen Seil haben Sie ja schon begonnen, welches Seil wollen Sie als nächstes entknoten und lösen?«
Kl.:	»Die Finanzen, ich möchte mal mit ihm darüber sprechen, was er sich da so vorstellt.«
Co.:	»Verändert das Ihre Gefühle?«
Kl.:	»Es fühlt sich nicht mehr so aussichtslos an.«
Co.:	»Wenn es sich nicht mehr so aussichtslos anfühlt, wie fühlt es sich dann an?
Kl.:	»Hoffnungsvoll, dass wir die Seile gelöst bekommen. Zuversichtlich.«
Co.:	»Könnte Ihnen Ihr Partner helfen beim Entknoten?«
Kl.:	»Ich denke, derzeit nicht, er möchte mich ja nicht loslassen und findet die Verwicklungen, ganz gut. Ich muss es selbst angehen. Am meisten machen mir die Kinder Sorgen.«
Co.:	»Das mit den Sorgen können wir gerne das nächste Mal ansprechen und Sie können bei den anderen Seilen schon einmal mit dem Entknoten beginnen, mit Geduld und Fingerspitzengefühl. Es geht ja auch nur ein Knoten nach dem anderen.«
Kl.:	(lächelt) »Ja, ich habe gerade richtig Lust darauf, mir Bewegungsfreiheit zu verschaffen.«

Die Patientin griff in diesem Fall eine metaphorische Aussage auf, die ich beiläufig im Gespräch fallen ließ. Es war nicht mein Ziel, mit meiner Aussage eine neue Metapher anzubieten (Co.: »Bei der beruflichen Verbindung haben Sie ja bereits einige Knoten gelöst.«). Daraus entwickelte sie jedoch ein neues Bild, das graduelle Veränderungen in ihrem Entwicklungsprozess besser abbildete. Das Bild der Metapher wurde erneut elaboriert. Die verschiedenen Seile und Knoten entsprachen den Verflechtungen mit dem Partner in verschiedenen Bereichen (Kinder, Familie, Freundeskreis, Haus, berufliche Situation, Finanzen). In der neuen Metapher stellte der Prozess der Loslösung keinen Alles-oder-Nichts-Prozess dar, sondern konnte graduell, also nach und nach, erfolgen. Aus der Metapher »Ich bin mit meinem Partner in einem verworrenen Kuddelmuddel von Seilen und Knoten verbunden« übertrug die Klientin auf ihre Situation:

- *Kognitiv:* »Ich brauche einen langen Atem und Fingerspitzengefühl«, »Mit viel Zeit und Energie ist es zu schaffen«, »Ich muss es alleine machen«

- *Emotional:* Geduld, Hoffnung, Zuversicht, Lust
- *Physiologisch:* Aktivität
- *Volitional:* Die Initiative selbst ergreifen. Einen Knoten nach dem anderen lösen. Als nächstes mit dem Partner die Finanzen klären.

Fischer (2003) schlägt vor, Metaphern, die eine therapeutische Veränderung verhindern und destruktiv wirken, zu dekonstruieren, indem sie in der therapeutischen Arbeit gemeinsam mit der Klientin genau analysiert und Aspekte, welche die Metapher verdunkelt, herausgearbeitet werden. So kann es zu einer Erweiterung durch bisher nicht genutzte Anteile der Metapher kommen. Durch das Auffinden von Inkonsistenzen kann die Metapher relativiert werden, neue Metaphern können in Erwägung gezogen werden, was die Sichtweise auf das Symptom, das Problem, das System oder die Konstruktion des Selbst verändert. Indem eine Metapher wörtlich genommen oder durch die Therapeutin übertrieben wird, kann sie kritisch betrachtet, eventuell verworfen und durch eine hilfreichere Metapher ersetzt werden.

Schmitt & Heidenreich (2019) schlagen vor, klientengenerierte Metaphern dahingehend zu überprüfen, ob sie Abläufe zutreffend beschreiben, also ob die Quelldomäne die problematische Situation der Zieldomäne hinreichend abbildet, und ob sie im Sinne einer Problemlösung hilfreich sind. Sie ziehen zur Verdeutlichung die Metapher »Mein Körper ist ein Auto« heran. Einige Aspekte der Quelldomäne Auto können zur Übertragung auf einen menschlichen Körper herangezogen werden. Ein Auto muss betankt werden, um zu fahren. Der Körper braucht Nahrung, um seine Funktionen aufrecht zu erhalten. Das Auto muss gewartet werden und wird deshalb zum Kundendienst gebracht, bei dem ein Öl- und Filterwechsel gemacht wird. Beim Menschen übernehmen diese »Wartung« Ärzte, die Blutdruck messen und ein Blutbild erheben. Sowohl Autos als auch Körper brauchen Pflege. Autos werden deshalb in die Waschanlage gefahren, der Unterbodenschutz wird gelegentlich erneuert, Kratzer im Lack können ausgebessert werden. Menschen nehmen ein Pflegebad, gehen zur Frisörin oder Kosmetikerin. Unfälle sollten in beiden Fällen vermieden werden. Autos kommen im Falle eines Unfalls in die Werkstatt, Menschen ins Krankenhaus. In beiden Fällen werden die Schäden repariert, der Kotflügel wird ausgebeult, das gebrochene Bein geschient. Bei einem Totalschaden landet das Auto auf dem Schrottplatz (auch Autofriedhof) genannt, Menschen auf dem städtischen Friedhof. Es gibt aber auch Unterschiede, die sich nicht vom Auto auf den Menschen übertragen lassen. Menschen sind soziale Wesen und brauchen Beziehungen zu anderen und Kontakt, um psychisch zu überleben, und Psyche und Körper sind eng miteinander verbunden, das gilt für Autos nicht. Auch ist die Metapher bereits hinsichtlich der Übertragung von körperlichen Aspekten limitiert. So verfügt ein Auto nicht über Selbstheilungskräfte, ein Kratzer heilt nicht einfach von selbst. Ein Auto hat auch kein Immunsystem, das Bakterien und Viren bekämpfen kann. Die Metapher, den Menschen als eine Maschine (Auto) zu konzeptualisieren, bildet zudem viele soziale, emotionale und spirituelle Merkmale, die Menschen charakterisieren, nicht ab. In der Therapie wäre es also – je nach Problemkonstellation – eventuell notwendig, auf die Unzulänglichkeiten der Metapher hinzuweisen bzw. diese Unzulänglichkeiten gemeinsam mit der Patientin zu erarbeiten, und zwar dann, wenn sie therapeutisch sinnvolle und hilfreiche Lösungsansätze hemmen oder ausblenden. Dann kann es sinnvoll sein, die Metapher zu dekonstruieren. Wichtig ist es dabei, die Patientin mitzunehmen. In einem nächsten Schritt kann dann nach einer neuen Metapher gesucht werden, welche die Übertragung hilfreicher Lösungsansätze bereithält und ermöglicht.

> **Übung 9**
>
> Diese Übung knüpft an die 8. Übung an. Gibt es vielleicht eine Metapher, die Ihr Problem besser beschreibt als die zunächst gefundene? Welche Ressourcen enthält diese Metapher? Welche Aspekte Ihres Problems werden durch die alte und die neue Metapher beleuchtet, welche ausgeblendet?

3.8 Die Metapher als Leitmotiv: Arbeit mit Metaphern über mehrere Sitzungen hinweg

Eine klientengenerierte Metapher kann auch zum zentralen Leitmotiv einer Therapie werden. Krause & Revenstorf (1997) fassen zusammen, dass Metaphern besonders dann wertvoll sind, wenn sie kooperativ und über mehrere Sitzungen weiterentwickelt werden. Voraussetzung ist natürlich, dass die Metapher von beiden gleich verstanden und gebraucht wird. Mit einer gemeinsamen Metapher wird durch den geteilten Sprachgebrauch zudem oft eine besondere Vertraulichkeit geschaffen, die exklusiv sein kann, da die Metapher möglicherweise nur im Kontext von Beratung, Coaching oder Psychotherapie explizit Aufmerksamkeit bekommt, validiert und elaboriert wird.

Das Fallbeispiel aus Kapitel 3.5 »Last ablegen« wird hier fortgeführt. Es verdeutlicht, wie die Arbeit mit Metaphern in einer Langzeittherapie im Rahmen eines verhaltenstherapeutisch orientierten Fallkonzepts aussehen kann und welche Therapietechniken zur Anwendung kommen können. Es zeigt auch, dass die Arbeit mit Metaphern keine Therapietechnik im eigentlichen Sinne ist, wohl aber eine besondere Gesprächsführung, die eine gemeinsame Sprache schafft und die Therapie strukturieren kann. In den wiedergegebenen Gesprächssequenzen gibt es sicherlich noch den einen oder anderen Aspekt, der auch näher erläutert werden könnte. Um den Rahmen nicht zu sprengen, habe ich mich jedoch auf die Kommentierung der mir bedeutsam erscheinenden Passagen beschränkt.

> **Fallbeispiel: Last ablegen (▶ Kap. 3.5)**
>
> In der sechsten Sitzung wurde die Metapher des Patienten exploriert und elaboriert. Nachdem die Ressourcen der Metapher erkundet wurden und der Patient in der Vorstellung probehandelte, indem er seinen Ballast unter einem Felsvorsprung verwahrte und ein kleines Stück den Berg hinaufstieg, veränderte sich sein

Erleben bereits. Er übertrug nun auch Ressourcen auf seine aktuelle Lebenslage (▶ Kap. 3.5). In der siebten Sitzung, die eine Woche später stattfand, beschloss ich den Einstieg in die Sitzung in Begriffen der Metapher vorzunehmen.

Therapeut: »Wie ist es Ihnen in Ihrem Tal ergangen die letzte Woche?«
Patient: »Auf jeden Fall ein bisschen besser als die Woche zuvor.«
Ther.: »Können Sie mir beschreiben, was besser war?«
Pat.: »Es hat sich nicht mehr ganz so hoffnungslos angefühlt. Ich hatte tatsächlich den Eindruck, dass ich einen Schritt herausgemacht habe aus dem Loch.«
Ther.: »Woran haben Sie das gemerkt?«
Pat.: »Ich habe das besser hinbekommen mit der Tagesstruktur, bin jeden Tag morgens aus dem Bett. Ich bin auch öfters raus aus der Bude und habe mich mehr bewegt.«
Ther.: »Das ist ja schon ein gutes Training für den Aufstieg aus dem Tal, da braucht man schon etwas Kraft in den Beinen und Ausdauer, die bekommt man durch Training.«
Pat.: »Ja, das hat mir auf jeden Fall gutgetan, es war ein bisschen leichter.«
Ther.: »Sie hatten ja auch diese Bündel mit Ballast unter dem Felsvorsprung gelassen.«
Pat.: »Zeitweise habe ich die gespürt, wenn ich an die Probleme gedacht habe, kam die Schwere zurück.«
Ther.: »Dann haben Sie ja die Erfahrung gemacht, dass es nicht unbedingt notwendig ist, ständig an den Ballast zu denken, das ist doch gut.«
Pat.: »Klar, aber den Ballast gibt es ja noch.«
Ther.: »Wollen Sie den gemeinsam mit mir heute mal näher anschauen?«
Pat.: »Ja. Einerseits habe ich Angst davor, andererseits weiß ich, dass kein Weg daran vorbeiführt.«
Ther.: »Können Sie formulieren, was Ihnen Angst macht?«
Pat.: »Dass es keine Lösung gibt, dass ich das mein ganzes Leben mit mir rumschleppen werde und dass es vielleicht noch schwerer wird, wenn ich mich damit beschäftige.«

Der Patient hatte in der vorherigen Sitzung im Bild seiner Metapher drei in Stoff eingewickelte Bündel/Ballen vorgefunden. In einer ersten Beschreibung des Inhalts (»Die Fehler, die ich in der Vergangenheit gemacht habe«, »Die Schuld, nicht mehr aus meinem Leben gemacht zu haben«) offenbarten sich Themen für die Therapie, die ihm so wichtig erschienen, dass er den Ballast nicht einfach zurücklassen konnte. Die Auseinandersetzung mit den Inhalten erzeugte Angst bei ihm.

Ther.: »Wollen Sie es trotzdem wagen?«
Pat.: »Ja, schon.«
Ther.: »Können Sie sich dann noch einmal in das Tal hineinversetzen?«
Pat.: »Ja, ich sehe mich dort.«
Ther.: »Wie beim letzten Mal von oben?«
Pat.: »Ja, genau.«
Ther.: »Bitte beschreiben Sie mir doch, was Sie sehen.«

3.8 Die Metapher als Leitmotiv: Arbeit mit Metaphern über mehrere Sitzungen hinweg

Pat.:	»Es ist dunkel und schattig dort unten, keine Pflanzen, nur graue Felsen und Geröll. Oben ist es hell, da scheint die Sonne, und es ist ziemlich frisch in dem Loch. Da hinten ist der Felsvorsprung mit den Ballen.«
Ther.:	»Ist etwas anders an dem Bild als beim letzten Mal?«
Pat.:	»Eigentlich nicht.«
Ther.:	»Gibt es Geräusche, riechen Sie etwas?«
Pat.:	»Es ist komplett still, die Luft ist neutral, eher so steril.«
Ther.:	»Was denken Sie?«
Pat.:	»Jetzt wird's ernst. Ich will raus aus dem Loch, ob ich das wohl schaffe?«
Ther.:	»Was empfinden Sie?«
Pat.:	»Kälte, Angst, wieder zu versagen, Angst vor erneuter Enttäuschung, aber auch die Hoffnung, dass ich rauskomme und nicht so schnell wieder hier lande.«
Ther.:	»Wenn ich mir Sie so anschaue, wirken Sie auch angespannt, Sie ziehen die Schultern nach oben.«
Pat.:	»Jetzt, wo Sie es sagen, ja, mein Nacken ist verspannt.«
Ther.:	»Ich habe mir hier notiert, dass Sie das letzte Mal auch Einsamkeit benannt haben und Scham.«
Pat.:	»Die Einsamkeit ist nicht mehr so im Vordergrund, schließlich habe ich Sie ja jetzt als Bergführer dabei in meinem Loch. Scham ist noch da. Das hat ja auch mit den Ballen zu tun.«

Es empfahl sich, an dieser Stelle die Metapher noch einmal zu explorieren und sie zu aktualisieren. Am Bild der Metapher hat sich nichts verändert im Vergleich zur letzten Sitzung. Teilweise verändert hat sich jedoch, was der Patient von der Metapher auf seine Situation überträgt. Seine Ambivalenz zum gegenwärtigen Zeitpunkt wird dadurch gut abgebildet:

- *Kognitiv:* »Jetzt wird es ernst, ich muss mich um den Ballast kümmern«, »Ich will raus aus dem Loch«, »Ich weiß nicht, ob ich das schaffe«
- *Emotional:* Versagensangst, Angst vor Enttäuschung, Scham, Hoffnung
- *Physiologisch:* Kälte, muskuläre Anspannung
- *Volitional:* Motivation, sich mit den Problemen der Vergangenheit auseinanderzusetzen

Ther.:	»Können Sie sich mal zu den Ballen hinbegeben?«
Pat. nickt und schließt die Augen.	
Ther.:	»Welche Farbe und Größe haben sie denn?«
Pat.:	»Der Stoff ist aus einem sandfarbenen Leinen und sie sind so einen auf einen Meter. ... Ich bin nun überrascht, es sind gar nicht drei Ballen, sondern nur zwei.«
Ther.:	»Wirklich? Schauen Sie noch einmal gründlich.«
Pat.:	»Da sind nur zwei.«
Ther.:	(lacht) »Da hat sich wohl einer aus dem Staub gemacht.«

Pat.:	(lacht) »Aber das macht Sinn, eigentlich sind es zwei Dinge aus der Vergangenheit, die mich belasten und mit denen ich hadere. Aber manchmal neige ich zu Übertreibungen und Dramatisierung, vielleicht waren es deshalb zunächst drei.«
Ther.:	»Vielleicht taucht das andere Bündel ja noch irgendwann auf. ... Jetzt suchen Sie sich mal eines aus.«
Pat.:	»Ich habe beide noch einmal angehoben, eines ist schwerer als das andere.«
Ther.:	»Mit welchem wollen Sie beginnen?«
Pat.:	»Mit dem schwereren.«
Ther.:	»Okay, können Sie es öffnen?«
Pat.:	»Ja. ... Es ist die Schmach des abgebrochenen Studiums. Ich hadere heute noch damit. Ich hätte es beruflich so viel weiterbringen können. Ich habe viele enttäuscht damit. Meine Eltern und meine Oma, die mich finanziell Jahre lang unterstützt haben, und dann habe ich es nach 10 Semestern einfach hingeschmissen, das kann ich mir nicht verzeihen. Das ist der Grund, weshalb ich nun als kleiner Angestellter einen Job mache, der mich unterfordert. Das soll nicht überheblich klingen, aber ich arbeite da jetzt seit 11 Jahren als angelernte Bürokraft. Die Aussicht, das noch 25 weitere Jahre zu machen, das frustriert mich, darin sehe ich keinen Sinn. Ich habe im Leben versagt, anders kann man das nicht sehen.«
Ther.:	»Mir fällt auf jeden Fall auf, dass Sie erbarmungslos kritisch mit sich selbst umgehen. Als jemand, der von außen darauf schaut, fällt auf, dass es Ihnen immerhin gelungen ist, ohne abgeschlossene Berufsausbildung einen Job zu finden, der Sie ernährt und Sie haben ihn 11 Jahre lang gehalten, das ist eine bemerkenswerte Konstanz und zeugt von Durchhaltevermögen.«
Pat.:	(schaut zweifelnd) »So kann ich das nicht sehen. Ich hadere mit den verpassten Chancen und ich sehe immer noch den enttäuschten Blick meiner Großmutter, als ich ihr gebeichtet habe, dass ich mein Studium geschmissen habe. Sie ist nun schon sieben Jahre tot. Das schlechte Gewissen bei mir ist immer noch da.«

Das Öffnen des ersten Bündels offenbarte ein Thema für die Therapie. Zwar wusste ich aus der Anamnese bereits vom abgebrochenen Studium und von der derzeit unbefriedigenden beruflichen Situation des Patienten. Die Vehemenz der Schuldproblematik wurde mir jedoch erst durch das Öffnen des Bündels und das gemeinsame Betrachten des Inhalts bewusst.

Neben der Einhaltung der Tagesstruktur und euthymer Aktivierung war die Schuldthematik aufgrund des abgebrochenen Studiums in den nächsten Sitzungen das zentrale Thema der Therapie. Immer wieder bewegten wir uns in den Gesprächen in Begriffen der Metapher »Depression ist ein Gewicht« bzw. »Therapie bedeutet Ballast abzulegen«. Zur Anwendung kamen kognitive sowie hypnotherapeutische Therapietechniken. In der 14. Sitzung kam es zu einer imaginativen Begegnung mit der Großmutter, die eine wichtige Rolle in der Kindheit des Pati-

3.8 Die Metapher als Leitmotiv: Arbeit mit Metaphern über mehrere Sitzungen hinweg

enten gespielt hatte und die ihn immer wieder vor dem sehr leistungsorientierten und kritischen Vater (der Patient hat viele Grundüberzeugungen des Vaters internalisiert) in Schutz genommen hatte. Da der Patient nach dem Abbruch seines Studiums den Kontakt zur Großmutter stark reduziert hatte, um sich nicht mit seinem schlechten Gewissen auseinanderzusetzen, hatte er auch deshalb Schuldgefühle. In der imaginativen Begegnung mit der Großmutter konnte er an die gute Beziehung zu ihr anknüpfen. Er bat sie um Verzeihung dafür, dass er sie enttäuscht hatte und erklärte ihr, dass er aufgrund seiner Scham den Kontakt zu ihr eingeschränkt habe. Sie verzieh ihm und teilte ihm mit, dass sie ihn liebe, egal, was er beruflich mache und ob er Erfolg oder eben keinen Erfolg im Leben habe. Diese Sitzung war sehr emotional für den Patienten, der im Verlauf viel weinte, sich danach aber ein Stück weit befreit fühlte. Der folgende Dialog fand in der 15. Sitzung statt. Der Patient hat seit vier Wochen mit einer stufenweisen Wiedereingliederung am Arbeitsplatz begonnen. Das Thema Scham gegenüber den Kollegen und dem Arbeitgeber, aufgrund seiner über dreimonatigen Krankschreibung, war zuletzt ebenfalls immer wieder Thema in der Therapie gewesen.

Ther.: »Was macht der Ballast?«
Pat.: »Der ist leichter geworden.«
Ther.: »Wie viele Ballen sind es denn?«
Pat.: »Immer noch zwei, aber der mit dem abgebrochenen Studium ist jetzt deutlich kleiner und leichter, ich traue mir zu, den Ballen zu tragen.«
Ther.: »Wie sieht es mit dem zweiten Ballen aus?«
Pat.: »Der ist immer noch schwer.«
Ther.: »Wollen Sie den heute auspacken und mit mir heute anschauen?«
Pat.: »Ich weiß nicht, das war doch sehr heftig für mich das letzte Mal, auch wenn es gut war, dass wir das Thema angegangen sind, und ich fühle mich auch erleichtert, aber heute noch mal so eine Sitzung, das wäre mir zu viel.«
Ther.: »Das ist völlig in Ordnung. Sie entscheiden, wann der richtige Zeitpunkt ist, sich dem zweiten Ballen zuzuwenden und ihn zu öffnen. Werden Sie mir Bescheid geben, wenn Sie sich bereit fühlen?«
Pat.: »Ja, das nimmt mir jetzt den Druck. Ich glaube, dass wir dann auch mit dem Aufstieg aus dem Tal beginnen können, wenn wir den zweiten Ballen bearbeitet haben.«

Die Kommunikation über den Therapieprozess fand wieder im Bereich der Untermetapher (Therapie bedeutet Last abzulegen) der Bergmetapher statt. Der Patient gab deutlich zu verstehen, dass er sich gegenwärtig noch nicht bereit fühlte, den anderen Ballen zu öffnen und sich mit den Inhalten auseinanderzusetzen. Dennoch formulierte er die Überzeugung, dass sich das Gewicht der Ballen durch die Psychotherapie reduzieren lässt und dass er sich einen Aufstieg aus dem Tal zutraue, wenn der Ballast nicht mehr so beschwere.

In der 19. Sitzung kam es zu folgendem Dialog:

Ther.: »Wir haben jetzt noch fünf genehmigte Sitzungen der Krankenkasse und müssen darüber reden, ob wir die Therapie verlängern wollen oder ob wir unsere Ziele erreicht haben, so dass es im Moment okay ist.«

Pat.: »Da brauche ich nicht lange nachzudenken. Ich möchte den Weg auf jeden Fall weitergehen. Eigentlich bin ich noch immer dort unten im Tal, auch wenn ich die Hoffnung habe, dort bald rauszukommen. Aber ich möchte schon noch gerne das mit dem Ballast angehen und die Berge ringsherum sind ziemlich hoch, das schaffe ich nicht an einem Tag und ich brauche Sie als Bergführer dazu.«

Ther.: »Ich bin auch der Meinung, dass wir noch ein Stück weit kommen können, wenn wir die Therapie weiterführen. Außer uns den zweiten Ballen anzuschauen, müssen wir uns dann ja auch entscheiden, welchen der umliegenden Berge wir ersteigen wollen und welche Route wir nehmen wollen.«

Pat.: »Und ehrlich gesagt, traue ich mir den Aufstieg alleine nicht zu. Ich denke, da lauern noch einige Gefahren und Hindernisse, bei deren Überwindung ich gerne Ihre Unterstützung hätte.«

Die Therapieplanung erfolgte in Begriffen der Leitmetapher. Für den nächsten Behandlungsabschnitt wurden die Ziele, den zweiten Ballastballen zu bearbeiten, sich einen der das Tal umgebenden Berge zur Besteigung auszuwählen, eine Route zum Aufstieg festzulegen, sowie die Gefahren und Hindernisse des Aufstiegs zu bewältigen, formuliert. Es erfolgte ein Umwandlungsantrag von einer verhaltenstherapeutischen Kurzzeit- in eine Langzeittherapie, der vom Gutachter befürwortet und von der Krankenkasse genehmigt wurde.

Anhand der Gesprächssequenz werden auch die Filterfunktion und die limitierenden Eigenschaften der Metapher aufgezeigt. Die Überzeugung »Ich trage Ballast mit mir herum und erst, wenn ich mich dieses Ballasts entledigt habe, kann ich mit dem Aufstieg aus dem dunklen Tal beginnen« macht das Ballastablegen zur notwendigen Bedingung für einen Therapiefortschritt und limitiert andere Vorgehensweisen. Es gäbe natürlich auch andere Wege, eine Depression zu therapieren, als unbewältigte Konflikte aus der Vergangenheit (in der Metapher als Ballastballen konzeptualisiert) zu bearbeiten. So könnte man verhaltenstherapeutisch ausschließlich mit Tagesstrukturierung, euthymer Aktivierung, dem Umgang mit automatischen dysfunktionalen Gedanken, der Umstrukturierung dysfunktionaler Überzeugungen oder dem Formulieren positiv konnotierter Ziele in der Zukunft arbeiten (teilweise kamen diese Techniken im Therapieverlauf auch zur Anwendung). Da sich die Metapher jedoch zum Leitmotiv der Therapie entwickelt hatte und ausreichend Ressourcen enthielt, wäre es meines Erachtens in diesem Fall ungünstig gewesen, die Metapher in Frage zu stellen und zu dekonstruieren (▶ Kap. 3.7).

25. Sitzung, die Genehmigung des Umwandlungsantrags durch die Krankenkasse war zu diesem Zeitpunkt erfolgt:

3.8 Die Metapher als Leitmotiv: Arbeit mit Metaphern über mehrere Sitzungen hinweg

Ther.: »Schön, dass wir den gemeinsamen Weg nun fortsetzen können.«
Pat.: »Ja, das freut mich. Ich denke, jetzt ist es auch an der Zeit, weiter mit dem Ballast zu arbeiten.«
Ther.: »Das heißt, Sie fühlen sich bereit dazu?«
Pat.: »Ja, ich habe eine gute Woche gehabt und fühle mich gestärkt.«
Ther.: »Dann öffnen Sie doch einmal den zweiten Ballen.«
Pat.: (es entsteht eine längere Pause) »Ich hatte eine Beziehung, die eine Zeit lang echt gut lief und dann habe ich alles kaputt gemacht.«
Ther.: »Wollen Sie mir mehr davon berichten?«
Pat.: »Ich habe sie kennengelernt, da hatte ich gerade einen stationären Aufenthalt hinter mir. Mir ging es gut und so habe ich sie bei einer Party eines Freundes zum ersten Mal getroffen. Wir hatten ein tolles Gespräch, nicht so oberflächlich wie meistens auf so Partys, sondern richtig mit Tiefgang. Irgendwann haben wir festgestellt, dass wir die letzten sind, die noch da sind.« (lacht)
Ther.: »Wie ging es dann weiter?«
Pat.: »Wir haben Handynummern ausgetauscht und uns bereits am nächsten Wochenende verabredet. Ich war echt verliebt. Nach etwa einem halben Jahr sind wir zusammengezogen. Das lief dann auch ein Jahr ganz gut, dann rutschte ich wieder in ein Loch. Sie kannte mich so nicht mit meinen Depressionen. Klar hatte ich ihr davon erzählt, aber wenn es dann so weit ist, dann ist es halt doch anders. Mein Selbstvertrauen war wieder weg. Ich habe geklammert und gedacht, sie müsse diejenige sein, die mich rettet. Klar, dass ihr das dann irgendwann zu viel wurde. Ich habe mich als Versager gefühlt und wer kann schon einen Versager lieben und hält es mit ihm aus. Ich wurde immer verschlossener und habe sie auch verletzt. Da hat sie sich dann von mir getrennt, ist ausgezogen. Ich habe mich dafür gehasst. Jeder kann eine Beziehung führen, nur ich bekomme das nicht hin.«
Ther.: »Da ist er wieder, Ihr erbarmungsloser innerer Kritiker.«
Pat.: »Wieder schäme ich mich dafür, so versagt zu haben und kann es mir nicht verzeihen.«
Ther.: »Da gibt es ja diese Grundüberzeugung ›Ich bin ein Versager‹, die uns ja schon ein paar Mal begegnet ist, auch als Sie das Studium abgebrochen haben. Ich habe den Eindruck, dass diese Überzeugung auch im Sinne einer selbsterfüllenden Prophezeiung wirken kann. Wissen Sie, was ich meine?«
Pat.: »Ich glaube, ja. Ich glaube an etwas, das dann auch eintritt, weil ich daran glaube.«
Ther.: »Genau. Sie fühlen sich als Versager, das führt dazu, dass Sie von Ihrer Partnerin ein Übermaß an Bestätigung und Anerkennung verlangen, die Sie sich selber nicht geben können. Die Anerkennung kommt jedoch nicht an, sondern verschwindet im schwarzen Loch der Depression. Das frustriert den Partner mit der Zeit. Sie deuten das dann als Kritik und fühlen sich darin bestätigt, dass Sie unfähig

3 Patientengenerierte Metaphern

	sind. Deshalb ziehen Sie noch weiter zurück, zeigen sich immer weniger, was beim Partner vielleicht irgendwann Ablehnung hervorrufen kann. Daraus ergibt sich dann eine Abwärtsspirale.«
Pat.:	»Ja, ich denke, das beschreibt es ganz gut.«
Ther.:	»Haben Sie eine Idee, was Sie da verändern könnten?«
Pat.:	»Wenn ich mich nicht mehr als Versager fühle ...«
Ther.:	»Wie wollten Sie sich denn anstatt dessen fühlen?«
Pat.:	»Vielleicht als tollen Menschen?«
Ther.:	»Das wäre gut, aber vielleicht sollten Sie auch hier wie bei der Bergwanderung einen Schritt nach dem anderen machen.«
Pat.:	(lacht) »Jetzt wollte ich schon wieder von einem Extrem ins andere. Mit einem Sprung hinauf auf den Gipfel. Klar, das ist wieder meine Leistungsorientierung und mein Perfektionismus. Ich denke, es wäre schon ein großer Fortschritt, wenn ich denken könnte, ich bin ganz okay.«
Ther.:	»Das wäre schon einmal eine wichtige Etappe beim Aufstieg.«

In Begriffen der Leitmetapher zu kommunizieren, hat sich inzwischen im Dialog mit dem Patienten ganz selbstverständlich etabliert und erfolgt in fast jeder Sitzung, ohne dass die Metapher jedes Mal explizit aus dem Gesprächskontext herausgelöst werden muss.

Die Grundüberzeugung »Ich bin nur dann etwas wert, wenn ich perfekt bin« wurde auch in der Partnerschaft handlungsleitend. Der Patient identifizierte deren Ursprung in der Kindheit und in der Erziehung durch den Vater, der stets Leistung eingefordert hatte und ihn für Fehler kritisierte und bestrafte (s. o.). Die folgenden Sitzungen fokussierten diese Thematik. Zur Anwendung kam das Verfahren der IRRT (Imagery Rescripting & Reprocessing Therapy, ▶ Kap. 2.6). Der Patient identifizierte Situationen in der Kindheit und Jugend, in denen er Kritik und Bestrafung durch den Vater als besonders belastend fand. Aus diesen Situationen wählte er drei aus, die sich ihm besonders eingeprägt hatten und die er besonders mit dem Gefühl zu versagen und mit Scham verband. Nacheinander wurden diese Episoden bearbeitet. Dabei imaginierte er die Situationen so, wie er sie spontan erinnerte und erlebte währenddessen die belastenden Emotionen wieder. In einem zweiten Durchgang, der noch in der gleichen Sitzung erfolgte, begab er sich gemeinsam mit seinem erwachsenen Ich erneut in die Situation. Das erwachsene Ich konfrontierte den Vater mit seinen inadäquaten Erziehungsmethoden und dem psychischen Druck, den er auf den Patienten ausgeübt hatte, und schützte das jüngere Ich vor Bestrafung und Abwertung. In einem dritten Schritt begaben sich das erwachsene und das jüngere Ich an einen sicheren Ort, an dem das erwachsene Ich das jüngere Ich beruhigen und ihm Trost spenden konnte. Die zentrale Botschaft, die es ihm dabei vermittelte, war: »Du bist okay, so wie Du bist«. Dieses Vorgehen wurde für jede der drei Situationen angewendet. Der Patient bekam die Hausaufgabe, sich immer wieder imaginativ seinem jüngeren Ich liebevoll zuzuwenden, was ihm zunächst schwerfiel, mit zunehmender Übung jedoch immer besser gelang (für eine ausführlichere Beschreibung des Vorgehens in der IRRT s. Köster & Köster, 2019).

3.8 Die Metapher als Leitmotiv: Arbeit mit Metaphern über mehrere Sitzungen hinweg

In der 38. Sitzung zeigte sich das Bild der Metapher verändert. Der Patient nahm das Tal als nicht mehr so dunkel wahr. Die Sonne erreichte den Grund des Tals zwar nicht, jedoch reichte sie schon weiter hinunter. Die Bündel waren kleiner und leichter geworden. Zudem hatte er erstmals eine olfaktorische Wahrnehmung (»Es liegt ein Hauch von Frühling in der Luft«). Er fühlte sich bereit für den Aufstieg.

Ther.: »Wo soll es denn nun rauf gehen, welchen Berg würden Sie zum Ersteigen auswählen?«

Pat.: »Denjenigen, an dem ich schon einmal ein Stück hoch bin.«

Ther.: »Worauf müssen wir beim Aufstieg achten?«

Pat.: »Ruhig und langsam gehen, die Kraft gut einteilen. Das Ziel nicht aus den Augen verlieren. Konzentriert bleiben, um nicht abzustürzen.«

Ther.: »Das bedeutet für mich, dass ich mich Ihrem Tempo anpasse und dass ich Sie auch bremsen kann, wenn ich meine, jetzt geht's zu ungestüm voran.«

Pat.: »Ja, das wäre gut, wenn es mir besser geht, werde ich manchmal übermütig.«

Ther.: »Und meine Aufgabe wäre es dann auch, das Ziel im Auge zu behalten bzw. Sie dabei zu unterstützen, das Ziel zu verfolgen?«

Pat.: »Ich kenne das aus vorherigen Therapien, dass ich, wenn es mir wieder einigermaßen gut geht, nachlasse und die Therapie in den Hintergrund gerät.«

Ther.: »Jetzt mal übertragen auf Ihre aktuelle Situation. Was hätten wir denn noch für Etappen zu bewältigen?«

Pat.: »Ich würde gerne meine berufliche Situation klären, überdenken, was ich vielleicht noch für Möglichkeiten habe.«

Ther.: »Gibt es noch weitere Etappen?«

Pat.: »Ja, ich möchte im Umgang mit mir selbst weniger kritisch sein, da brauche ich noch Unterstützung, um nicht gleich wieder in alte Muster zurückzufallen.«

Ther.: »Habe ich mir notiert. Gibt's sonst noch was?«

Pat.: »Vielleicht noch einmal anschauen, wie es mir in Zukunft gelingt, solche dunklen Löcher zu vermeiden, nicht wieder abzurutschen.«

Ther.: »Das ist, denke ich, ein wichtiges Ziel auf dem Weg, der jetzt noch vor uns liegt.«

Pat.: »Und ich hätte gerne mal wieder eine Beziehung.«

Ther.: (lächelt) »Ich weiß nicht, ob wir das durch die Therapie beeinflussen können, aber vielleicht begegnen Sie ja jemandem beim Aufstieg. Vielleicht auch in der Zeit, wenn wir uns verabschiedet haben und Sie den Weg selbständig fortsetzen werden.«

Pat.: »Ja, ich könnte aber wenigstens so eine Begegnung bemerken und aktiv werden, wenn es passiert, zuletzt habe ich Frauen gar nicht wahrgenommen.«

Ther.: »Das wäre dann auch ein Zeichen, dass es Ihnen bereits besser geht.«

Pat.: (lacht) »Das denke ich auch.«

| Ther.: | »Dann schultern Sie mal Ihre Bündel und dann beginnen wir mit dem Aufstieg.« |
| Pat.: | (streckt die Arme in die Luft) »Yeah!« |

In den Begriffen der Bergmetapher haben wir zu diesem Zeitpunkt die weitere Therapie geplant. Als Etappen des Aufstiegs wurden die Ziele formuliert (Klärung der beruflichen Zukunft, Selbstfürsorge und einen liebevolleren Umgang mit sich selbst, Rezidivprophylaxe, Partnersuche). Zudem drückte er aus, dass er gerne ein ruhiges und langsames Tempo einschlagen wolle und bat mich, ihn zu bremsen, wenn er übermütig würde. Konzentration im Sinne von Achtsamkeit formulierte er auch als wichtige Voraussetzung für den weiteren Weg. Zudem gab er mir den Auftrag, ihn bei der Fokussierung der Therapieziele zu unterstützen, auch bei nachlassendem Leidensdruck.

Die oben genannten Ziele wurden in den nächsten Sitzungen verfolgt. Der Patient überlegte sich, ob er noch einmal studieren wolle, entschied sich jedoch dagegen. Zum einen aus finanziellen Gründen, zum anderen traute er sich derzeit noch nicht zu, sich eigenverantwortlich die, für ein Studium notwendige, Struktur zu geben und einzuhalten. Er führte ein Gespräch mit seinem Arbeitgeber, um Entwicklungsmöglichkeiten innerhalb des Betriebs abzuklären. Dabei bekam er das Angebot, eine kaufmännische Lehre im Betrieb zu machen. Im Anschluss an die Ausbildung könne er dann mehr verdienen und habe die Möglichkeit zum Teamleiter aufzusteigen. Der Patient nahm dieses Angebot an und begann ein halbes Jahr später mit der Ausbildung.

Das Ziel eines liebevolleren Umgangs mit sich selbst gingen wir wieder mit imaginativen Techniken an. Im Rahmen einer Teilearbeit wurde der innere Kritiker zum Gespräch gebeten. Dabei zeigte sich, dass der innere Kritiker den Patienten vor Übermut bewahren und zu guter Leistung anspornen wollte, wobei er jedoch immer wieder überzog. Die Verhandlungen mit dem inneren Kritiker zogen sich über mehrere Stunden hinweg, mit dem Ergebnis, dass sich der innere Kritiker bereit erklärte, sich in Zukunft sachlicher und konstruktiver äußern zu wollen. Der Patient versicherte seinem Kritiker, dessen Kritik dann auch ernst zu nehmen und sich mit ihr auseinanderzusetzen. Der innere Kritiker stellt ebenfalls eine Metapher für einen Persönlichkeitsanteil dar. Imaginativ wurde er als kleiner, griesgrämiger, älterer Mann elaboriert, der Züge des Vaters des Klienten hatte.

Der Therapiefortschritt wurde gelegentlich in Begriffen der Bergmetapher überprüft. In den nächsten Sitzungen (die im Abstand von vier Wochen stattfanden) stand die Rückfallprophylaxe im Fokus der Therapie. Der Patient kam gut mit der Situation zurecht, im fortgeschrittenen Alter noch eine Berufsausbildung zu absolvieren. Teilweise zeigte er noch überhöhte Ansprüche an die eigene Leistung, die er in der Auseinandersetzung mit dem inneren Kritiker im therapeutischen Gespräch relativieren konnte. Der Kontakt mit dem jüngeren Ich im Sinne von Trost und Selbstermutigung hatte sich im Verlauf der Therapie verbessert, ebenso der Dialog mit dem inneren Kritiker. In der 60. Sitzung fand die Abschlusssitzung statt:

3.8 Die Metapher als Leitmotiv: Arbeit mit Metaphern über mehrere Sitzungen hinweg

Pat.: »Kaum zu glauben, dass ich heute das letzte Mal hier bin.«
Ther.: »Unser gemeinsamer Weg ist hier erstmal zu Ende, Zeit für den Abschied.«
Pat.: »Ja, aber wir haben es geschafft, sind oben auf dem Gipfel angekommen.«
Ther.: »Beschreiben Sie mir doch mal, wie es dort für Sie ist.«
Pat.: (schließt die Augen) »Es ist ein herrlicher Tag, die Sonne scheint, die Luft ist klar, der Himmel blau. Es ist ein herrliches Bergpanorama, die Sicht ist weit.«
Ther.: »Wie fühlen Sie sich?«
Pat.: »Fast ein wenig euphorisch. Ich habe es aus eigener Kraft hier hoch geschafft und es hat sich wirklich gelohnt.«
Ther.: »Wie fühlt es sich körperlich an?«
Pat.: »Ich fühle mich stark und habe eine gute Ausdauer entwickelt und eine neue Leichtigkeit.«
Ther.: »Trotz der Bündel, die Sie getragen haben?«
Pat.: »Ach, ich denke, jeder hat seine Päckchen zu tragen, vermutlich auch Sie. Inzwischen komme ich mit meinen Bündeln gut zurecht. Klar, es gibt Tage, da spür ich sie. Es gibt aber auch Tage, da sind sie so leicht, dass ich fast vergesse, dass sie da sind. Ich sollte in Zukunft darauf achten, welche Päckchen ich mir auflade.«
Ther.: »Wie bekommen Sie das hin?«
Pat.: »Auf jeden Fall mit mehr Achtsamkeit. Ich sollte mir den Inhalt von Päckchen gut anschauen und dann entscheiden, ob ich sie mir auflade oder nicht.«
Ther.: »Ja, das ist gut, Sie müssen Ihren Rucksack nicht mit jedem Päckchen belasten, das man Ihnen hinstellt. Also ist es eine gute Idee, zuerst den Inhalt zu prüfen und, wenn der Ihnen nicht zusagt, das Päckchen einfach zurückzugeben. Noch einmal zurück auf den Gipfel. Was denken Sie da so, wenn Sie zurück ins Tal schauen?«
Pat.: »Ich bin wirklich dankbar, dort nicht mehr festzustecken. Es ist so viel schöner und freier hier oben. Und ich bin auch ein bisschen stolz auf mich, dass ich es hinbekommen habe. Ich fühle mich gerade wie auf der Sonnenseite des Lebens, weiß aber auch, dass es die Schattentäler gibt. (Pat. lacht) … Da habe ich ja auch meinen inneren Kritiker, der meint, dass ich da eh wieder früher oder später landen werde. Aber ich kenne ihn ja inzwischen ein wenig und nehme das nicht mehr ganz so ernst.«
Ther.: »Vielleicht kommt ja dann auch mal wieder eine Zeit, in der Sie die Unterstützung eines Bergführers brauchen, vielleicht weil Sie vor einem neuen Berg stehen, der sich vor Ihnen auftut. Dann wissen Sie ja, wo Sie mich finden. Die gemeinsame Zeit und die Erfahrungen, die wir auf unserer Tour gemacht haben, haben auch mir Freude bereitet und ich finde, wir haben den Aufstieg gut hinbekommen.«
Pat.: »Vielen Dank für Ihre Unterstützung, das hat mir sehr geholfen. Übrigens, meinen Sommerurlaub habe ich in den Bergen geplant.

Ther.: Gemeinsam mit einem Freund wollen wir in den Alpen ein paar Touren machen. Dazu hat mich die Therapie inspiriert, da habe ich jetzt richtig Bock drauf.«

Ther.: »Sehr schön, dann können Sie noch einmal nachempfinden, wie es ist, aus dunklen Tälern aufzusteigen, den inneren Schweinehund zu überwinden, die eigene Kraft zu spüren, um dann zur Belohnung oben auf dem Gipfel das Bergpanorama zu genießen.«

Das Bild der Metapher hat sich im Therapieverlauf grundlegend verändert. Befand sich der Patient zu Beginn in einem dunklen, engen Tal, das von steilen und bedrohlich wirkenden Bergen umgeben war, nahm er sich zu Therapieende auf einem Berggipfel wahr, die Sonne schien, der Himmel war blau, die Sicht war weit und offen.

Zum Abschluss der Therapie übertrug der Patient von der Quelldomäne der Bergmetapher auf seine persönliche Situation:

- *Kognitiv:* »Wir haben es geschafft«, »Wir sind oben angekommen«, »Ich bin auf der Sonnenseite des Lebens«, »Ich werde besser darauf achten, welche Päckchen ich trage«, größere Distanz zum inneren Kritiker
- *Emotional:* Milde Euphorie, Zuversicht, Stolz, Autonomie
- *Physiologisch:* Kraft, Stärke, Ausdauer, Leichtigkeit
- *Volitional:* Selbsteffizienzerleben, Aktivität

Ohne dass es von mir angeregt wurde, hatte der Patient seinen Sommerurlaub in den Bergen geplant, um mit einem Freund Bergtouren zu machen. Dadurch kann er weitere Ressourcen-Erfahrungen körperlich verankern und mit der Therapie verbinden.

Es handelte sich in diesem Fall um eine erfolgreiche Therapie, in der alle Therapieziele zumindest weitgehend erreicht wurden. Die Bergmetapher bzw. von ihr abgeleitete Metaphern (s. u.) bildete das Leitmotiv der Therapie, was so nicht planbar war und sich aus dem Gesprächsverlauf in der sechsten Sitzung entwickelt hatte. Die Metapher enthielt diagnostisch wertvolle Informationen über Kognitionen, Emotionen, physiologische Faktoren und Handlungsentwürfe des Patienten. Sie offenbarte wichtige Themen für die Therapie, half dabei, Therapieziele zu formulieren und strukturierte die Therapie. Zudem bildete sie die Grundlage für eine gemeinsame Sprache und half dabei, eine vertrauensvolle, tragfähige therapeutische Beziehung auszubilden, die das Fundament für die Veränderungsarbeit darstellte.

Der Patient benutzte zu Therapiebeginn metaphorische Aussagen, in denen er sich in seiner Depression beschrieb. Die konzeptuellen Metaphern, die daraus erschlossen werden konnten, werden oft auch von anderen Menschen genutzt, weshalb es sich um konventionelle Metaphern handelt. Im Verlauf der Therapie wurden die zunächst ausgeblendeten und ungenutzten Teile der konzeptuellen Metaphern beleuchtet und zum strukturierenden und handlungsleitenden Motiv der Therapie. Das zeigt sich in den metaphorischen Aussagen des Patienten am Ende der Therapie.

3.8 Die Metapher als Leitmotiv: Arbeit mit Metaphern über mehrere Sitzungen hinweg

Tab. 3.2: Darstellung der metaphorischen Aussagen des Patienten, der konzeptuellen Metaphern, auf welche die Aussagen zurückzuführen sind, und der ungenutzten Teile der Metapher, die zum Leitmotiv der Therapie wurden.

Metaphorische Aussagen des Patienten zu Beginn der Therapie	Konzeptuelle Metaphern nach McMullen & Conway, 2002	Ungenutzte Teile der konzeptuellen Metaphern	Metaphorische Aussagen des Patienten am Therapieende
Ich bin wieder abgerutscht, ganz tief ins Tal	Depression ist ein Abstieg	Gesundung ist ein Aufstieg	Wir sind oben angekommen
Die Päckchen, die ich mit mir rumschleppe, sind so schwer und ich will sie nicht mehr tragen, die Last ist einfach zu groß	Depression ist ein Gewicht	Therapie ist das Ablegen von Last	Ich habe eine neue Leichtigkeit entwickelt
Ich befinde mich in einem dunklen Tal und vor mir liegt ein riesiger Berg	Depression ist Dunkelheit Depression ist ein Abstieg	Gesundheit ist Licht Gesundung ist ein Aufstieg	Ich fühle mich gerade wie auf der Sonnenseite des Lebens Es ist so viel schöner und freier hier oben (auf dem Gipfel)

Nicht immer wird eine Metapher zum Leitmotiv einer Therapie. Es sollte darauf geachtet werden, dass eine Metapher nicht überstrapaziert wird, sonst drohen Zurückweisung und Reaktanz auf Seiten der Klientin und sie kann ihre therapeutischen Effekte (▶ Kap. 3.10) nicht entfalten. Im Fallbeispiel »Last ablegen« könnte die eine oder andere Leserin den Eindruck bekommen, die Metapher werde überstrapaziert, eine Befürchtung, die auch ich teilweise hatte. Da der Patient im Gespräch jedoch selbst immer wieder metaphorische Aussagen der Metapher verwendete, gab es keine Anhaltspunkte dafür, dass er der Metapher überdrüssig sei. Das kann sich jedoch auch anders entwickeln, wie im folgenden Fallbeispiel.

Im Rahmen eines Coachings machte ein Klient die metaphorische Aussage: »In meiner Jugend habe ich eine Ausfahrt nicht genommen«. Ich versuchte in einem ersten Schritt, »den Fuß in die Tür zu bekommen« und die Metapher aus dem Gesprächsfluss herauszulösen. In einem zweiten Schritt versuchte ich, das Bild der Metapher zu explorieren, wobei ich merkte, dass der Klient sich nur schwer auf das Bild der Metapher einlassen konnte. Ich versuchte weiter, in Begriffen der Metapher mit ihm zu kommunizieren. Beim Explorieren der Aspekte der Übertragung von der Quelldomäne der Metapher auf seine problematische Situation, relativierte er die Metapher und stellte sie in Frage. Dennoch formulierte er in Begriffen der Metapher eine neue Aussage: »Ich habe auf der Autobahn die falsche Spur erwischt«, blockierte jedoch eine weitere Exploration des Bildes. Als ich in der nächsten Sitzung beim Einstieg in das Gespräch die Metapher wieder erwähnte, äußerte er sich etwas gereizt. Die Metapher habe im letzten Gespräch einen zu großen Raum eingenommen und sei überstrapaziert worden. Eine Nachfrage ergab, dass er die Metapher nicht als wirklich zutreffend empfand. Ich war zwar der Ansicht, dass eine weitere Elaboration der Metapher und Arbeit mit der Metapher durchaus sinnvoll und hilfreich sein könnte, verzichtete jedoch angesichts der negativen Reaktion des Klienten darauf. Ein Insistieren hätte womöglich zu verstärkter Reaktanz und letztendlich zu einer Störung der Beziehung führen können.

Eine Metapher kann letztendlich nur dann therapeutisch genutzt werden, wenn sie vom Gegenüber angenommen und für hilfreich empfunden wird. Die Klientin muss sich auf sie einlassen können und sie sollte eine positive Resonanz in ihr auslösen, was auch als »Aha-Effekt« beschrieben werden kann. Erfolgt dies nicht, macht es meines Erachtens kaum einen Sinn mit der Metapher weiterzuarbeiten. Interessant kann es allerdings sein zu reflektieren, warum eine Klientin eine Metapher zurückweist. Möglicherweise ist es einfach keine Metapher, in der sie lebt, sie empfindet sie also als unzutreffend. Vielleicht aber löst die Metapher auch Ängste vor einer Erkenntnis aus, die schmerzvoll oder mit anderen negativ konnotierten Emotionen verbunden ist. In diesem Fall kann die Zurückweisung einer Metapher weitere diagnostische Erkenntnisse liefern, auch wenn sie interaktiv nicht weiter elaboriert wird.

3.9 Modell zur Arbeit mit Metaphern im therapeutischen Gespräch

An dieser Stelle wird die bisher beschriebene Vorgehensweise für die Arbeit mit patientengenerierten Metaphern zusammengefasst und zu einem anschaulichen Modell verdichtet, das der Praktikerin als übersichtliche Orientierungshilfe im beruflichen Alltag dienen kann.

- Eine *Metapher zur Problembeschreibung erkennen* (Den Fuß in die Tür bekommen). Zunächst einmal gilt es, eine relevante Metapher zu erkennen und aus dem Gesprächsfluss herauszulösen (▶ Kap. 3.2).
- Die *Metapher explorieren* bedeutet, das Bild einer Metapher imaginativ so auszugestalten, wie es bei der Patientin repräsentiert ist (▶ Kap. 3.6). Im Vordergrund steht dabei die visuelle Modalität, aber auch auditive, taktile, kinästhetische (propriorezeptive) oder olfaktorische Modalitäten eines Bildes können erfragt werden (▶ Kap. 2.6, ▶ Kap. 3.6). Die Therapeutin sollte nach der Exploration das Bild der Patientin vor dem eigenen inneren Auge sehen können.
- In einem nächsten Schritt gilt es herauszufinden, *welche Eigenschaften der Quelldomäne einer Metapher (z. B. der Berg) die Patientin auf die Zieldomäne (ihr Problem) überträgt.* Welche kognitiven, emotionalen, physiologischen und volitionalen (Handlungsentwürfe) Komponenten sind dabei für die Patientin relevant (▶ Kap. 3.6)?

- Die Metapher gezielt nach *Ressourcen explorieren*. Die Ressourcen finden sich häufig in den bisher nicht genutzten (ausgeblendeten) Bereichen der Quelldomäne (▶ Kap. 3.6, ▶ Kap. 3.8).
- Finden sich Ressourcen, dann sollten diese *Ressourcen explizit elaboriert und auf das Problem übertragen* werden (▶ Kap. 3.6).
- *Ratifizieren* bedeutet herauszufinden, ob durch die Übertragung von Ressourcen eine Veränderung im Erleben der Patientin erfolgt ist. Welche kognitiven, emotionalen, physiologischen und volitionalen Komponenten bestimmen nun die Wahrnehmung der problematischen Situation (▶ Kap. 3.6)?
- Falls sich in der Metapher keine Ressourcen finden, die im Sinne einer Problemlösung wirken können, die Patientin zu einem *Wechsel der Quelldomäne der Metapher* ermuntern (▶ Kap. 3.7).
- Findet die Patientin eine *neue Quelldomäne*, die Metapher wieder *explorieren* und die nachfolgenden Schritte durchlaufen (▶ Kap. 3.7).
- Falls die Patientin keine passende Quelldomäne findet, kann die Therapeutin *eigene Vorschläge machen*. Kann sich die Patientin auf den Vorschlag der therapeutengenerierten Metapher einlassen, die neu gefundene Metapher wie oben beschrieben *explorieren* und die nachfolgenden Schritte durchlaufen (▶ Kap. 3.7).

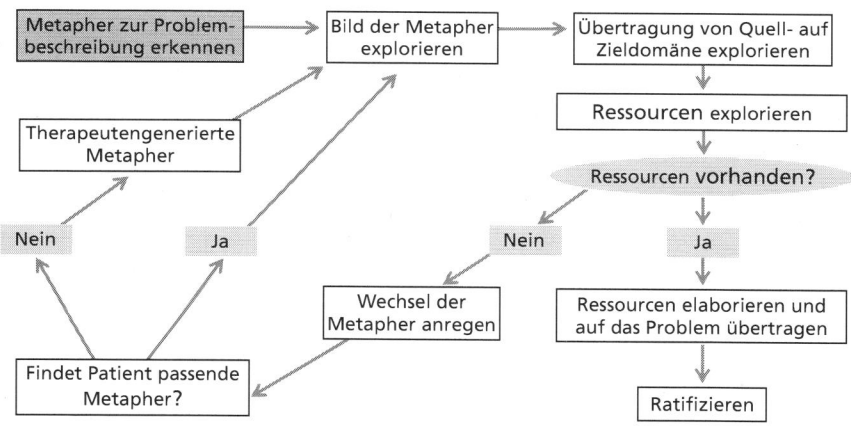

Abb. 3.2: Modell zur Arbeit mit Metaphern in Psychotherapie, Beratung und Coaching

3.10 Effekte der Arbeit mit Metaphern

An dieser Stelle werden die Effekte zusammengefasst, die durch eine Arbeit mit Metaphern in Psychotherapie, Beratung und Coaching erzielt werden.

Schmidt & Heidenreich (2019, 2020) sehen die Veränderung kognitiv-affektiver Schemata als zentrales Ziel einer Arbeit mit Metaphern an. Diese Veränderung kann zum einen durch eine Ausdifferenzierung patientengenerierter Metaphern erfolgen, indem das Bild einer Metapher vervollständigt wird (s. z. B. Fallbeispiel »Das Gebirge als Kulisse«, ▶ Kap. 3.5) und/oder nicht genutzte Bereiche einer Metapher exploriert werden (s. z. B. Fallbeispiel »Last ablegen«, ▶ Kap. 3.8), zum anderen durch die Dekonstruktion von Metaphern (s. z. B. Fallbeispiel »Einbetoniert – die Knoten lösen«, ▶ Kap. 3.7) sowie durch das Auffinden neuer Metaphern (s. z. B. »Der Boxer und der Tsunami«, ▶ Kap. 3.7).

Krause und Revenstorf (1997) beschreiben folgende Effekte der Arbeit mit Metaphern auf die Therapie:

- Erzielen eines diagnostischen Mehrwerts, indem die Therapeutin durch patientengenerierte Metaphern einen erweiterten Einblick in deren subjektive Erfahrungswelt (Gedanken, Gefühle, Physiologie, Handlungsentwürfe) bekommt.
- Stärkung der therapeutischen Beziehung, indem ein geeignetes, passendes Bild für die Situation der Patientin gefunden wird, worin sie sich auch emotional wiederfindet. Das geschieht dadurch, dass eine Metapher, mit der sich die Patientin selbst beschreibt, aufgegriffen und gemeinschaftlich weiterentwickelt wird. Ihr wird Autonomie zugestanden, welche Eigenschaften der Quelldomäne der Metapher sie auf ihr Problem übertragen möchte, ob sie Lösungsmöglichkeiten, die eine Metapher anbietet, annehmen oder zurückweisen möchte.
- Umgehung von Reaktanz und Widerstand, indem der Patientin über eine Metapher suggestiv Lösungsvorschläge gemacht werden, die nicht als konfrontativ erlebt werden.
- Fördern des Erinnerns von Ressourcen bzw. Problemlösefähigkeiten, da bei der Kodierung von Metaphern sowohl verbal assoziative Prozesse, bildliche Vorstellung und emotionale Prozesse wirksam werden, die zu einer tieferen Verarbeitung im Gedächtnis beitragen.
- Fördern von Perspektivwechsel und Reframing des Problems, indem sich zwei verschiedene Konzepte in einer neuartigen Art und Weise miteinander verbinden. Hierbei werden Suchvorgänge ausgelöst, die zu neuen Sinnzusammenhängen führen können. Dadurch erhält das Problem neue Aspekte und kann anders angegangen werden. Rigide Denk- und Verhaltensmuster, die einer Veränderung im Weg stehen, können so aufgelöst werden.

Oberlechner (2005) fasst empirische Ergebnisse zusammen, die einen Einfluss von Metaphern auf den Therapieverlauf belegen:

- Metaphern können inhaltliche Wendepunkte der Therapie kennzeichnen. Veränderungen in den Metaphern, die Patientinnen für ihr Leben und ihre Probleme verwenden, gehen mit Verhaltens- und Erlebensveränderungen einher.
- In einer erfolgreichen Depressionstherapie veränderte sich die ursprüngliche Metapher von »belastet sein« in »Gewicht abladen«. In der nicht erfolgreichen Therapie gab es keine Veränderung der Problemmetapher.
- In erfolgreichen Therapien gab es einen höheren Anteil an von Patientin und Therapeutin gemeinsam genutzten Metaphern.
- Patientinnen drückten in erfolgreichen Therapien verstärkt ihre innere Erfahrung durch Metaphern aus. In weniger erfolgreichen Therapien wurden Metaphern

eher zum Ausdruck äußerer Erfahrungen genutzt, die keinen Bezug zum Hauptthema der Therapie hatten.
- Patientinnen beurteilten Äußerungen von Therapeutinnen dann als hilfreicher, wenn diese metaphorisch waren.
- Diejenigen Sitzungen wurden als hilfreicher beurteilt, in denen sich die Patientinnen an die Metaphern der Therapeutinnen erinnerten.
- Mussten Patientinnen aktiv Therapeutenmetaphern zurückweisen, so war die Therapie weniger erfolgreich.

In einer Studie von Shoushtari (2015) wurden unter anderem Sufi-Metaphern verwendet, um kognitive Verzerrungen bei depressiven iranischen Frauen aufzuarbeiten. Das Vorgehen orientierte sich auch am kognitiv-behavioralen Ansatz von Stott et al. (2010). In acht Sitzungen ergaben sich dabei in der Interventionsgruppe gegenüber einer unbehandelten Kontrollgruppe Verbesserungen (zit. nach Schmitt & Heidenreich, 2019).

Dass metaphorisches Denken eine Problemlösung ermöglicht, konnten Gick & Holyoak (1980) aufzeigen. Auch Psychotherapie kann ja als Problemlöseprozess definiert werden. Ihre Probandinnen bekamen ein Dilemma vorgelegt. Dabei geht es darum, einen Tumor mit Hilfe von Strahlung zu entfernen, ohne das umliegende Gewebe zu schädigen. Die Schwierigkeit liegt dabei in der Dosierung der Strahlung, die, um den Tumor zu entfernen, so stark sein muss, dass sie auch gesundes Gewebe schädigen würde. Die Lösung liegt darin, den Tumor aus verschiedenen Richtungen zu bestrahlen, so dass die im Tumor konvergierende Strahlung groß genug ist, um das wuchernde Gewebe zu zerstören, die Strahlung das gesunde Gewebe jedoch nicht schädigt. Einem Teil der Probandinnen wurde zuvor eine Geschichte über ein strukturell analoges Problem vorgelegt. Ein General möchte eine Festung erobern, die mitten in einem feindlichen Land liegt. Die Straßen dorthin sind jedoch vermint, so dass sich keine größeren Truppenverbände über sie bewegen können. Die überwältigende Mehrheit der Probandinnen, die diese Geschichte rezipiert hatte, kam auf die richtige Lösung zur Behandlung des Tumors, während niemand aus der Kontrollgruppe die richtige Lösung fand. Die Lösung entstand durch bewusstes Übertragen von Übereinstimmungen zwischen den Geschichten. Werden Metaphern zur Lösung von Problemen genutzt, so konnten Yu et al. (2019) mit Hilfe von bildgebenden Verfahren die Aktivierung zweier neuronaler Netzwerke nachweisen. Zum einen wurde ein Netzwerk aktiviert, das mit der Verarbeitung und dem Verstehen von Metaphern in Verbindung gebracht wird. Zum anderen wurde ein Netzwerk aktiviert, das mit Einsicht bei Problemlösung assoziiert ist, was sie als neurobiologischen Nachweis dafür betrachten, dass Metaphern Einsicht erzeugen können.

McMullen (1989) untersuchte die Beziehung zwischen Metapherngebrauch und Therapieerfolg und verglich dazu Tonaufzeichnungen von drei erfolgreichen und drei erfolglosen Therapien. Die erfolgreichen Fälle zeigten, dass Therapeutin und Klientin in interaktiver Weise eine zentrale Metapher entwickelten. Beide benutzten jeweils die Metaphern der Anderen und stimmten mit den Ausarbeitungen, die die Andere an der Metapher vornahm, überein. Die Patientinnen in den erfolgreichen Therapien benutzten Metaphern auch, um positive Veränderungen zu beschreiben.

3 Patientengenerierte Metaphern

In erfolglosen Therapien wurde dagegen kaum bildliche Sprache verwendet und wenn, dann wurde sie kaum durch die Therapeutin aufgegriffen. Selbstbeschreibungen der Patientinnen mit Metaphern waren vorwiegend negativ und veränderten sich im Verlauf der Therapie kaum.

Bisher ist die empirische Evidenz der Effekte sowie der therapeutischen Wirksamkeit einer Arbeit mit Metaphern recht dünn. Für eine wissenschaftliche Überprüfung ergibt sich das methodische Problem, dass relevante patientengenerierte Metaphern oft spontan im therapeutischen Gespräch auftreten, was eine empirische Erhebung kompliziert macht. Vorgegebene Metaphern wären in einer Studie leichter umzusetzen, wären dann aber therapeuten- und nicht patientengeneriert. Standardisierte Therapiestudien, die empirischen Ansprüchen genügen, sind zudem sehr aufwendig und kostspielig. Auch die Operationalisierung einer Kontrollgruppe birgt Probleme. Trotzdem wäre es natürlich zu begrüßen, wenn Interventionen mit Metaphern im klinischen Bereich in Zukunft noch besser erforscht würden.

Die Systematisierung der Arbeit mit Metaphern in Psychotherapie, Beratung und Coaching steckt noch in den Kinderschuhen. Die Ansätze von Kopp (1995), Stott et al. (2010), Schmitt & Heidenreich (2019, 2020) sowie dieses Buch machen erste vielversprechende Vorschläge zu einem strukturierten Vorgehen. Eine Arbeit mit Metaphern hat den Vorteil, dass sie schulenübergreifend angewendet werden kann. Schmitt & Heidenreich (2019) betonen, dass das von ihnen beschriebene metaphernreflexive Vorgehen keine Metaphern-Therapie darstellt, sondern ein »(...) sprachsensibles, durch qualitative Forschung informiertes Vorgehen, das sich in verschiedene Beratungs- und Therapieformen zwanglos integrieren lassen sollte.« (ebd. S.69).

Ich bin der Ansicht, dass die Arbeit mit Metaphern, so wie sie in diesem Buch beschrieben wird, sowohl eine Gesprächsführungstechnik als auch eine Interventions- bzw. Therapietechnik darstellen kann. Sie kann im helfenden Kontext von der Praktikerin gezielt und strukturiert eingesetzt werden, um eine gemeinsame Sprache zu finden und das Erleben und Verhalten einer Person zu verändern. Theoretisch fundiert ist sie in der Metaphern- und Suggestionstheorie und nutzt die Imagination als Methode zur Diagnostik und um Veränderungen anzuregen. Das geschieht, indem nicht genutzte Teile einer Metapher gezielt exploriert, Ressourcen elaboriert und auf die problematische Situation der Hilfesuchenden übertragen werden und/oder indem ein Metapherwechsel erfolgt, um eine neue Metapher zu etablieren, die das Problem besser abbildet bzw. mehr Ressourcen im Sinne einer Problemlösung bereithält. Weiterführende Überlegungen hierzu möchte ich hiermit ausdrücklich anregen.

4 Therapeutengenerierte Metaphern

Therapeutengenerierte Metaphern können zum einen dazu genutzt werden, den therapeutischen Prozess, Therapiemethoden oder Theorien zu beschreiben und zu veranschaulichen. Zum anderen können sie als suggestive Interventionen eingesetzt werden, um therapeutische Veränderung zu fördern. Therapeutengeneriert bedeutet nicht, dass der Therapeut jedes Mal eine neue Geschichte erfinden muss, sondern, dass er sich aus einem Fundus bestehender Geschichten sowie aus seinem Erfahrungsschatz persönlicher Erfahrungen in Form von Anekdoten bedienen kann.

Psychotherapeuten, Berater und Coachs können Geschichten und Anekdoten zur Intervention einsetzen. Wie in Kapitel 2.1 beschrieben, handelt es sich bei Geschichten strenggenommen nicht um Metaphern im eigentlichen Sinn. Geschichten, Märchen oder Fabeln sind Erzählformen und stellen einen Rahmen für die Vermittlung von Metaphern bereit (Krause & Revenstorf, 1997, ▶ Kap. 4.3).

Dieses Kapitel beschreibt zum einen die Möglichkeit, wie abstrakte therapeutische Prozesse und Konzepte metaphorisch beschrieben werden können. Der Schwerpunkt liegt jedoch auf der Nutzung von Geschichten und Anekdoten für eine Intervention. Dabei wird ausgeführt, wie Geschichten metaphorisch wirken und welche unterschiedlichen Erzählformen es gibt. Merkmale eines wirkungsvollen Erzählens von Geschichten werden aufgezeigt und verschiedene Strukturen zur Darbietung von Geschichten im Rahmen einer Therapie, Beratung oder eines Coachings vorgestellt. Mit Hilfe von Maßschneiderung können Geschichten ganz individuell gestaltet werden, so dass sie genau auf die Problemstellung des Patienten abgestimmt sind. Die Besonderheiten einer Darbietung von Geschichten in Hypnose werden dargestellt. Nebenwirkungen und Kontraindikationen einer Arbeit mit Metaphern werden formuliert, Handlungsmetaphern, denen eine Sonderstellung in der Arbeit mit Metaphern zukommt, werden vorgestellt.

4.1 Metaphorische Beschreibung therapeutischer Prozesse oder Konzepte

Der eher abstrakte und vielschichtige Begriff Psychotherapie kann durch Metaphern anschaulicher gemacht und verdichtet werden. Ich selbst nutze gerne die Metapher »Psychotherapie ist eine Bergwanderung« zur Beschreibung. Der Text ist auch auf

4 Therapeutengenerierte Metaphern

meiner Praxishomepage zu finden. Diese Metapher stellt eine Untermetapher der allgemeineren, sehr geläufigen Metapher »Das Leben ist eine Reise / ein Weg« dar. Der Ausdruck Lebensweg ist eine lexikalisierte Metapher und zeigt, dass die Metapher in unserem Kulturkreis sehr geläufig ist. Zudem stellt der Berg ein archetypisches Symbol dar. Berge werden in vielen Kulturen verehrt, als Gottheit oder als der Sitz von Göttern. Nach Jung (2018/1934) bringen archetypische Symbole das menschliche Bewusstsein in Kontakt mit dem kollektiven Unbewussten, das nicht individueller Natur ist, sondern von allen Menschen geteilt wird. Ein Berg, beziehungsweise seine Besteigung ist eine Erfahrung, die fast jeder einmal sinnlich erfahren hat.

> Viele Patienten beschreiben ihre Probleme als einen schroffen Berg, der sich unüberwindbar vor ihnen auftürmt. Sie haben keinen Plan, wie sie ihn bewältigen können, haben Angst vor den Gefahren des Aufstiegs, sind mutlos und hoffnungslos. In diesem Fall können sie sich einen Bergführer suchen, der sich im schwierigen Gelände auskennt. Mit ihm können sie eine passende Route planen, Teilziele festlegen und sich über die erforderliche Ausrüstung beraten. Er kann ihnen Techniken vermitteln, wie sie Hindernisse auf dem Weg überwinden können, er kann sie ermuntern und er kann sie ein Stück des Weges begleiten. Eines kann er jedoch nicht: sie auf den Berg hinauftragen, gehen müssen sie selbst. Dabei wird ein guter Bergführer sich ihrem Tempo anpassen und sie auf die Sehenswürdigkeiten am Wegesrand aufmerksam machen, so dass die Bergwanderung zu einer Herausforderung wird, die neue Erfahrungen erschließt und Spaß machen kann.

Erkläre ich einem Patienten Psychotherapie mit der einfachen Metapher »Psychotherapie ist eine Bergwanderung«, so überlasse ich ihm, welche Eigenschaften der Quelldomäne Bergwanderung er auf die Zieldomäne Psychotherapie überträgt. Dabei kann es natürlich passieren, dass er Eigenschaften, die mir wichtig sind, übersieht (z. B. eine Psychotherapie funktioniert nur, wenn sich der Patient aktiv beteiligt). Durch die sprachliche Ausformulierung kann ich diese mir wichtigen Eigenschaften (Analogien) explizit metaphorisch formulieren.

Natürlich können auch andere Quelldomänen ausgewählt werden, um psychotherapeutische Prozesse metaphorisch zu veranschaulichen. Dabei ist es von Vorteil zu wissen, in welchen Bereichen der Patient über Ressourcen und Erfahrungen verfügt. Besitzt der Patient einen Garten und macht ihm Gartenarbeit Spaß, dann könnte die Psychotherapie auch als Gartenarbeit beschrieben werden. Ist der Patient Handwerker oder hat er schon einmal ein Haus gebaut oder renoviert, so kann Psychotherapie auch als Hausbau bzw. -renovierung eingeführt werden. Reist der Patient gerne, so kann eine Reise als Quelldomäne (Fallbeispiel »Die Therapie als Objekt«, ▶ Kap. 3.2) herangezogen werden.

4.1 Metaphorische Beschreibung therapeutischer Prozesse oder Konzepte

Übung 10

Beschreiben Sie Therapie, Beratung oder Coaching in Begriffen einer Reise oder von Gartenarbeit oder Hausbau. Sie können natürlich auch eine andere Quelldomäne wählen. Achten Sie dabei darauf, die Analogien, die Ihnen wichtig sind, in Begriffen der Quelldomäne auszuformulieren.

Fallbeispiel: Die Spur im Schnee

Ein Unternehmer mit einem kleinen Betrieb mit etwa 15 Mitarbeitern beschreibt ein Burnout und einen Kontrollzwang. Besonders anstrengend sei es für ihn, alles im Griff haben zu wollen. Nach Feierabend ist er der Letzte, der geht. Er kontrolliert noch einmal, ob die PCs abgeschaltet sind, die Post weggebracht ist, sogar, ob der Müll hinausgebracht wurde. Diese Kontrolle erfordert eine Stunde jeden Tag und geht zulasten der Freizeit, die er zur Regeneration nutzen könnte. Er berichtet darüber, dass die Anspannung erst nachlasse, wenn er seine Kontrollrunde absolviert habe.

Ich versuche, meinen Patienten immer wieder Störungswissen zu vermitteln. Auch in dieser Hinsicht eignen sich ausformulierte Metaphern, um abstrakte Konzepte anschaulich darzustellen. Wie sich dysfunktionale Schemata herausbilden, chronifizieren und wie sie verändert werden können, beschreibe ich folgendermaßen:

Therapeut: »Da hat sich bei Ihnen ein Muster herausgebildet, das man auch Schema nennen kann. Es hat gedankliche, emotionale, physiologische Komponenten und beeinflusst auch Ihr Verhalten.«
Patient: »Da kann ich mir wenig darunter vorstellen.«
Ther.: »Wann hat sich denn dieses Kontrollbedürfnis herausgebildet?«
Pat.: »Vor ungefähr 10 Jahren, als ich mein Unternehmen gegründet habe.«
Ther.: »Stellen Sie sich mal vor, Sie laufen im Schnee immer wieder einen bestimmten Kreis, es schneit derweil immer weiter. Was passiert da?«
Pat.: »Es gibt eine Spur im Schnee.«
Ther.: »Genau. Und nun stellen Sie sich vor, es schneit immer weiter, Sie laufen 10 Jahre immer die gleiche Spur, dann werden die Wände aus Schnee so hoch, dass Sie nicht mehr drüber schauen können. Irgendwann stellen Sie dann fest, dass diese Spur Sie ermüdet und nicht ans gewünschte Ziel bringt. Was könnten Sie dann tun?«
Pat.: »Ich muss mir eine neue Spur legen.«
Ther.: »Dazu müssen Sie sich einen Weg durch eine hohe Wand aus Schnee bahnen. Das erfordert erst einmal viel Anstrengung und viel Achtsamkeit. Sie verlassen die gewohnte Spur, was bedeutet, dass Sie sich auf unbekanntes Gelände begeben. Sie wissen nicht, wie der Untergrund beschaffen ist, der tiefe Schnee erschwert die Orientierung,

	es ist kalt und nass und Sie können sich unsicher fühlen. Zudem wissen Sie noch nicht genau, wie die neue Spur aussehen soll.«
Pat.:	»Vielleicht ist das der Grund, warum ich meine gewohnte Spur bisher nicht verlassen habe. Auch wenn ich in ihr leide, es ist auf jeden Fall sicherer und bequemer, in ihr zu bleiben als auszubrechen.«
Ther.:	»Da sprechen Sie einen wichtigen Punkt an. Zunächst ist es einfacher, in die alte Spur zurückzukehren, die kennen Sie in- und auswendig, die können Sie mit geschlossenen Augen gehen, das vermittelt ein Gefühl von Sicherheit. Wenn Sie jedoch den Mut, die Energie und Motivation und auch die Geduld aufbringen, sich eine neue Spur zu legen, die für Sie zielführender ist, dann passiert Folgendes: Mit jeder Runde, die Sie in der neuen Spur gehen, wird es einfacher, der Schnee tritt sich fest und Sie kommen besser voran, die Spur fühlt sich nicht mehr so fremd an, wird vertrauter. Und was passiert mit der alten Spur, wenn es immer weiter schneit?«
Pat.:	»Sie schneit langsam zu und dann wird es für mich immer unwahrscheinlicher, dass ich in die alte Spur zurückkehre.«

Natürlich ist es auch möglich, die Metapher monologisch zu erzählen. Der Vorteil des hier gewählten dialogischen Vorgehens besteht darin, dass der Patient an der Erkundung der Metapher aktiv beteiligt wird. Daher kann der Therapeut davon ausgehen, dass er gewisse Analogien auch wirklich wahrnimmt und auf seine Situation übertragen kann. Der Patient weiß nun, dass es einer gewissen Anstrengung, Achtsamkeit und Energie bedarf, um ein eingeschliffenes Schema zu verändern. Er erfährt, dass er sich das neue Schema erst nach und nach erarbeiten muss, ein Prozess, der Zeit erfordert. Ihm wird klar, dass dabei auch aversive und negativ konnotierte Empfindungen und Emotionen auftreten können. Zudem wird ihm bewusst, dass die Möglichkeit besteht, in alte Muster zurückzufallen.

Stott et al. (2010) führen zahlreiche Beispiele auf, wie Konzepte der kognitiven Verhaltenstherapie metaphorisch beschrieben werden können. Sie beschreiben beispielsweise das Phänomen, das auch mir immer wieder in der Therapie begegnet, dass sich neu erworbene Schemata zunächst falsch anfühlen können. Im oben ausgeführten Beispiel der »Spur im Schnee« kommt dieses Phänomen ebenfalls zum Ausdruck. Sich eine neue Spur im Tiefschnee zu legen ist anstrengend, fühlt sich kalt und nass an und kann mit dem Gefühl der Unsicherheit und Orientierungslosigkeit einhergehen. Häufig begegnet mir dieses Phänomen, wenn sich Patientinnen (es ist eher ein weibliches Phänomen) in Selbstfürsorge üben. Oft bestehen in der Lerngeschichte erworbene Grundüberzeugungen, wie: »Ich bin für das Wohl der Familie zuständig«, »Bevor ich etwas für mich tun darf, müssen die Bedürfnisse der anderen erfüllt sein« oder »Erst kommt die Pflicht, dann das Vergnügen«. Wenn diese Patientinnen sich dann tatsächlich Zeit für angenehme Dinge nehmen und Hausarbeit dafür liegen lassen, fühlt sich das für sie zunächst falsch an und sie bekommen ein schlechtes Gewissen und Schuldgefühle. Die folgende Metapher habe ich bei Stott et al. (2010) gefunden.

4.1 Metaphorische Beschreibung therapeutischer Prozesse oder Konzepte

Fallbeispiel: Mit der falschen Hand die Zähne bürsten

Eine Patientin kommt mit einer Panikstörung in die Therapie. Sie hat den Anspruch, ihren Haushalt perfekt zu führen, eine perfekte Mutter zu sein und natürlich sollte sie auch im Job sehr gut sein. Sie fühlt sich ständig gehetzt und angespannt. Dinge für sich zu tun, kennt sie kaum noch, dazu ist keine Zeit. In der Therapie wurde vereinbart, dass sie sich jeden Tag eine Stunde in Selbstfürsorge übt und etwas Entspannendes und Erfreuliches für sich tut.

Therapeut: »Und wie hat das geklappt mit der Selbstfürsorge?«
Patientin: »So lala. Ich habe es wirklich versucht und habe jeden Tag gelesen und gepuzzelt. Zwei Tage ging es ganz gut, dann kam mein Mann nach Hause und die Einkäufe lagen noch in der Küche rum. Er hat dann gefragt, wo das hinsoll. Da bin ich dann sofort aufgesprungen und habe es weggeräumt. Ich hatte so ein schlechtes Gewissen.«
Ther.: »Aber er hat ja lediglich gefragt, wo das hinsoll und nicht, dass Sie es sofort wegräumen sollen.«
Pat.: »Ja, aber ich habe mich sofort verantwortlich und schuldig gefühlt. Und von da an war ich jedes Mal unruhig und angespannt, wenn ich etwas für mich getan habe, konnte es nicht genießen. Es hat sich so falsch angefühlt, mitten am Tag einfach eine Stunde lang unproduktiv zu sein.«
Ther.: »Das geht vielen Menschen so, die etwas Neues tun und gegen Überzeugungen handeln, mit denen sie oft ein Leben lang gelebt haben. Das fühlt sich dann so an, als ob man mit der falschen Hand die Zähne putzt. Mit welcher Hand putzen Sie Ihre Zähne?«
Pat.: »Mit rechts. Ich bin Rechtshänderin.«
Ther.: »Haben Sie schon mal mit links die Zähne geputzt?«
Pat.: »Ja, vor ein paar Jahren, da hatte ich mir den rechten Arm gebrochen.«
Ther.: »Und wie hat sich das für Sie angefühlt?«
Pat.: »Völlig unrhythmisch und falsch.«
Ther.: »Aber ist tatsächlich etwas falsch daran, sich die Zähne mit links zu putzen?«
Pat.: »Nicht wirklich, es war vielleicht am Anfang nicht so effektiv, halt ungewohnt.«
Ther.: »Sie hatten den Gips ja sicherlich eine Weile, hat sich das Gefühl mit der Zeit verändert?«
Pat.: »Ja, nach ein paar Tagen ging es dann etwas besser.«
Ther.: »Daraus könnte man ja schließen, dass etwas nicht falsch sein muss, nur weil es sich zu Beginn falsch anfühlt. Vielleicht muss man ja einfach manche Dinge eine Weile lang tun, bis sie sich richtig anfühlen.«
Pat.: »Dann sollte ich vielleicht einfach weiterhin Dinge für mich tun, auch wenn es sich noch falsch anfühlt. Hoffentlich fühlt es sich dann irgendwann auch richtig an.«

Auch diese Metapher wurde interaktiv entwickelt. An das Erleben der Patientin, sich schon einmal mit links die Zähne geputzt zu haben, konnte angeknüpft und die Erfahrung mit der für sie problematischen Selbstfürsorge verknüpft werden. Hätte die Patientin die Erfahrung, sich mit der falschen Hand die Zähne zu putzen, noch nicht gemacht, hätte man es ihr auch als Aufgabe stellen können, sich eine Woche lang mit links die Zähne zu putzen und in der nächsten Woche von der Erfahrung zu berichten. Das wäre dann eine Handlungsmetapher gewesen (▶ Kap. 4.10).

> Um die Funktion und die physiologischen Komponenten von Angst und Panik zu verdeutlichen, nutze ich ein Vorgehen, bei dem ich den Patienten bitte sich vorzustellen, wie er in der Steinzeit vor 20.000 Jahren im Wald nach Beeren und Pilzen sucht. Plötzlich raschelt es auf einer Lichtung und da steht ein Säbelzahntiger. Ich bitte dann den Patienten zu beschreiben, was mit ihm in diesem Moment passiert (Herz schlägt schneller, Blutdruck steigt, Schwitzen, Fluchtgedanken, Veränderung des Aufmerksamkeitsfokus weg von den Pilzen und Beeren hin zum Säbelzahntiger etc.). Die Beschreibung ergänze ich meist durch Aspekte, die der Patient nicht formuliert hat. Als nächstes würdige ich diese Reaktion des Organismus als Wunder. Innerhalb von Sekunden ermöglicht er es uns, angemessen und effektiv zu handeln und bereitet den Körper auf eine überlebenswichtige Aktion (Flucht, Kampf, Einfrieren) vor. Ich frage dann, was im Leben des Patienten den Säbelzahntiger darstellt (z. B. Krankheitssymptome, Menschenmengen). Das hilft dem Patienten zu erkennen, warum er sich in ständiger Alarmbereitschaft befindet und den Aufmerksamkeitsfokus kaum von angstauslösenden Reizen und Gedanken wegzulenken vermag. Zudem erfolgt ein positives Reframing der als unangenehm empfundenen Angstsymptome.

Ich bin mir sicher, dass alle Leser in ihrer Arbeit bereits Metaphern nutzen, um ihr Vorgehen, therapeutische Konzepte und Modelle und Therapiephänomene zu beschreiben, da es ohne Metaphern gar nicht möglich ist. Hilfreich ist es, den eigenen Metapherngebrauch gelegentlich zu reflektieren und natürlich zu ergänzen und zu erweitern.

> **Übung 11**
>
> Notieren Sie sich, welche Metaphern Sie bisher nutzen, um Ihren Klienten Ihr professionelles Vorgehen oder theoretische, abstrakte Prozesse und Konzepte zu beschreiben. Reflektieren Sie diese Metaphern und spielen Sie einmal mit Alternativen.

4.2 Geschichten als Intervention

Seit jeher übermittelt der Mensch Erfahrungen, Träume und Fantasien durch das Erzählen von Geschichten. Geschichten sind somit ein Speicher der Denkmuster von Menschen, in denen Werte, Traditionen, Einschätzungen und Sinnzuschreibungen aufbewahrt sind. In Geschichten, die sich Menschen untereinander erzählen, spiegeln sich deren Identität, Bewusstsein und Beziehungen zu anderen. Somit kann die Menschheit als ein kollektiv erzählendes Wesen betrachtet werden, als ein sich gegenseitig erzählender und zuhörender Organismus, in dem sich jeder Einzelne durch das gegenseitige Erzählen und Zuhören die eigene Welt und die der anderen erschließt bzw. mit anderen teilt (Frenzel, Müller & Sottong, 2004).

Das bekannteste Beispiel dafür, dass Geschichten zu therapeutischen Zwecken erzählt werden können, sind wohl die Märchen aus Tausendundeiner Nacht. Bereits in der Rahmenhandlung wird mitgeteilt, dass Scheherazade einem König und Frauenhasser Geschichten mit der Absicht erzählt, ihn zu veränderten Einstellungen und dadurch zu einem weniger blutrünstigen Verhalten gegenüber Frauen zu bewegen. Sie dient ihrem König also als Therapeutin, ohne dass dieser es bewusst merkt. Ihre Intervention scheint sorgfältig und klug geplant zu sein. Ein Sultan wird von seiner Frau betrogen und ist dadurch dermaßen enttäuscht, wütend und verbittert, dass er sie und ihren Liebhaber umbringen lässt. Er schwört sich, nie wieder in eine solche Lage zu kommen. Deshalb lässt er sich jede Nacht eine Jungfrau zuführen, die er am nächsten Morgen umbringt. Um das sinnlose Töten zu stoppen, bietet sich die schöne Tochter des Großwesirs Scheherazade an, zum Sultan zu gehen. Ihr Vater ist darüber verzweifelt, doch lässt sie gewähren. Scheherazade bittet jedoch den Sultan, ihrer Schwester in der ersten Nacht eine Geschichte erzählen zu dürfen, wobei auch der Sultan gefesselt zuhört. Die Geschichte führt sie jedoch nicht zu Ende, sodass der Sultan sie am Leben lässt, damit sie in der darauffolgenden Nacht den Schluss erzählen und eine neue Geschichte beginnen kann. Das wiederholt sich drei Jahre lang, bis sie ihm drei Söhne präsentiert, die sie ihm in dieser Zeit geboren hat. So bleibt sie am Leben. Die Geschichten handeln einerseits von der List der Frauen (Pacing-Geschichten), andererseits gibt es Geschichten von Liebe und Leidenschaft, die oft dramatisch verlaufen, aber gut enden (Leading-Geschichten). Sie führen zur Veränderung der Einstellungen des Königs und zu einer Unterbrechung des rigiden Verhaltensmusters. Es gibt weiterhin Geschichten, die keinen besonderen Bezug zur Situation des Königs haben, um die Intention, den König zu therapieren, zu kaschieren und die Intervention indirekt zu halten (Krause & Revenstorf, 1997, Revenstorf et al., 2015).

Das Erzählen seiner eigenen Geschichte durch den Patienten stellt bei narrativen Ansätzen ein therapeutisches Vorgehen dar. Ein Beispiel dafür ist die Narrative Expositionstherapie (NET) in der Therapie von Traumata. Ziel ist es, traumatische Erlebnisse wieder in der Vergangenheit zu verorten. Vom Standpunkt der Gegenwart, also explizit außerhalb des Traumas, erzählt und erlebt der Patient seine Lebensgeschichte im Dialog mit dem Therapeuten wieder. Das Trauma kann durch das distanzierte, erzählte Wiedererleben autobiografisch eingeordnet werden, aber auch Ressourcen können wiederentdeckt werden. Es kommt auf diesem Wege zu einer

4 Therapeutengenerierte Metaphern

Gesamtschau des eigenen Lebens, zu einem Erkennen von Lebens-Mustern und Zusammenhängen, zu einer Würdigung der Person und der Biographie des Betreffenden. Die traumatisierten Menschen bekommen mit der Narration am Ende der Therapie ein schriftliches Zeugnis ihrer traumatischen Erfahrungen an die Hand, welches sie auch für eine juristische Aufarbeitung verwenden können (Neuner, Schauer & Elbert, 2009). Auch die ressourcenorientierte narrative Traumatherapie (Hiller & Hensel, 2019) stellt einen schulenübergreifenden Ansatz dar, der die narrative Tradition in der Therapie von Kindern und Jugendlichen mit komplexen Traumafolgestörungen nutzt und dafür Tiergeschichten verwendet. Metaphern erfahren in diesem Verfahren jedoch keine besondere Aufmerksamkeit. Im Folgenden wird das therapeutengenerierte Geschichtenerzählen im Vordergrund stehen.

In Kapitel 3.10 wurden die therapeutischen Effekte durch eine Arbeit mit Metaphern bereits beschrieben. Diese gelten im Wesentlichen auch für therapeutische Geschichten. Da Geschichten eine mehr oder weniger elaborierte Rahmenhandlung und meist mehrere Metaphern auf unterschiedlichen Ebenen enthalten (▶ Kap. 4.3), ist die kognitive Verarbeitung für den Rezipienten oft komplexer als bei einfachen Metaphern. Wie bei patientengenerierten Metaphern kann sich der Therapeut nicht sicher sein, welche (kognitiven, emotionalen, physiologischen, volitionalen) Eigenschaften der Quelldomäne der Patient auf die Zieldomäne überträgt. Es ist zudem ungewiss, welche Analogien er aus der Handlung der Geschichte auf seine persönliche Situation überträgt und ob er gewisse Analogien überhaupt erkennt. Casula (2017) beschreibt dieses Phänomen analog zum Lesen einer Tageszeitung mit verschiedenen Ressorts (Politik, Sport, Feuilleton etc.). Der Leser kann das auswählen, was ihn anspricht und den Rest ignorieren. Möglicherweise werden aufgrund der komplexeren Information bei der Verarbeitung von Geschichten innere Suchprozesse intensiver aktiviert als bei einfachen Metaphern. Krause & Revenstorf (1997) sind der Ansicht, dass therapeutische Geschichten dem Therapeuten ermöglichen, eigene Vorstellungen einer Problemlösung suggestiv zu vermitteln. Während patientengenerierte Metaphern zunächst am Erleben des Patienten ansetzen, ermöglichen es therapeutengenerierte Metaphern dem Patienten, sofort neue Perspektiven und Sichtweisen zu übernehmen. Da sie beiläufig vermittelt werden und eher unverbindliche Lösungsvorschläge enthalten, können Widerstand und Reaktanz umgangen werden. Ob der Patient sich darauf einlassen kann und bereit dafür ist, erfordert eine sensible Einschätzung des Therapeuten. Schlimmstenfalls »verpufft« die Geschichte und wird vom Patienten, bewusst oder unbewusst, als irrelevant für sein Problem erachtet. Auch Hammel (2009) misst dem Effekt der Beiläufigkeit eine große Rolle zu, indem er feststellt: »Tatsächlich werden die Probleme beim Zuhören oft nebenbei gelöst.« (S. 14). Nach Erickson et al. (1994) führen Geschichten, die interessieren, zunächst einmal zu einer Aufmerksamkeitsfixierung und spielen eine Rolle bei der Aktivierung unbewusster Suchprozesse.

Geschichten können in der Intervention einen Bezug zum Hauptthema einer Therapie haben (s. Fallbeispiel »Das Ende der Belagerung«, ▶ Kap. 4.7) oder einen Nebenaspekt abdecken (s. Fallbeispiel »Einen Elefanten im Dunkeln erkunden«). Therapeutische Geschichten enthalten mindestens eine metaphorische Botschaft, die der Therapeut dem Patienten vermitteln möchte. Die wichtigsten Ziele, die ich mit dem Einsatz von Geschichten verfolge, sind folgende:

- ein Reframing des Problems bzw. einen Perspektivwechsel der Problemsicht anzuregen
- neue Problemlösungsansätze vorzuschlagen
- die Entwicklung von (emotionalen) Ressourcen zur Problembewältigung anzuregen
- die Veränderung von Überzeugungen und Einstellungen zu fördern

Die Ziele einer Intervention mit Metaphern können sich jedoch je nach therapeutischer Ausrichtung und Schule unterscheiden.

Fallbeispiel: Einen Elefanten im Dunklen erkunden

Im Frühsommer 2021 waren die ersten Impfstoffe gegen Covid-19 für alle verfügbar. Eine Patientin war sich unsicher, ob sie sich impfen lassen wolle oder nicht. Sie bezog ihre Information über die Pandemie und die Impfstoffe vorwiegend aus dem Internet und ihrem Bekanntenkreis.

Patientin: »Ich weiß nicht mehr, was ich glauben soll. Es heißt ja, dass die Impfung schwerwiegende Nebenwirkungen haben kann.«

Therapeut: »Bei einer Erkrankung mit Covid-19 kann es zu auch schweren Verläufen kommen, teilweise haben die Erkrankten auch Langzeitfolgen, eine Einschränkung der Lungenfunktion etwa, Erschöpfung, Konzentrationsstörungen.«

Pat.: »Es heißt aber auch, dass Corona nicht viel schlimmer ist als eine Grippe.«

Ther.: »Die Todesfälle sind bisher auf jeden Fall höher als bei einer Grippe.«

Pat.: »Ich habe gelesen, dass es lediglich darum geht, dass die Regierung Freiheitsrechte einschränken kann, um die Bevölkerung zu kontrollieren und dass es nur darum geht, dass Bill Gates und die Wirtschaft fette Profite machen.«

Ther.: »Das Problem ist ja, dass es sich um ein bisher kaum erforschtes Virus handelt und ich persönlich glaube der Politik, dass sie Schaden von der Bevölkerung abhalten möchte.«

Pat.: »Das ist alles so verwirrend, was soll ich denn nun glauben?«

Ther.: »Mir fällt dazu eine Geschichte ein, die ganz gut auf die derzeitige Situation passt, wollen Sie die Geschichte hören?«

Pat.: »Gerne.«

Ther.: »*Stellen Sie sich einmal vor, vier Menschen, die noch nie einen Elefanten gesehen haben, kommen in einen stockdunklen Raum, in dem sich ein Elefant befindet. Da sie nichts sehen können, bleibt ihnen nichts anderes übrig als den Elefanten zu betasten. Da der Elefant groß ist, kann jeder nur einen Teil von ihm betasten. Derjenige, der das mächtige Bein zu fassen bekommt, sagt, dass der Elefant wie eine Säule sei. Der nächste, der die Stoßzähne zu greifen bekommt, meint der Elefant sei hart und spitz.*

	Der dritte bekommt den Rüssel zu fassen und behauptet, der Elefant sei eine Art Schlange. Derjenige, der das Ohr berührt, meint, der Elefant sei wie ein Fächer (frei nach Peseschkian, 1979). Jetzt frage ich Sie, wer hat denn nun recht?«
Pat.:	(denkt kurz nach, ihre Gesichtszüge hellen sich auf) »Alle haben recht!«
Ther.:	»Irgendwie schon und doch kann niemand den Elefanten in seiner Vollständigkeit beschreiben.«
Pat.:	»Die Geschichte muss ich gleich meinem Partner erzählen, die ist wirklich gut. Die Informationen über das Virus stellen immer nur einen Teil der Wahrheit dar und sowohl Impfgegner als auch Impfbefürworter können recht haben je nach Sichtweise.«

Diskussionen über das Thema Coronamaßnahmen und Impfung waren lange Zeit in Deutschland bestimmend und haben Partnerschaften, Familien und Freundschaften entzweit. Auch in meiner Praxis hatte ich in dieser Zeit Patienten, die aus unterschiedlichen Gründen einer Impfung und den verordneten Coronamaßnahmen skeptisch gegenüberstanden. Ich empfand es immer als wichtig, trotz unterschiedlicher Meinung, mit diesen Menschen in Kontakt zu bleiben, eine tragfähige therapeutische Beziehung aufrechtzuerhalten und trotzdem einen eigenen Standpunkt einzunehmen. Dieses Fallbeispiel verdeutlicht, wie es mit Hilfe einer Geschichte gelingen kann, einer Patientin einen Perspektivwechsel zu ermöglichen und zu einer Neubewertung eines Sachverhalts zu gelangen, ohne konfrontativ zu sein. Die zuvor impfskeptische Patientin ließ sich kurze Zeit darauf impfen, was jedoch gar nicht das eigentliche Ziel der Intervention war. Ziel war es, ihr Problemverständnis zu erweitern und eine neue Sichtweise auf die Widersprüchlichkeit des Themas zu bekommen.

4.3 Wie Geschichten wirken

In therapeutischen Geschichten lassen sich psychotherapeutisch wirksame Elemente finden. Sauer & Scholz (1997) haben 83 therapeutische Geschichten von Lankton & Lankton (1991) einer computergestützten Inhaltsanalyse unterzogen. Dabei wollten sie herausfinden inwieweit vier der allgemeinen psychotherapeutischen Wirkfaktoren (Ressourcenaktivierung, Problemaktualisierung, aktive Hilfe bei der Problembewältigung, motivationale Klärung) nach Grawe (Grawe et al.,1994, Grawe, 2000) in den Geschichten enthalten sind. Am effektivsten wird in den Geschichten die aktive Hilfe bei der Problembewältigung realisiert, gefolgt von motivationaler Klärung und Ressourcenaktivierung. Am wenigsten finden sich Elemente, die eine Problemaktualisierung repräsentieren.

Die Wirkmechanismen von therapeutischen Geschichten möchte ich anhand der Geschichte »Der Schatz im eigenen Garten« darstellen.

4.3 Wie Geschichten wirken

Eine arme Frau, die in einfachen Verhältnissen in einer einfachen Hütte weit draußen auf dem Land lebt, hat eines Nachts einen Traum. Sie träumt davon, dass sich unter einer Brücke in einer großen Stadt ein Schatz befindet. Sie beschließt, ihrer Intuition zu folgen und da sie weder Pferd noch Wagen besitzt, ist sie so mutig und macht sich zu Fuß auf den Weg, um diese Brücke zu suchen. Ihr beschwerlicher Weg führt sie durch weite Teile des Landes und viele Städte. Trotz vieler Widrigkeiten setzt sie ihren Weg immer weiter fort. Nach wochenlanger Reise gelangt sie endlich in die Stadt, in der sie die Brücke findet, die sie im Traum gesehen hat. Doch da ist kein Schatz. Während die Frau unter der Brücke sitzt und nicht so genau weiß, was sie nun unternehmen soll, kommt ein Passant vorbei und lässt sich den Grund der Anwesenheit der Frau erklären. Diese erzählt dem Fremden ihre Geschichte. Der Passant lacht bloß über den Traum und erzählt der Frau daraufhin einen eigenen Traum. Dieser handelt auch von einem Schatz, der im Garten einer armseligen Hütte auf dem Land verborgen liegt. Anhand der Beschreibung erkennt die arme Frau, dass es ihr eigener Garten ist, in dem sich der Schatz befindet. Sie kehrt nach Hause zurück und findet letztendlich den Schatz an der besagten Stelle.

Die Geschichte »Der Schatz im eigenen Garten« wurde, gemeinsam mit anderen Geschichten, auf Audiokassetten in einer Studie zur Bewältigung von Prüfungsstress verwendet, da wir in der Arbeitsgruppe die in der Geschichte enthaltenen Metaphern (▶ Tab. 4.1, ▶ Tab. 4.2) für hilfreich zur Bewältigung von Prüfungsangst befanden (Krause & Revenstorf, 1998). Ziel war es, bei den Probanden, die alle sechs bis acht Wochen vor einer Prüfung standen, Ressourcen zu mobilisieren (z. B. Vertrauen in die eigene Intuition bzw. Selbstvertrauen, Mut, Durchhaltevermögen, Frustrationstoleranz), Problemlösungsstrategien zu entwickeln und Einstellungen zu verändern (z. B. eine aktive Haltung hinsichtlich der Problembewältigung einzunehmen, die Prüfung als Herausforderung anzunehmen, das Ziel im Auge zu behalten, Verzicht zu üben). Eine individuelle Anamnese fand nicht statt, eine spezifische, auf die jeweiligen Probanden abgestimmte Intervention konnte in diesem Kontext somit nicht angeboten werden. Die Geschichten hatten somit die Wirkungsweise eines Breitbandantibiotikums. Wir konnten demnach nicht genau wissen, wie jeder Proband die Geschichten zur Bewältigung seines individuellen Prüfungsstresses nutzte. Dennoch ergab sich in den Interventionsgruppen im Gegensatz zur Kontrollgruppe eine statistisch signifikante Abnahme der Angstwerte, was bedeutete, dass die Intervention wirksam war. Jedoch ist der Beitrag der Geschichten an der Reduktion von Prüfungsstress nicht eindeutig geklärt. Entspannungseffekte durch die Hypnoseinduktion könnten die Effekte auch erklären.

Drei Patienten mit Prüfungsangst könnten jeweils etwas Unterschiedliches aus der Geschichte »Der Schatz im eigenen Garten« ableiten, je nachdem, was für sie von besonderer Bedeutung ist. Der erste könnte daraus ableiten, dass er aktiv werden sollte, seine Prokrastination überwinden muss, um die Prüfung erfolgreich zu gestalten. Der zweite könnte aus der Geschichte entnehmen, dass Durchhaltevermögen, Disziplin und Verzicht zum Ziel führen, während der dritte die Botschaft, seinen Ressourcen zu vertrauen und sie zu entwickeln, auf seine problematische Situation überträgt.

Metaphern erfüllen die Kriterien einer Suggestion (▶ Kap. 2.5). Da therapeutische Geschichten meist Metaphern auf mehreren Ebenen enthalten, werden durch das

Erzählen einer therapeutischen Geschichte automatisch innere Suchprozesse beim Rezipienten der Geschichte ausgelöst, die abhängig sind von seinen bisherigen Erfahrungen, Einstellungen und Grundüberzeugungen. Er muss nicht auf die Analogien der Geschichte reagieren, er kann sie eventuell nicht erkennen oder bewertet sie als irrelevant. Oder er kann auf eine bestimmte Analogie in der Geschichte reagieren, sie auf seine Problemkonstellation übertragen, während er auf eine andere nicht reagiert. Hilfesuchende befinden sich meist in einer Situation, die durch Unsicherheit und Hilflosigkeit gekennzeichnet ist. Sie suchen nach Anhaltspunkten für wichtige Entscheidungen in Situationen, in denen ihre Fähigkeit, Vorhersagen zu machen und Kontrolle auszuüben, eingeschränkt ist. So bestehen in diesem Kontext eine erhöhte Offenheit und Bereitschaft, metaphorische Information in analoger Form zur Problemlösung zu verwenden. Dadurch kann Mehrdeutigkeit und Ungewissheit reduziert oder aufgelöst werden. Ein Klient sucht nach Beratung, Coaching oder Therapie, da er ein Problem wahrnimmt, für das er bisher keine adäquate Lösung entwickeln konnte. Das stellt einen besonderen Kontext des Geschichtenerzählens dar. Implizit ist dem nach einer Lösung Suchenden klar, dass in den Geschichten, die er erzählt bekommt, wohl eine Botschaft, ein bedeutungsvoller Hinweis, ein Lösungsansatz für ihn enthalten ist und so wird er die Geschichte explizit und/oder implizit daraufhin absuchen. Dass Menschen metaphorische Information aus Geschichten analog zur Problemlösung verwenden, konnte experimentell schon gut belegt werden (Gick & Holyoak, 1980, Holyoak, Junn & Billman, 1984, Vosniadou & Ortony, 1983, ▶ Kap. 3.10). Revenstorf (2020) bemerkt jedoch, dass es in der Therapie mit Geschichten nicht unbedingt darum geht, Anregungen für eine analoge Problemlösung zu machen, sondern dass Impulse für divergente innere Suchprozesse erfolgen sollten, so dass der Klient über die durch eine Geschichte angestoßenen, inneren Suchprozesse auch zu eigenständigen Interpretationen und Lösungen kommt, die der Therapeut nicht intendiert hat und die auch für diesen überraschend sein können.

Manchmal fragen mich Klienten, nachdem ich ihnen eine Geschichte erzählt habe, was ich ihnen mit dieser Geschichte sagen wolle. Ich verweise dann meistens darauf, dass sie die Geschichte doch bitte mit nach Hause nehmen möchten, um selbst nach dem Hinweis, der Botschaft, dem Lösungsansatz zu suchen. In der nächsten Sitzung könnten sie mich dann ja noch einmal auf die Geschichte ansprechen. Dann frage ich aber zunächst, zu welchem Ergebnis sie bei der »Sinnsuche« gekommen seien, bevor ich ihre Ausführungen vielleicht noch um von ihnen unentdeckte Analogien der Geschichte ergänze. Das mache ich auf diese Art und Weise, weil ich Vertrauen in die Fähigkeiten meiner Klienten habe, Analogien der Geschichte in sinnvoller Weise auf ihre Problemsituation zu übertragen und sie länger in innere Prozesse der Lösungssuche involviert sind, wenn sie sich die Metaphorik selbständig erschließen. Außerdem wissen wir ja, dass etwas, das wir uns selbst erarbeitet haben, oft wertvoller erscheint als etwas, das wir mühelos erhalten haben. So schmeckt ein selbst gebackenes Brot oft besser und wird mehr wertgeschätzt als ein gekauftes.

Geschichten können als Träger mehrere Metaphern auf unterschiedlichen Ebenen enthalten. In Kapitel 2.8 wurde die metaphorische Struktur von Redewendungen beschrieben, die sich für in Geschichten enthaltenen Metaphern analog darstellen lässt. Ich möchte die Struktur der Beziehungen zwischen den in der Geschichte enthaltenen Elementen und die Ähnlichkeit zu den Beziehungen der Elemente der Zieldomäne anhand der Geschichte »Der Schatz im eigenen Garten« (Quelldomäne) im Kontext der Bewältigung von Prüfungsstress (Zieldomäne) ausführen. A (der Schatz) verhält sich zu b (liegt im eigenen Garten) wie c (die Ressourcen zur Bewältigung des Prüfungsstresses) zu d (liegen in dir selbst). Die Beziehung der Elemente innerhalb der Quelldomäne ist analog zu den Beziehungen der Elemente innerhalb der Zieldomäne abgebildet. In Tabelle 4.1 sind die in der Geschichte enthaltenen Metaphern dargestellt. Die Metapher »Der Schatz liegt im eigenen Garten« als Analogie für »Die Ressourcen zur Bewältigung des Prüfungsstresses liegen in dir selbst« stellt meiner Ansicht nach die zentrale Botschaft der Geschichte dar und liegt auf einer hierarchisch höheren Ebene als die anderen Metaphern, die in der Geschichte enthalten sind und die Teilaspekte zur Entwicklung (einzelner) Ressourcen beschreiben.

Tab. 4.1: Darstellung der nicht-linearen Beziehung von Quell- und Zieldomäne sowie der Ähnlichkeit der Beziehung zwischen den Elementen innerhalb der Quell- und der Zieldomäne anhand von Metaphern der Geschichte »Der Schatz im eigenen Garten«

Domäne	Quelldomäne: Therapeutische Geschichte		Zieldomäne: Prüfungsstress	
Elemente	a	b	c	d
Meta-Ebene	Der Schatz	liegt im eigenen Garten	Die Ressourcen zur Bewältigung von Prüfungsstress	liegen in dir selbst (deinem Unbewussten)
Sub-Ebene	Eine lange Reise antreten	um den Schatz zu finden	Sich auf eine lange Prüfungsvorbereitung einlassen	um die Prüfung zu bestehen
Sub-Ebene	Der Schatz	befindet sich nicht am erwarteten Ort	Rückschläge/Enttäuschungen	können in der Vorbereitungsphase auftreten
Sub-Ebene	Der Schatz	wird letztendlich gefunden	Die Ressourcen zur Bewältigung des Prüfungsstress	werden letztendlich entwickelt, die Prüfung bestanden

Lernen am Modell stellt einen weiteren Wirkmechanismus von Geschichten dar. Empfänger von Geschichten identifizieren sich oft mit dem Protagonisten einer Geschichte und übertragen dessen Lösungsstrategien und emotionale Entwicklung auf sich selbst und die eigene Problemlösung. Das Modelllernen stellt einen grundlegenden Lernprozess dar. Anhand von Modellen oder Vorbildern lernen Menschen neue Verhaltensweisen, Emotionen, Einstellungen und Überzeugungen. Dabei wird das Beobachtete nicht zwangsläufig einfach nachgeahmt, sondern der

Beobachter kann die Information aufgrund seiner bisherigen Erfahrungen und Lerngeschichte neu organisieren und damit zu individuellen Kombinationen zusammenfügen. Wenn ein Modell erfolgreich agiert, so wird der Beobachter dazu animiert, ähnlich zu handeln. Dabei muss ein Lerninhalt nicht »live« beobachtet werden, eine Beschreibung des Inhalts kann bereits eine kognitive Repräsentation hervorrufen (Bandura, 1991). Das spricht dafür, dass Handlungen, Emotionen, Einstellungen und Überzeugungen von Protagonisten therapeutischer Geschichten einen entsprechenden Effekt auf den Rezipienten der Geschichte haben können.

Tab. 4.2: Darstellung von Handlungen und Ressourcen der Protagonistin, die der Klient auf die Entwicklung von Ressourcen zur Bewältigung von Prüfungsstress übertragen kann (Lernen am Modell).

Domäne	Quelldomäne: Therapeutische Geschichte/Lösungsstrategien und Ressourcen, welche die Protagonistin modellhaft zeigt, um an ihr Ziel zu kommen		Zieldomäne: Prüfungsstress/Übertragung von Lösungsstrategien und Anregung zur Entwicklung von Ressourcen zur Bewältigung von Prüfungsstress	
Elemente	a	b	c	b = d
	Die alte Frau	vertraut ihrer Intuition und wird aktiv	Der Klient	vertraut seiner Intuition und wird aktiv
	Sich auf eine lange Reise ins Unbekannte einzulassen	erfordert Mut	Sich auf eine lange Prüfungsvorbereitung mit unsicherem Ausgang einzulassen	erfordert Mut
	Eine lange Reise	erfordert Durchhaltevermögen und Entbehrungen	Eine lange Prüfungsvorbereitung	erfordert Durchhaltevermögen und Entbehrungen

Übertragen auf das Beispiel der Geschichte »Der Schatz im eigenen Garten« können Klienten mit Prüfungsstress von der Protagonistin übernehmen, dass es wichtig ist, einen Traum oder ein Ziel aktiv anzugehen, dabei Mut, Durchhaltevermögen in der Verfolgung ihres Ziels und eine gewisse Frustrationstoleranz (innere Ressourcen) zu entwickeln, um dadurch zu entdecken, dass sie alle Voraussetzungen in sich tragen, um den Prüfungsstress zu bewältigen. Das alles kann von der Protagonistin gelernt und abgeschaut werden. Dadurch, dass die Protagonistin bei der Suche nach dem Schatz letztendlich Erfolg hat, werden die Klienten ermuntert, die Lösungsstrategien der Protagonistin auf die Bewältigung von Prüfungsstress zu übertragen, natürlich vor dem Hintergrund ihrer individuellen Lerngeschichte und ihrer Persönlichkeit. Auch der Prozess des Modelllernens lässt sich in den Begriffen des oben erläuterten Schemas darstellen. In diesem Fall spielen die Beziehungen der Elemente innerhalb der Quell- und der Zieldomäne ebenfalls eine Rolle, jedoch sind die Elemente b der Quelldomäne und d der Zieldomäne gleich. Dementsprechend verhält sich a (alleine eine Reise anzutreten) zu b (erfordert Mut) wie c (sich auf eine angstbesetzte Prüfung einlassen) zu b (erfordert Mut) (▶ Tab. 4.2).

4.4 Erzählformen und Quellen für therapeutische Geschichten

Geschichten, die sich für Therapie, Beratung und Coaching eignen, kann man unterscheiden in:

- Geschichten, die allgemeingültige Lebensweisheiten enthalten. Das können Metaphern in Geschichten sein, die Werte oder Moralvorstellungen überliefern, die oft kulturübergreifend sind, wie z. B. Sufi-Geschichten oder Märchen. Peseschkian (1979, 2019) oder Bucay (2007) geben viele Beispiele für den Gebrauch solcher Geschichten.
- Geschichten, die aus dem persönlichen Erfahrungsbereich des Therapeuten stammen. Das können Anekdoten aus Sitzungen mit anderen Klienten sein oder Geschichten, die der Therapeut persönlich erlebt hat und die seine Lebenserfahrung widerspiegeln. M.H. Erickson hat vor allem diese Erzählform verwendet, um Metaphern zu vermitteln. Geschichten, die der Erfahrung des Therapeuten entstammen, sind besonders glaubwürdig und vermögen auch zu fesseln, wenn sie für das, was der Patient zu lernen wünscht, bedeutsam sind (Lankton & Lankton, 1991).

Es gibt unterschiedliche Erzählformen. Dabei handelt es sich nicht um Metaphern per se. Erzählformen können Träger für eine oder mehrere Metaphern auf unterschiedlichen Ebenen darstellen. Geschichten stellen somit eine Methode oder einen Rahmen dar, die der Aufnahme und der Weitervermittlung therapeutischer Suggestionen und Verknüpfungen an den Patienten dienen (Lankton & Lankton, 1991). Erzählformen unterscheiden sich untereinander hinsichtlich literarischer Gesichtspunkte, wie Aufbau, Inhalt und Struktur. In Tabelle 4.3 werden verschiedene Erzählformen aufgeführt, die sich auch zur Anwendung in Therapie, Beratung und Coaching eignen. Die Auswahl hat keinen Anspruch auf Vollständigkeit. Je nach persönlichen Vorlieben und therapeutischer Ausbildung kann sich der Praktiker hier aus einem großen Fundus bedienen. Ich persönlich bevorzuge kurze, pointierte Geschichten, Märchen sind mir oft zu langatmig, Parabeln zu moralisierend, Sagen und Mythen zu aufgeladen. Geschichten, die ich gerne im professionellen Kontext erzähle, beziehen sich meist auf einen erwünschten psychotherapeutischen Aspekt (▶ Kap. 4.2). Folgende Geschichte erzähle ich gerne Menschen, die zum Grübeln neigen und es schwer haben, sich gedanklich und emotional von Problemen zu lösen. Sie regt zudem an, pragmatisch auf Situationen zu reagieren, flexibel mit inneren Überzeugungen und von außen auferlegten Regeln umzugehen

4 Therapeutengenerierte Metaphern

und trotzdem einem inneren moralischen Kompass zu folgen. Ich nenne die Zen-Geschichte »Zwei Mönche auf Wanderschaft«, die genaue Quelle kenne ich nicht.

Es befanden sich zwei Mönche, Lehrer und Schüler, auf Wanderschaft. Dabei erreichten sie das Ufer eines reißenden Flusses. Dort stand eine junge Frau, schaute verzweifelt in die starke Strömung und traute sich nicht, den Fluss zu durchqueren. Der ältere der beiden Mönche bot der Frau an, sie auf den Schultern durch die Strömung zu tragen. Die Frau willigte ein und so durchquerten sie zu dritt den Fluss. Am anderen Ufer gingen die Mönche und die Frau ihres Weges. Nachdem der Schüler seinem Lehrer einige Zeit in Gedanken versunken hinterhergelaufen war, sprach er ihn an: »Wir Mönche haben doch Keuschheit gelobt. Wie kommt es dann, dass Ihr trotz des Gelübdes in körperlichen Kontakt mit einer Frau getreten seid?«. Da antwortete der Ältere: »Ich habe die Frau am anderen Ufer des Flusses abgestellt. Du scheinst sie noch mit Dir herumzutragen.«

Freund (2015) dagegen betont den Wert von Märchen. Diese können einerseits Geschichten sein, die Lösungen für den Patienten enthalten, andererseits ohne Intention erzählt werden, um den Patienten zur Selbstexploration anzuregen. Zudem fördern Märchen seiner Meinung nach eine Regression des Patienten und somit auch die Akzeptanz von Wundern, einem Prozess, dem Freund (ebd.) einen therapeutischen Effekt zuschreibt.

Witze sind auch in Therapie, Beratung und Coaching keineswegs fehl am Platz. Manchmal tragen sie zur Auflockerung der Atmosphäre bei und ermöglichen einen Perspektivwechsel. Humor stellt nach Hain (2015) einen schulen-übergreifenden Wirkfaktor der Psychotherapie dar, der nicht darin besteht, Patienten mit witzigen Sprüchen zu unterhalten, sondern ihnen in kurzer Zeit Zugang zu Ressourcen und neuen Perspektiven zu ermöglichen. Wenn Patienten mir zu ehrfürchtig gegenübertreten oder meinen, als Psychotherapeut besäße ich ganz ohne ihr Zutun die Macht, Veränderungen bei ihnen hervorzurufen, dann erzähle ich in Anlehnung an einen gängigen Ostfriesenwitz (da braucht es fünf Personen, um eine Glühbirne zu wechseln, einer steht auf dem Tisch und vier andere drehen den Tisch) gerne folgenden Witz:

Wie viele Psychotherapeuten braucht es, um eine Glühbirne herauszudrehen? …. Nur einen, aber die Glühbirne muss wollen.

Das führt zu Erheiterung, bringt die Beziehung wieder ein wenig mehr auf Augenhöhe und zeigt, dass sich auch der Psychotherapeut selbst einmal mit einem Augenzwinkern betrachten kann. Bernhard Trenkle (2017) hat eine Sammlung von Witzen herausgegeben, die einen Bezug zur Psychotherapie haben.

Geeignete Geschichten findet man nicht nur in Büchern. Ich habe Geschichten auch schon auf Abreißkalendern im Hotelaufzug, in Unterhaltungen mit anderen Menschen, in Radiobeiträgen (s. u.) und in Filmen gefunden, die ja auch Geschichten erzählen. Manchmal gebe ich auch Filmempfehlungen, wenn ich der Ansicht bin, dass die Geschichte des Films das Problemverständnis des Patienten erweitern oder Lösungsansätze bei ihm bahnen könnte. Geschichten, die gute Metaphern enthalten, findet man meistens dadurch, dass sie etwas in einem zum

Schwingen bringen, also eine innere Resonanz erzeugen. Passiert das, nehme ich die Geschichte in meine Sammlung auf. Nur wenn die Geschichte bei mir selbst eine Resonanz erzeugt, kann ich sie auch anderen kongruent und überzeugend erzählen (▶ Kap. 4.5). Hammel (2009) schlägt vor, die Pointen von Geschichten besonders daraufhin zu prüfen, ob und in welchem Kontext sie sich therapeutisch einsetzen lassen. Er ist der Ansicht, dass die Kunst des therapeutischen Erzählens besonders darin besteht, zur therapeutischen Fragestellung die passende Geschichte zu finden bzw. für eine Geschichte die passende therapeutische Situation, in der die Geschichte ihre Wirkung entfalten kann.

Übung 12

Haben Sie eine Lieblingsgeschichte? Löst diese Geschichte eine Resonanz in Ihnen aus? Was genau an dieser Geschichte berührt Sie?

Tab. 4.3: Darstellung verschiedener Erzählformen

Erzählformen	Beschreibung
Lehrgeschichten	verdeutlichen oft einen psychischen Prozess bzw. inneres Wachstum, sind meist kurze und pointierte Erzählungen ohne Ausschmückungen der Rahmenhandlung, z. B. Zen- oder Sufigeschichten (s. o.)
Märchen	sind phantasievoll ausgeschmückte Erzählungen, Naturgesetze sind ausgeschaltet, Wunder walten vor, sind gekennzeichnet durch eine bestimmte kulturspezifische Makrostruktur (▶ Kap. 4.6), können Metaphern auf unterschiedlichen Ebenen enthalten, bilden mit Mythen und Volkserzählungen die Literatur von Gesellschaften ohne schriftliche Überlieferung (Bettelheim, 1980), werden unterschieden in Volksmärchen (z. B. Der Froschkönig, Gebrüder Grimm) und Kunstmärchen (eines bestimmten Autors, z. B. Das hässliche Entlein, Hans-Christian Andersen)
Fabeln	enthalten Belehrungen, oft in Form einer Pointe und einer allgemeingültigen Moral, Protagonisten sind v. a. Tiere, Pflanzen oder Mischwesen mit menschlichen Eigenschaften, erste Zeugnisse von Fabeln gibt es bereits aus dem 3. Jtsd. v. Chr., Äsops Fabeln (600 v. Chr.) erhielten sich lange nur durch mündliche Überlieferung, im Zeitalter der Aufklärung steht Kritik an den Herrschaftsverhältnissen im Vordergrund, z. B. Der Löwe und die Maus
Parabeln	sind eine mit dem Gleichnis verwandte Erzählform, Erzählungen sind kurzgehalten und enthalten eine Lehre, metaphorisch werden abstrakte moralische und ethische Grundsätze begreifbar gemacht, z. B. Die langen Löffel
Gleichnisse	sind meist kürzere Texte, beschreiben theoretische Sachverhalte bildhaft und konkret, werden auch in der Bibel als Erzählform verwendet, stellen anders als Parabeln explizite Vergleiche zwischen Sach- und Bildebene her, die sprachlich markiert werden (»so wie«), z. B. Vom Sämann (Matthäus, Kapitel 13)

Tab. 4.3: Darstellung verschiedener Erzählformen – Fortsetzung

Erzählformen	Beschreibung
Sagen	basieren ursprünglich auf mündlichen Überlieferungen (»Gesagtes«), durch Hinzufügen von Orts- und Personennamen wird suggeriert, dass Protagonisten tatsächlich existiert und Handlungen tatsächlich so stattgefunden haben, enthalten wie Märchen oft fantastische Elemente, Germanische Heldensagen bilden oft Sagenkreise um einzelne Persönlichkeiten (z. B. Siegfried)
Mythen	sind Göttersagen und erklären, wie die Welt entstand oder wie das System der Gottheiten organisiert ist (griechische oder germanische Mythologie), sind nicht als historische Realität gedacht, sondern schaffen in sprachlichen Bildern eine Struktur hinter der Wirklichkeit
Witze	bestehen aus einer kurzen Erzählung, bei der nach einer Eingangsdarstellung unerwartet ein plötzlicher Perspektivwechsel (die Pointe) erfolgt, welcher als komisch wahrgenommen wird, Humor kann somit Konfusion erzeugen, eingefahrene Denkweisen unterbrechen, die Distanzierung von einem Problem fördern, Neugierde beim Zuhörer erwecken, durch Lachen intensiver erlebt und besser erinnert werden, Interventionen werden leichter zugelassen und als hilfreich erlebt (vgl. Hain, 2015)
Naturbilder	können Archetypen sein, da jeder schon Erfahrungen mit einem Berg, einem Baum, einem Feuer oder einem Fluss gemacht hat, so dass sinnliche Eindrücke gespeichert sind, Naturereignisse berühren und haben schon in der Kindheit besonders beeindruckt, sind oft mit positiven Emotionen verbunden und können »Erdung« vermitteln, Erzählungen über einen Baum können ihm durchaus menschliche Eigenschaften (z. B. Standhaftigkeit, Beständigkeit, Gelassenheit) zuschreiben, wie seit jeher in Naturreligionen, der Baum kann somit eine Position als Stellvertreter (vgl. Bongartz und Bongartz, 2000) für den Patienten einnehmen, meist fehlt die für Geschichten typische Makrostruktur, z. B. Der Weg (▶ Kap. 4.6)

Folgende Begebenheit verdeutlichte mir die Wirkung von Geschichten auf eindringliche Art und Weise:

Ich fuhr im Auto von einem Kongress in Bad Kissingen nach Mainz, um dort einen Workshop über Metaphern zu halten. Im Radio lief eine Reportage über einen syrischen Blogger, der in einem von Assads berüchtigten Foltergefängnissen gesessen hatte. Er beschrieb, wie 14 Männer aller Altersgruppen, einige waren fast noch Kinder, in einer winzigen Zelle zusammengepfercht wurden. Die Zelle war so klein, dass sich die Männer nur abwechselnd auf den nackten Betonboden zum Schlafen legen konnten. Es gab kaum etwas zu essen und alle litten Hunger. Immer wieder wurde einer der Männer zum Verhör abgeholt, was Folter bedeutete. Die Schreie der Gefolterten waren ständig zu hören. Wie überlebt man in so einer Umgebung körperlich und psychisch? Die Gefangenen erzählten sich gegenseitig ihre Liebesgeschichten. Diese Geschichten erinnerten die politischen Gefangenen, dass es in dieser Welt der Gewalt, der Entbehrungen, der Unmenschlichkeit noch etwas gab, wofür es sich lohnte durchzuhalten und weiterzuleben. Der Blogger meinte, dass er das Gefängnis ohne die Liebesgeschichten wahrscheinlich nicht überlebt hätte.

Noch heute spüre ich beim Erzählen dieser Geschichte die emotionale Resonanz, in Form von Rührung. Dass Geschichten sogar Leben retten konnten, war bis zu diesem Zeitpunkt nicht in meinem Bewusstsein repräsentiert und hat mich dazu ermuntert und inspiriert, mich weiterhin mit diesem Thema zu beschäftigen.

Eine Anekdote gibt eine bemerkenswerte oder charakteristische Begebenheit im Leben einer Person wieder. Sie enthält eine Pointe, ist auf das Wesentliche reduziert und enthält eine scharfe Charakterisierung einer oder mehrerer Personen. Anekdoten sind authentische Geschichten aus dem persönlichen Erfahrungsbereich des Therapeuten und schaffen einen schnellen und unmittelbaren Zugang zum realen Umfeld des Patienten, indem sie an der Erlebenswelt des Zuhörers wie Arbeit, Schule, Freizeit, Therapie und an dessen Beobachtungen, Erlebnissen und Erfahrungen anknüpfen. Anekdoten beschreiben immer ein konkretes Ereignis oder eine Ereignisfolge. Sie erzählen von konkreten Personen und ihren konkreten Handlungen innerhalb eines ganz bestimmten Umfeldes. Ideen werden auf den Punkt gebracht, Gedanken veranschaulicht und erklärt (Frenzel, Müller & Sottong, 2006). Dadurch wird das Erzählte für den Empfänger nachvollziehbar und ermöglicht einen direkten Vergleich mit eigenen Erfahrungen und der eigenen Erlebenswelt. Er kann somit persönliche Kontexte beim Hören der Erzählung schaffen, die Identifikation mit dem Protagonisten ist hoch, was intensives Lernen am Modell ermöglicht. Nachteilig ist, dass die Anekdote vielleicht zu nah an der Erlebniswelt des Patienten ist, sodass der metaphorische Prozess nur eingeschränkt wirksam werden kann.

Der Einsatz von Anekdoten sollte dosiert erfolgen und sich dem Bedürfnis des Klienten anpassen. Bei einem übermäßigen Einsatz von Anekdoten kann der Klient zum Eindruck kommen, der Berater oder Coach wolle vor allem von sich erzählen, was die therapeutische Beziehung möglicherweise beeinträchtigt.

Fallbeispiel: Wenn der Arzt nicht helfen kann

Verhaltenstherapeutische Kurzzeittherapie eines Mannes Mitte 40. Er schildert Symptome, wie Parästhesien und Muskelschwäche in einem Bein, die auch nach einer OP an der Wirbelsäule persistierten. Nun traten ähnliche Symptome auch im anderen Bein auf. Er schilderte Ängste, dass es schlimmer werden könnte. Er hatte eine Aufmerksamkeitsfixierung auf die Symptomatik entwickelt, die von katastrophisierenden Bewertungen begleitet wurde, die Ängste auslösten. Er suchte zahlreiche Fachärzte und Physiotherapeuten auf und war nach deren Besuchen eher verunsichert, da er keine befriedigende Diagnose bekam bzw. kaum eine Linderung der Symptomatik erfahren konnte.

Patient: »Ich habe den Kontakt zu einem Spezialisten hergestellt, der mir empfohlen wurde und der meinte, er könne mich untersuchen, allerdings müsste ich dorthin drei Stunden fahren und die Kosten selber tragen.«

4 Therapeutengenerierte Metaphern

Therapeut: »Darf ich Ihnen von dem Fall eines ehemaligen Patienten berichten? Ich sehe da ein paar Parallelen.«

Pat.: »Ja, gerne.«

Ther.: *»Dieser Patient machte eines Tages unter der Dusche eine Entdeckung, die ihn erschrecken ließ. Er meinte an einem Hoden einen Knoten zu spüren. Daraufhin konsultierte er einen Urologen, der ihn untersuchte und Entwarnung gab. Der Patient war sehr erleichtert, da er befürchtete, er habe Hodenkrebs. Intensiv hatte er im Internet recherchiert und rausgefunden, dass das in seinem jungen Alter bereits auftreten könne. Einige Wochen später, wieder unter Dusche, meinte er erneut einen Knoten zu spüren und wieder suchte er den Urologen auf, der erneut Entwarnung gab, worüber der Patient wieder für eine Weile erleichtert war. Allerdings begann er nun jedes Mal unter der Dusche seine Hoden systematisch abzutasten und die Intervalle, in denen er ärztliche Rückversicherung benötigte, verkürzten sich. Der Urologe teilte ihm dann nach dem dritten Mal mit, dass er ihn nicht noch einmal untersuchen wolle, weshalb er sich insgesamt vier Urologen in der Umgebung suchte, die er abwechselnd konsultierte. Die Erleichterung durch einen negativen Befund hielt immer kürzer an und weil er nicht wollte, dass er Ärger mit der Krankenkasse bekam, trug er die Kosten der Untersuchungen selbst. Das war der Stand, als er zu mir in die Therapie kam. In welche Richtung, meinen Sie, haben wir gearbeitet? Sich noch häufiger die Rückversicherung bei Ärzten holen?«*

Pat.: »Ich denke nicht. Vermutlich waren die vielen Arztbesuche eher kontraproduktiv und haben die Ängste verstärkt.«

Ther.: »Genau. Er musste lernen, mit einer Restunsicherheit hinsichtlich seiner Gesundheit zu leben und ein gewisses Maß an Ängsten auszuhalten.«

Pat.: »Ist er dann gar nicht mehr zum Arzt gegangen?«

Ther.: »Wir haben uns zunächst auf eine urologische Untersuchung pro Jahr geeinigt und Übungen gemacht, wie er mit seinen Ängsten umgehen kann und seine Aufmerksamkeit auf Dinge lenken kann, die positiver besetzt sind.«

Pat.: »Jetzt mal auf meine Situation übertragen bedeutet das, dass ich die Zahl der Arztbesuche ebenfalls einschränken sollte. Vielleicht ist das ist der richtige Weg. So kann ich dem Thema vielleicht einen kleineren Raum in meinem Leben geben. Die Arztbesuche haben mich zuletzt eher verunsichert als beruhigt. Ich sollte mich damit abfinden, dass gewisse körperliche Beeinträchtigungen wohl bleiben werden.«

Nach 20 Sitzungen erklärte der Patient nun keine Therapie mehr zu benötigen. Die Symptomatik in den Beinen sei zwar noch unverändert da, er habe jedoch seine Haltung geändert und könne nun viel gelassener mit den Symptomen umgehen, sie seien auch nicht mehr ständig präsent. Die Anekdote war nur eine von mehreren metaphorischen Elementen in der Therapie, die auf eine Lösung der Aufmerksamkeitsfixierung und eine Reduktion der mit der Symptomatik verbundenen Katastrophisierungen und Ängsten abzielte.

Eine Anekdote ist keine Geschichte, die vor einem Gericht standhalten muss. Sie kann also so erzählt werden, dass ihre therapeutische Wirkung möglichst maximiert wird, was auch das Weglassen oder Hinzufügen von gewissen Aspekten der erzählten Episode bedeuten kann. Selbstverständlich kann auch über die Erfahrung eines Freundes, eines Kollegen oder eines Patienten anekdotisch berichtet werden. Besonders wichtig sind die Verkürzung und die Pointierung, damit die Anekdote die Aufmerksamkeit des Hörers fesselt. M.H. Erickson beherrschte beides. Folgende Geschichte spiegelt seine Überzeugung wider, dass man dem Unbewussten vertrauen kann und es zur rechten Zeit die angemessene Reaktion hervorbringt:

> Viele Leute waren besorgt, weil ich schon vier Jahre alt war und immer noch nicht sprach. Ich hatte eine Schwester, zwei Jahre jünger als ich, und die sprach. Und sie spricht immer noch, aber gesagt hat sie eigentlich nichts. Viele Leute waren sehr besorgt, weil ich als Vierjähriger nicht sprach. Meine Mutter sagte ganz ruhig: Wenn die Zeit kommt, wird er sprechen. (Rosen, 1985, S. 61)

Übung 13

Wenn Sie im Alltag jemandem von einem Ereignis oder einer Erfahrung erzählen, achten Sie einmal darauf, diese Anekdote pointiert zu erzählen. Verzichten Sie dabei möglichst auf Einschübe und überbordende Ausschmückungen und betonen Sie die Pointe der Anekdote.

4.5 Geschichten gut erzählen

Ich nehme mal an, jeder kennt die Erfahrung, dass er manchen Menschen gerne beim Erzählen zuhört, anderen weniger. In einem Fall ist man gefesselt von der Erzählung, klebt an den Lippen des Erzählers und erlebt das Erzählte emotional in lebendigen Bildern vor dem inneren Auge mit, während man im anderen Fall irgendwann genervt oder gelangweilt abschaltet und seinen eigenen Gedanken nachgeht. Nicht jeder ist ein Naturtalent und nicht jedem wurde das Erzählen in die Wiege gelegt. Ich denke jedoch, dass man lernen kann, eine Geschichte oder Anekdote gut zu erzählen.

An einem Gespräch nehmen alle Beteiligten mehr oder wenig gleichberechtigt teil. Nach Pabst-Weinschenk (2005) befindet sich der Erzähler einer Geschichte im Gegensatz dazu im Modus des betrachtenden Sprechens. Eine Geschichte stellt ein eigenständiges und zusammenhängendes Gebilde mit einer Handlungsfolge dar. Deshalb ist sie aus dem Handlungskontext des therapeutischen Gesprächs zu lösen. Freund (2015) empfiehlt, hierzu beim Empfänger die Erlaubnis einzuholen, eine Geschichte erzählen zu dürfen. Dabei bedarf es der unmissverständlichen Einwilligung des Empfängers. Der Erzähler kann den Einstieg in die Geschichte explizit über die Modulation der Stimme und eine gestische und mimische Untermalung ausgestalten. Viele Märchen beginnen mit einem einleitenden »Es war einmal …«. Auch Anekdoten beschreiben eine Erfahrung in der Vergangenheit. Der Tempusgebrauch kennzeichnet also den Modus des betrachtenden Sprechens. So werden Ein- und Ausstieg der Erzählung markiert und es wird deutlich, dass das Folgende Inhalt einer Geschichte ist und sich nicht im Hier und Jetzt abspielt (Pabst-Weinschenk, 2005). Das Geschichtenerzählen stellt durch die Rollenverteilung eine asymmetrische Kommunikationsform dar, jedoch kann auch das Geschichtenerzählen mehr oder weniger dem dialogischen Prinzip folgen, indem es Beiträge des Zuhörenden provoziert (▶ Kap. 4.1 »Die Spur im Schnee«) oder das Erzählen einer eigenen Geschichte beim Patienten auslöst.

Im Gegensatz zum schriftlichen Sprachgebrauch entsteht beim Erzählen eine kommunikative Situation, in welcher der Zuhörer den Erzähler durch verbale und non-verbale Signale (z. B. Hochziehen der Augenbrauen, Gähnen, Lachen) beeinflusst. Somit ergibt sich eine reziproke Interaktion auf der Inhalts- und der Beziehungsebene. Beim Schreiben kann der Satzbau reflektiert werden, während beim Erzählen ein Gedanke erst konstruiert werden muss. Die Zeit zum Formulieren ist beim Erzählen zeitlich begrenzt, Denken und Sprechen finden parallel statt. Zwischen einem Gedanken und dessen Ausformulierung nutzt der Erzähler eine innere Sprache, die sich auf die Hauptvorstellungen beschränkt, die dann für den Zuhörer möglichst verständlich ausgeformt werden. Von Vorteil ist es, über einen breiten Wortschatz zu verfügen und vielfältige Satzmuster zu beherrschen. Sprechdenken zeichnet sich im Gegensatz zur Schriftsprache durch einfachere grammatische Formen und einen abwechslungsreicheren Satzbau aus. Wiederholungen stellen ein Stilmittel des Erzählens dar. Das fördert das Rezipieren und Behalten von Inhalten einer Geschichte. Zudem hat der Erzähler mehr Zeit, den Faden der Geschichte weiterzuspinnen, Sätze zu entwerfen und auszuformulieren (Pabst-Weinschenk, 2005).

Was sind denn nun Merkmale guten Erzählens? Ein wichtiges Merkmal ist die Authentizität. Je kongruenter bzw. authentischer der Erzähler einer Geschichte auf den Zuhörer wirkt, desto eindeutiger ist die Nachricht der Geschichte und desto bereitwilliger wird sie aufgenommen. In Kapitel 4.4 wurde bereits vorgeschlagen, Geschichten auch nach dem Kriterium auszuwählen, ob sie dem Erzähler gefallen und liegen und etwas in ihm zum Schwingen bringen, also eine Resonanz erzeugen. Diese Geschichten können dann auch kongruent, authentisch und lebendig erzählt werden, insbesondere, wenn es sich um eigene Erfahrungen (Anekdoten) handelt. Authentizität bedeutet auch, möglichst natürlich zu erzählen, in eigener Wortwahl und auch den Dialekt darf man gerne durchhören. Mir erscheint die Sprache von Märchen oft altertümlich und sie ist mir nicht so zugänglich. Wenn ich ein Märchen frei erzähle, es also nicht vorlese, benutze ich meine eigene Sprache, da es sich für mich sonst fremd anfühlt und dann sicherlich auch befremdlich wirkt. Freund (2015) ist der Ansicht, dass einen guten Geschichtenerzähler auszeichnet, dass er während des Erzählens das Erzählte glaubt:

> Das Erzählen muss authentisch sein. Wenn ein Therapeut, trotz des skeptisch dreinblickenden Patienten, in seinem Märchenglauben authentisch bleiben kann, dann hat er in der Regel die Basis geschaffen, die es dem Patienten ermöglicht, von seinem Glauben abzu-

kommen, dass es für ihn eine Wende zum Besseren nicht geben kann. Dann ist das Fundament für das Wunder der Veränderung gegeben. (S. 320)

Ist eine Erzählung zu langatmig, besteht sie aus zu vielen Einschüben, die für die Pointe der Geschichte nicht besonders relevant sind, dann besteht die Gefahr, dass der Zuhörer den roten Faden der Geschichte verliert und aussteigt. Es ist demnach von Vorteil, den Kern der Geschichte auszubauen, den roten Faden der Geschichte, den Erzählstrang zu verfolgen und dabei lieber einmal auf allzu üppige Ausschmückungen zu verzichten. Hammel (2009) schlägt vor, Geschichten auf Wesentliches und Anschauliches zu reduzieren, nach der Regel: »Jedes Wort, das überflüssig ist, schwächt die Geschichte.« (S. 326). Auch auf Hilfsverben wie »kann«, relativierende Worte wie »vielleicht«, sowie auf beschwichtigende und beschwörende Formulierungen kann weitgehend verzichtet werden, was die Kraft einer Geschichte erhöht. Zudem empfiehlt Hammel (ebd.) eine anschauliche, konkrete Sprache zu nutzen und Verneinungen sparsam zu verwenden, was das mühelose Zuhören beim Gegenüber fördert.

Problematisch ist es, den Zuhörer durch ein zu hohes Sprechtempo zu überfordern. Auch das führt unweigerlich dazu, dass das Gegenüber aussteigt und abschaltet. Lassen Sie sich deshalb Zeit beim Erzählen, genießen Sie das pointierte Erzählen, ohne zu ausschweifend zu werden. Dabei können Pausen auch genutzt werden, um Spannung aufzubauen. Jeder Kabarettist nutzt dieses Stilmittel in seinen Auftritten.

Erzählen besteht nicht nur aus dem Sachinhalt des Gesagten, sondern wird immer auch durch Stimme, Tonlage und nonverbale kommunikative Elemente ergänzt. Mündliches Erzählen ist audiovisuell und Mimik und Gestik spielen dabei eine wichtige Rolle. Die Lakota sind eine First Nation und leben auf dem heutigen Staatsgebiet des südlichen Kanadas sowie in den USA. Lange Zeit hatten sie keine Schriftsprache, so dass Mythen, Riten und Traditionen nur mündlich tradiert werden konnten. Das Erzählen hatte bei ihnen somit eine besondere Bedeutung.

> Das Sprechen ermöglicht dem Erzähler, ein Tempo und einen Tonfall zu wählen, die den Hörer direkt in die Handlung der Geschichte führen. Leichte Veränderungen des Tempos erzeugen Stimmung, schneller werden schafft Spannung oder langsames Sprechen führt zu Behaglichkeit. Der Tonfall drückt gefühlsmäßig so viel aus, dass weitere Erläuterungen überflüssig werden. Die Veränderung des Tonfalls kann entweder Verachtung und Trotz oder Bescheidenheit zum Ausdruck bringen. In der mündlichen Tradition der Lakota werden Geschichten von Angesicht zu Angesicht erzählt. Indem der Erzähler seinen Körper vollkommen ruhig hält, kann er die Aufmerksamkeit auf seine Worte lenken oder aber durch seine Gesten die Aussage dessen, was er ausdrücken will, verstärken und erweitern. (van Eck, 2011, S. 10 f.)

Afrikanische Geschichtenerzähler agieren oft szenisch beim Erzählen, um die Dramaturgie von Geschichten zu unterstreichen. Aufstampfen, wenn von Elefanten die Rede ist, geducktes Anschleichen, wenn sich ein Löwe an eine Herde Gazellen heranpirscht. Auch professionelle Märchenerzähler arbeiten meist mit darstellerischen Elementen. Im Internet findet man zahlreiche Videos, die das demonstrieren.

Übung 14

Recherchieren Sie im Internet und suchen Sie nach Videos von professionellen Märchenerzählern. Achten Sie dabei auf verbale Aspekte (Stimmmodulation, Intonation, verwendete Sprache, Aufbau der Geschichte) und nonverbale Aspekte (Mimik, Gestik, Inszenierung). Wie wirken diese Aspekte auf Sie?

Hammel (2009) merkt an, dass therapeutisches und ästhetisches Erzählen zwei verschiedene Künste seien. Was therapeutisch wertvoll ist, braucht nicht unbedingt ästhetisch wertvoll zu sein und umgekehrt. Wichtiger ist seiner Meinung nach die Überwindung der Hemmung, Geschichten zu erzählen. Um dazu zu animieren, führt er die anekdotisch anmutende Erzählung »Das falsche Englisch« auf:

> Als wir Kinder waren, fuhren meine Eltern mit uns zu Verwandten nach Amerika. Meine große Schwester wollte korrektes Englisch sprechen und hat geschwiegen. Ich wollte mich verständigen und habe geredet, mit Händen und Füßen und unendlich vielen Fehlern. Meine Verwandten waren beeindruckt, meine Eltern stolz und ich vermute, meine Schwester war neidisch. Durch falsches Englisch habe ich richtiges Englisch gelernt. (S. 324 f.)

Im therapeutischen Setting sollte selbstverständlich keine Bühnenperformance erfolgen, schließlich leben wir auch in einer Kultur, die mit Gestik eher sparsam umgeht. Nichtsdestotrotz lassen sich einige Elemente nutzen, um das Erzählen einer Geschichte so zu gestalten, dass es die Aufmerksamkeit des Gegenübers fesselt. So kann die Pointe durch eine Veränderung der Stimmlautstärke hervorgehoben werden. Der Zuhörer kann zunächst leise auf die Pointe vorbereitet werden, wenn die Pointe kommt, wird die Stimme dann lauter. Gestik und Mimik können genutzt werden, um die Dramaturgie zu steigern. Wohlgemerkt sollte das immer noch kongruent mit der Persönlichkeit und authentisch wirken. Und beziehen Sie Ihr Gegenüber ruhig in das Erzählen einer Geschichte ein, indem Sie interaktive Elemente nutzen. Das können Sie tun, indem Sie Kommentare aufgreifen oder Fragen stellen.

Übung 15

Erzählen Sie eine Geschichte und machen Sie eine Ton- oder Videoaufnahme davon. Erzählen Sie die Geschichte zunächst so, wie Sie es ganz natürlich tun würden. In einem zweiten Durchgang erzählen Sie die Geschichte noch einmal. Berücksichtigen Sie diesmal die oben genannten Elemente, um die Geschichte mit einem stärkeren Ausdruck zu erzählen. Übertreiben Sie dabei ruhig ein bisschen. Dann erzählen Sie die Geschichte ein drittes Mal, so dass Sie kongruent und ausdrucksstark wirken.

4.6 Äußere Struktur von Geschichten

Therapeutengenerierte Metaphern zur Intervention werden in der Psychotherapie oft in die Erzählform einer Geschichte, eines Märchens oder einer anderen Erzählform (▶ Kap. 4.4) eingekleidet. Dadurch wird der Rahmen mit Handlung gefüllt, die Aufmerksamkeit des Zuhörers gefesselt. Um die therapeutische Wirkung von in Geschichten und Märchen enthaltenen Metaphern zu erhöhen, wurden von einigen Therapeuten Vorschläge für den Aufbau einer äußeren Struktur gemacht.

Kintsch (1982) beschreibt die Makrostruktur von Erzählungen der westeuropäischen Kultur folgendermaßen:

> Diese Erzählungen bestehen aus einem Rahmen, der Ort und Zeit spezifiziert, und in einer Anzahl von Episoden. Jede Episode beschreibt ein interessantes Ereignis, in das der Held der Geschichte direkt oder indirekt einbezogen ist. Das Ereignis besteht aus einer Verwicklung und einer darauffolgenden Lösung. In der einfachsten Art von Erzählung folgen die Ereignisse zeitlich aufeinander und stehen in einem kausalen Zusammenhang; es gibt nur einen Helden. (S. 323)

Nach Lüthi (1978) kann das Schema von Märchen in fünf Phasen beschrieben werden:

1. Eingangsereignis: Einführung des Protagonisten. Seine Situation ändert sich. Aufgrund eines Ereignisses wird er veranlasst, ein Ziel zu erreichen, erhält eine Aufgabe.
2. Die innere Reaktion des Protagonisten wird dargestellt.
3. Der Protagonist unternimmt einen oder mehrere Versuche, das Ziel zu erreichen, die Aufgabe zu lösen.
4. Konsequenz (Endzustand): Es wird Auskunft darüber gegeben, ob der Protagonist sein Ziel erreicht oder die Aufgabe gelöst hat und so eine Änderung der Ausgangssituation herbeiführen konnte.
5. Emotionale oder kognitive Reaktionen des Protagonisten auf das Erreichen des Zieles werden geschildert, evtl. wird die Lehre oder die Moral der Geschichte beschrieben.

Meist steht ein Protagonist (Held) im Mittelpunkt der Geschichte, mit dem sich der Zuhörer identifizieren kann. Die Geschichte beginnt oft mit einem Dilemma und erfordert eine Transformation des Protagonisten, was zu einer Lösung des Dilemmas oder einer Veränderung des Ausgangszustands führt. Die Transformation wird meist erzählt, aber nicht explizit erklärt. Handlungselemente, welche die Transformation beschreiben, müssen auseinander hervorgehen. Das Ende der Geschichte ist erreicht, wenn das Dilemma gelöst ist.

Mills und Crowley (1986) haben eine Makrostruktur speziell für die Konstruktion von therapeutischen Geschichten für Kinder entwickelt (Fallbeispiele bei: Krause & Revenstorf, 1997, Revenstorf et al., 2015). Geschichten aus anderen Kulturkreisen folgen teilweise anderen Makrostrukturen als Geschichten aus dem westlichen Kulturkreis und sind für uns deshalb schwerer zu verstehen und schlechter zu erinnern.

Lindemann (2016) übernimmt die Grundstruktur von Heldenreisen in Mythen als Struktur für den Beratungs-, Coaching- und Therapieprozess. Die Heldenreise teilt er in 10 Phasen auf, in denen der Held (Klient) eine Entwicklung macht, indem er seine alte Welt verlässt und in ein Abenteuer aufbricht. Dabei begegnet er Mentoren, Verbündeten und Feinden, besteht Bewährungsproben und Prüfungen, erfährt Belohnung, um sich letztendlich auf den Rückweg zu machen und in einen neuen Alltag zurückzukehren. Lindemann (ebd.) ist der Ansicht, dass die Erzählstruktur der Heldenreise, die über Jahrhunderte hinweg in verschiedenen Kulturkreisen tradiert wurde, letztlich mit dem tatsächlichen Leben von Menschen verbunden ist. Somit kann diese Erzählstruktur als Orientierung im tatsächlichen Leben dienen und helfen, es zu verstehen und zu planen.

Es gibt zwei Möglichkeiten für Therapeuten, die Darbietung von Geschichten zu verfeinern. Zum einen können Geschichten ineinander verschachtelt werden, zum anderen bietet die Einkreistechnik die Möglichkeit, verschiedene Geschichten zu erzählen, die sich hinsichtlich eines Aspekts der Zieldomäne, auf den die therapeutische Intervention abzielt, überschneiden.

Mehrfach eingebettete Geschichten:

Bei den Märchen aus Tausendundeiner Nacht (▶ Kap. 4.1) finden sich ineinander verschachtelte Geschichten, was bedeutet, dass immer wieder eine neue Geschichte in der begonnenen Geschichte erzählt wird. Geschichte A wird begonnen, jedoch unterbrochen, worauf Geschichte B beginnt, innerhalb derer wiederum von einem Protagonisten Geschichte C erzählt wird, die auch unterbrochen wird, darauf folgt dann Geschichte D. In umgekehrter Reihenfolge werden die Geschichten dann beendet. Die Verschachtelungen lassen sich folgendermaßen darstellen:

A1 (B1 (C1 (D) C2) B2) A2

Revenstorf et al. (2015) schlagen vor, mit der ersten Geschichte (A) maximale Aufmerksamkeit auf die Geschichte zu lenken, was durch ein Pacing der Problemsituation geschehen kann. Die Geschichte sollte dabei in das Glaubenssystem des Patienten passen. Die zweite Geschichte (B) sollte eine Konfusionsmetapher sein, deren Bedeutung unklar bleiben sollte. Vorgefasste Erwartungen hinsichtlich einer Lösung sollen dadurch gestört werden. Die dritte Geschichte (C1) sollte Ressourcen enthalten, z. B. Erinnerungen an frühere positive Erfahrungen des Patienten, die zu einer Problemlösung beitragen können. Die Ressourcen können dann mit dem Zielzustand verknüpft werden (C2). Die vierte Geschichte (D) enthält dann die Transformation. Metaphorisch wird in ihr die Veränderung beschrieben.

Lankton und Lankton (1991) schreiben dieser Vorgehensweise einen tranceinduzierenden sowie einen amnestischen Effekt für die eingebettete Geschichte zu. Letzteres konnte einer empirischen Überprüfung jedoch nicht standhalten (Krause & Revenstorf, 2003). Die Methode der mehrfach eingebetteten Metaphern arbeitet mit mehreren Geschichten, die sich jeweils auf einen unterschiedlichen Aspekt der

Problematik des Klienten beziehen. Ziel- und Quelldomäne sind also in jeder Geschichte jeweils andere.

Ein Beispiel für eine einfache Einbettung von Geschichten findet sich im Fallbeispiel »Das Ende der Belagerung« in Kapitel 4.7.

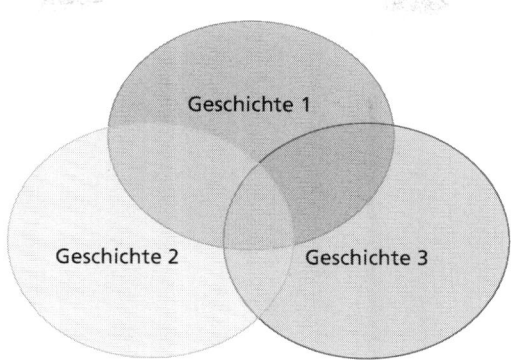

Abb. 4.1: Einkreistechnik: Drei Geschichten aus unterschiedlichen Bereichen werden erzählt. Hinsichtlich der therapeutisch intendierten Analogien gibt es Überschneidungen.

Einkreistechnik:

Hierbei werden mehrere Geschichten dargeboten, die sich auf den gleichen Problembereich des Patienten beziehen. So bildet sich eine Schnittmenge von therapeutisch intendierten Analogien, die der Klient bewusst oder unbewusst (da abgelenkt durch die verschiedenen Rahmenhandlungen) erkennt. Im Gegensatz zu den mehrfach eingebetteten Geschichten, in denen Ziel- und Quelldomäne in jeder Geschichte jeweils eine andere sind, unterscheiden sich bei der Einkreistechnik die Quelldomänen der Geschichten, die Zieldomäne ist jeweils die Gleiche (▶ Abb. 4.1).

Fallbeispiel: Die Krise als Chance

Coaching eines freiberuflich tätigen Mannes Mitte 50. Hoher Perfektionismus bei hohem Kontroll- und Sicherheitsbedürfnis. Nach einem Bandscheibenvorfall mit gesundheitlichen Beeinträchtigungen und einer Partnerschaftstrennung sind seine Bedürfnisse frustriert. Verunsicherung, Selbstzweifel und Selbstvorwürfe hinsichtlich seines nicht mehr »funktionierenden Körpers« und der gescheiterten Partnerschaft beeinträchtigen ihn.

Der Klient erschien mir sehr verkopft. Rational konnte er seine Situation gut analysieren, der Zugang zu Emotionen erwies sich jedoch als schwierig. So beschloss ich, ihm Geschichten zu erzählen, um auf diese Weise rigide Denkstrukturen und Überzeugungen aufzuweichen bzw. zu umgehen. Folgende Grundüberzeugungen waren bei ihm immer wieder handlungsleitend: »Nur wenn ich alles zu 100 % richtig mache, bin ich liebenswert.« »Ich brauche 100 % Kontrolle über mein Leben, sonst bricht Chaos aus.« Ziel der Intervention war,

4 Therapeutengenerierte Metaphern

einen Perspektivwechsel anzuregen und zu vermitteln, dass Fehler, schicksalhafte Rückschläge und Kontrollverlust zum Leben dazugehören, dass sich Krisen im Nachhinein aber auch als Chancen erweisen können. Insgesamt fanden 12 Sitzungen statt.

Der Klient war ein großer Fan von Apple. Zufälligerweise hatte ich in meiner Metaphersammlung eine Motivationsrede, die der Apple-Mitbegründer Steve Jobs 2005 gehalten hatte. Die gab ich ihm als Lektüre mit nach Hause.

Nachdem Steve Jobs sein Unistudium geschmissen hatte, nahm er als Gasthörer an einem Kalligraphieseminar teil:

Ich lernte etwas über Schriftarten mit und ohne Serifen, wie man den Abstand zwischen unterschiedlichen Buchstabenkombinationen variiert, was großartige Typografie großartig macht. (...) Natürlich konnte ich nicht auch nur im Entferntesten davon ausgehen, dass irgendetwas davon einen praktischen Nutzen in meinem Leben haben würde. Aber als wir zehn Jahre später den ersten Macintosh-Computer entwarfen, kam alles wieder, und wir integrierten das alles in den Mac. Es war der erste Rechner mit wunderschöner Typografie. Hätte ich niemals diesen Kurs besucht, hätte der Mac niemals verschiedene Schriftarten bekommen oder solche mit proportionalen Zwischenräumen. Und da Windows Mac einfach kopiert hat, ist es wahrscheinlich, dass kein PC das hätte. Also: Hätte ich mein Studium nie abgebrochen, hätte ich nie als Gasthörer an der Kalligrafievorlesung teilgenommen, und PC besäßen heute vielleicht nicht diese wundervolle Typografie. Natürlich war es unmöglich, während meiner Collegezeit diese Zusammenhänge zu erkennen. Aber als ich zehn Jahre später zurückblickte, waren sie deutlich sichtbar. Noch einmal, wenn Sie in die Zukunft blicken, können Sie nicht erkennen, wo Zusammenhänge bestehen. Das wird erst in der Rückschau möglich. Das heißt, Sie müssen darauf vertrauen, dass sich die einzelnen Mosaiksteinchen in Ihrer Zukunft zu einem Gesamtbild zusammenfügen. Sie müssen auf etwas vertrauen – Ihr Bauchgefühl, das Schicksal, das Leben, Karma, egal was. Denn der Glaube daran, dass sich irgendwann die einzelnen Mosaiksteinchen zusammenfügen werden, gibt Ihnen die Zuversicht, dem Ruf Ihres Herzens zu folgen. Auch wenn der Sie abseits der ausgetretenen Wege führt – aber das macht den Unterschied. (Steve Jobs, Stanford commencement address, 12. 06. 2005).

In der nächsten Sitzung zeigte sich der Klient nachdenklich. Angeregt durch die Antrittsrede, hatte er sich eine Biografie von Steve Jobs besorgt und durchgelesen. Er bemerkte, dass dessen Leben durch viele Brüche bestimmt gewesen und keineswegs so gradlinig verlaufen sei wie sein eigenes. Er sprach davon, dass Steve Jobs sogar LSD ausprobiert habe (was ja der totale Kontrollverlust sei) und angemerkt habe, dass das eine seiner wichtigsten Lebenserfahrungen gewesen sei. Auch seine Krebserkrankung sei ein furchtbarer Schicksalsschlag gewesen. In dieser Sitzung erzählte ich dem Klienten folgende Geschichte, die ich »Großes Pech – Großes Glück« nenne, da ich den Originaltitel nicht kenne:

Ein alter Chinese lebte mit seinem einzigen Sohn in einfachen Verhältnissen in einem kleinen Dorf. Er besaß gerade mal ein Pferd, mit dem er seinen Acker bestellte. Eines Tages lief das Pferd weg. Da kamen die Nachbarn herbeigelaufen und bedauerten den

alten Mann: »Wie willst du nun deine Waren auf den Markt in die Stadt bringen und dein Feld bestellen?« Der alte Mann wiegte lediglich den Kopf hin und her und sagte: »Großes Pech – großes Glück, großes Glück – großes Pech.« Ein paar Tage später war eine Staubwolke im Tal zu sehen, dann bebte der Boden. Angeführt vom Pferd des Chinesen kam eine ganze Herde Wildpferde herbeigelaufen und rannte schnurstracks in die Koppel des alten Chinesen. Wieder kamen die Nachbarn herbeigelaufen und riefen aufgeregt und neidisch: »So ein Glück, womit hast du das verdient, jetzt bist du derjenige, der die meisten Pferde besitzt!« Der alte Mann wackelte lediglich mit dem Kopf und sagte: »Großes Glück – großes Pech, großes Pech – großes Glück.« Die Pferde mussten zugeritten werden, was der Sohn des Alten übernahm. Ein besonders wildes Pferd warf ihn jedoch ab, wobei er sich beide Arme brach. Wieder kamen die Nachbarn herbeigelaufen und fragten scheinheilig: »Du armer Mann, wie willst du allein die ganzen Pferde versorgen, jetzt wo dir dein Sohn nicht mehr helfen kann. Du bist wirklich zu bedauern.« Da gab der alte Mann zu bedenken: »Großes Pech – großes Glück, großes Glück – großes Pech.« Kurze Zeit später brach Krieg im Land aus und die Truppen des Kaisers zogen durchs Dorf. Alle jungen Männer nahmen sie mit als Soldaten, etliche sollten im Krieg fallen, nur den Sohn des alten Chinesen mit seinen gebrochenen Armen nicht. Und wieder kamen die Dorfbewohner herbeigelaufen: »Du bist der Einzige, dem sie den Sohn gelassen haben, wie ungerecht ist das Leben, was für ein Glückspilz bist du doch.« Was der alte und weise Chinese geantwortet hat ... ich bin sicher, Sie können es vermuten...
(Frei nach Anthony de Mello)

Der Klient wollte im Anschluss über die Geschichte reden und genau wissen, was ich ihm damit sagen wolle. Da ich vermeiden wollte, dass die Geschichte durch Rationalisierung seziert würde, vertröstete ich ihn auf die nächste Sitzung. In dieser berichtete der Klient, er habe noch einige Male an die Geschichte denken müssen und dass er sich wünsche, mit Schicksalsschlägen so umgehen zu können wie der Chinese aus der Geschichte. Er mache sich nun Gedanken, was seine gesundheitlichen Beeinträchtigungen und die Trennung von der Partnerin wohl für ein Sinn machten und wie er dies als Chance nutzen könne. Er könne sich vorstellen, in dieser Sitzung mit Hypnose zu arbeiten. Bisher habe er Bedenken gehabt und Hypnose sei ihm unheimlich gewesen, da erleide man ja Kontrollverlust. Aber da er nun vorhabe, sich auch auf Neues einzulassen, wolle er es einfach ausprobieren. Ich erklärte ihm, dass das ja schon ein großer Fortschritt sei und willigte ein. Es erfolgte eine formale Hypnoseinduktion mit einer Treppenvertiefung (▶ Kap. 4.8). Die Nutzung der Trance erfolgte mit einer Geschichte, die ich »Der Weg« nenne und jedes Mal der individuellen Fallkonstellation anpasse. Streng genommen handelt es sich nicht um eine Geschichte, sondern um ein Naturbild (▶ Tab. 4.3).

Wenn man von einem Ort zum anderen möchte, macht man sich oft genug Gedanken, welchen Weg man nehmen soll. Wobei manche Leute meinen, »Alle Wege führen nach Rom«. Wege unterscheiden sich. Manche führen durch liebliche Landschaften, andere wiederum durch karge, eintönige Gebiete. Auch die Beschaffenheit der Wege ist immer anders. Manche sind gut ausgebaut, man kommt schnell voran, fühlt sich sicher, bekommt aber kaum etwas mit von dem, was am Wegrand zu entdecken ist. Natürlich kann man einen befestigten Weg ab und zu verlassen und sich abseits von ausgetretenen Pfaden durch das Unterholz schlagen. Dabei kann man Neues entdecken. Das ist abenteuerlich und oft ein einzigartiges Naturerlebnis, birgt aber die Gefahr, dass man die Orientierung verliert und sich im Kreis bewegt. Manche Wanderer sind dafür ausgerüstet und haben einen Kompass dabei, um sich im unbekannten Gelände zu orientieren, andere können aus der Natur die Himmelsrichtungen lesen. Manche haben auch einen Führer dabei, der sich im Gelände auskennt und den Weg weist. Vielleicht ist es die bequemere und schnellere Art zu reisen, wenn man sich gut ausgebauten Straßen anvertraut, dort findet man auch eher Gasthäuser, die zum Ausruhen einladen oder einen Mitreisenden, der einen ein Stück des Wegs begleitet. Aber ist es immer wichtig, von einem Ort zum anderen zu hetzen? Eine alte Weisheit lautet: »Der Weg ist das Ziel«. Trotzdem wird dem Wanderer die Entscheidung für den einen oder den anderen Weg nicht abgenommen. Und wie oft steht man an einer Gabelung und überlegt, ob der rechte oder der linke Weg der Richtige ist. Aber die Entscheidung ist nicht endgültig, denn wenn man den rechten Weg gewählt hat, kann man bei der nächsten Gabelung den linken wählen und dann kommt es fast auf das Gleiche heraus, wie wenn man den linken Weg genommen hätte, um bei der nächsten Gelegenheit rechts abzubiegen. Vielleicht führen doch alle Wege nach Rom? Wie herrlich ist doch das Gefühl, auf einer Anhöhe zu stehen und auf den Weg zurückzublicken, den man schon gemacht hat. Dann kann man stolz nach vorne blicken und neugierig den Weg, der noch vor einem liegt, erforschen. Neue Wege zu beschreiten bedeutet, neue Eindrücke aufzunehmen, um sie innerlich mit Bekanntem zu vergleichen. Kein Weg ist wie die andere und manch einen hat das Unterwegssein so begeistert, dass er sein Ziel nie erreichte oder nach Erreichen des Zieles sich wieder auf den Weg machte. Aber das ist eine Entscheidung, die jeder für sich selber fällen darf.

Nach der Hypnose zeigte sich der Klient erfreut, dass er sich angstfrei darauf habe einlassen können. Er habe zwar zwischendurch immer wieder überprüft, ob er noch Herr all seiner Sinne sei, habe aber über weite Strecken gut abschalten können. In der nächsten Sitzung berichtete er, dass er auf einem Fest eine Frau kennengelernt und ein Date mit ihr vereinbart habe. Er meinte, dass seine Krise einen Beitrag dazu geleistet habe. Denn hätte er den Bandscheibenvorfall nicht gehabt, hätte er an diesem Wochenende an einem Halbmarathon teilgenommen und wäre nicht auf das Fest gegangen und hätte die Frau somit nicht kennenlernen können. Und hätte sich seine Partnerin nicht von ihm getrennt, dann wäre er dieser Frau nicht nähergekommen. In der Abschlusssitzung etwa sechs Wochen später erzählte er, dass er die Frau wieder getroffen habe und dass es sehr angenehm mit ihr sei. Er wolle es aber diesmal langsam angehen, was eine neue Erfahrung für ihn sei. Die Beeinträchtigungen durch den Bandscheibenvorfall könne er nun besser akzeptieren. Er sei beim Sport nicht mehr so ehrgeizig, das Vergnügen und der Wohlfühlfaktor stünden im Vordergrund, nicht die Leistung.

Letztendlich ist es schwer zu klären, welchen Beitrag die Geschichten an den veränderten Einstellungen des Klienten hatten, jedoch stellten sie eine Möglichkeit dar, unverbindlich einen Perspektivwechsel anzuregen, was sich in seinem Alltag und seinem Handeln manifestierte. Er begann, die Chancen seiner gesundheitlichen

Krise und der Trennung zu erkennen und konnte gelassener, weniger leistungsorientiert, Sport machen, sich besser auf neue Erfahrungen einlassen und Kontrolle abgeben.

4.7 Maßschneiderung von Geschichten

Maßschneiderung bedeutet, Geschichten so auszugestalten, dass sie an Lebensumstände, Erfahrungswerte und Bedürfnisse des Hörers anknüpfen. Es handelt sich hierbei nicht um eine Erfindung der modernen Psychotherapie, sondern Maßschneiderung wurde bereits in Zeiten genutzt, als die mündliche Überlieferung von Geschichten noch eine größere Rolle spielte als heutzutage. So schreibt Golowin (1986):

> Auch waren häufig die besten Märchenerzähler (…) Spielleute schwer bestimmbarer Herkunft, die viele der Sprachen ihrer Gastgeber benützten. Aus Höflichkeit hielten sie sich in jeder Beziehung an das geistige Niveau ihrer Zuhörer und gaben den Helden ihrer phantastischen Geschichten die Vornamen, die bei diesen üblich waren, berücksichtigten auch die jeweiligen Lebens- und Umweltgewohnheiten. (S. 14)

Dass diese Geschichten durchaus ein therapeutisches Ziel verfolgten, ist nicht zu übersehen, da die umherziehenden Märchenerzähler in der Lage waren, »glücklichen Schlaf zu schenken« (S. 110) und weiter:

> Der Traummagier, der mit dem Inhalt seiner Geschichte, seiner eindringlichen Stimme und der geschickt verwendeten Musik uns entspannt und in die Märchenwelt der Nacht versetzt, ist eine unübertreffliche Hilfe. Seine Fähigkeit, auf den jeweiligen Zustand und die Stimmungen des Menschen einzugehen, den er begleitet, ist durch kein anderes Mittel zu ersetzen. (S. 111).

Ziel einer Maßschneiderung von Geschichten in Therapie, Beratung und Coaching ist es, die Geschichten für Patienten und Klienten bedeutsamer erscheinen zu lassen und die therapeutischen Effekte dadurch zu erhöhen (vgl. Krause & Revenstorf, 1997). Eine strukturelle Äquivalenz von problematischer Situation und therapeutischer Geschichte ist nach Gordon (1990) die Voraussetzung dafür, dass die Geschichte als homomorph wahrgenommen wird. Das bedeutet, dass die in der Geschichte auftretenden Personen und Ereignisse, besonders die Beziehungen zwischen ihnen, den Personen, Ereignissen und Beziehungen in der Situation des Klienten entsprechen müssen (▶ Abb. 4.2). Auch die Abfolge der Ereignisse in der Problemsituation sollte in der Geschichte gespiegelt werden, damit der Klient die Metaphorik erkennt und als zutreffend empfindet. Wenn Patienten in die Therapie kommen, verfügen sie oft über keine adäquaten Lösungsstrategien für ihr Problem. Therapeutische Geschichten enthalten eine Transformation von einem Problem- in einen Lösungszustand. Diese Transformation kann durch ein Reframing erfolgen indem das Problem aus einer anderen Perspektive betrachtet wird, oder dadurch, dass gewisse Problemlösungsansätze zum Erfolg führen, die der Patient zur Lösung seines eigenen Problems übernehmen kann. Die Transformation kann aber auch durch das Entdecken und Entwickeln neuer Ressourcen oder die Veränderung von Überzeugungen und Einstellungen erfolgen (► Kap. 4.2).

Das Ausmaß, in dem die Beziehungen der Ereignisse und Personen zueinander analog zu seiner Situation dargestellt werden, ist ein Kriterium, inwieweit der Rezipient die Geschichte als zutreffend beurteilt. Dies scheint wesentlich für die Aktivierung der metaphorischen Bedeutung beim Hörer zu sein, besonders, wenn es sich um eine neue Metapher handelt.

Das Modell der semantischen Distanztheorie unterstützt empirisch Gordons (1990) Meinung, dass homomorphe Metaphern wirkungsvoll sind. Indem Relationen zwischen Personen und Ereignissen der Problemsituation (Zieldomäne) in dem vom Therapeuten gewählten Kontext der Geschichte (Quelldomäne) homomorph abgebildet werden, haben sie innerhalb eines hypothetischen semantischen Raums die gleichen Koordinaten. Dadurch sind nach Sternberg, Tourangeau und Nigro (1993) die Voraussetzungen für eine gute und verständliche Metapher gegeben. Die metaphorischen Transformationen der Protagonisten und/oder ihrer Beziehungen regen den Klienten an, in seiner Problemsituation ähnlich zu verfahren (Gick & Holyoak, 1980, Holyoak, Junn & Billman, 1984, Vosniadou & Ortony, 1983).

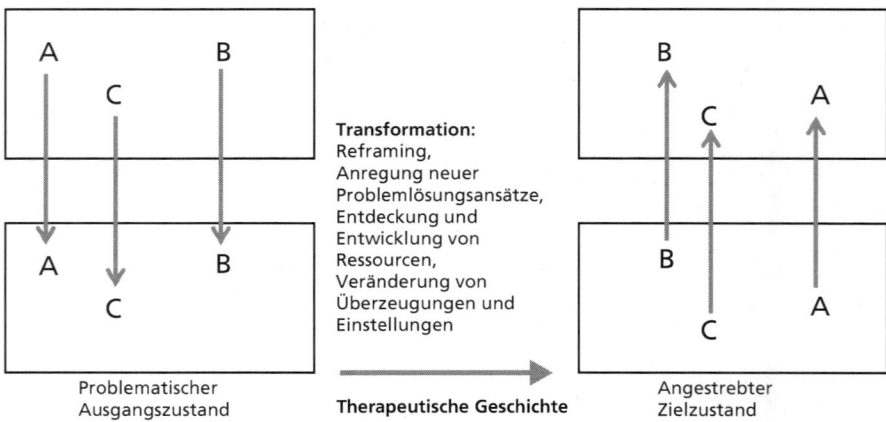

Abb. 4.2: Wirkungsweise homomorpher Relationen in maßgeschneiderten Geschichten in Anlehnung an Gordon (1990) und Revenstorf et al. (2015).

Das Verfassen individueller, auf den Patienten maßgeschneiderter Geschichten erfordert einen beträchtlichen Aufwand für den Therapeuten. Casula (2016) erwähnt die Möglichkeit, dass auch bestehende Geschichten die Effekte einer Maßschneiderung hervorbringen können, wenn sie dem jeweiligen Fall angepasst werden und individuelle Aspekte des Patienten aufgegriffen werden. Sie schlägt einen dreistufigen Prozess zur Maßschneiderung einer Geschichte vor. Zunächst gilt es Informationen über den Patienten und das Problem zu sammeln, um im Kontext der Geschichte dann Analogien zur Problemsituation darzustellen. In einem dritten Schritt wird das Gerüst der Geschichte sprachlich so ausgestaltet, dass die suggestive Wirkung der Geschichte optimiert wird. Auch Trenkle (2005), der seiner Löwengeschichte ein eigenes Buch gewidmet hat, beschreibt, dass er die ursprünglich aus dem afghanisch-persischen Raum entliehene Geschichte immer wieder variiert und erweitert hat, um sie dem jeweiligen Erzählkontext (z. B. Klienten, Ausbildungsgruppe) anzupassen. Ich selber variiere die Geschichten aus meinem Fundus ebenfalls, um eine individuellere Passung zu erzielen. So passe ich das Geschlecht des Protagonisten dem der Klienten an, betone gewisse Metaphern oder Analogien und lasse andere wiederum weg.

Fallbeispiel: Das Ende der Belagerung

Eine Patientin war nach einem jahrelangen Sorgerechtsstreit um ihre Tochter am Ende ihrer Kräfte. Panikattacken, morgendliche Übelkeit mit Erbrechen, ständige Anspannung, innere Unruhe, Schlafstörung, Vernachlässigung ausgleichender Aktivitäten, grübelnde Gedanken und Freudlosigkeit waren Leitsymptome. Der Ex-Partner diffamierte und bedrohte die Patientin und an dem Verfahren Beteiligte (Anwälte, Lehrer, Jugendamtsmitarbeiter, Therapeuten, Ärzte, Umgangspfleger) in sozialen Medien. Die Patientin sah sich einer ständigen Bedrohungskulisse ausgesetzt, war aber sehr bemüht darum, dass das Kind von alldem möglichst wenig beeinträchtigt wurde. Nach einer Gerichtsverhandlung, ließ ein Urteil, das den Umgang des Vaters mit dem Kind aussetzte und ihr das alleinige Sorgerecht zusprach, lange auf sich warten. Die Patientin erwartete weitere Angriffe des Ex-Partners und war im Alarmzustand.

Ich erzählte der Patientin in der 35. Sitzung einer verhaltenstherapeutischen Langzeittherapie folgende Geschichte, die ich für sie maßgeschneidert hatte:

Eine Königin lebte mit ihrem kleinen Hofstaat in einer Burg. Sie war eine aktive, fröhliche und kluge Frau, der ein harmonisches Miteinander wichtig war und sie genoss dieses Gefühl von Leichtigkeit. Sie fühlte sich verantwortlich für das Wohlergehen ihres Hofstaates, besonders jedoch für das ihrer Tochter, der sie eine unbeschwerte Kindheit ermöglichen wollte. Viele Jahre zuvor war sie dem Charme des Vaters, Prinz aus einem benachbarten Königreich, erlegen. Aus dieser Verbindung entstand ihre Tochter. Sie war verliebt gewesen und hatte so dessen Verantwortungslosigkeit und dessen dunkle Seiten zunächst nicht erkannt. Irgendwann konnte sie jedoch die Augen vor dessen Machenschaften nicht mehr verschließen und bedeutete dem Prinzen, seine Sachen zu packen und ihre Burg zu verlassen. Der Prinz wollte das nicht akzeptieren. Nachdem er bemerkte, dass sein Charme nicht mehr verfing, wurde er immer aggressiver. Er belagerte die Burg, da er meinte, er habe ein Anrecht auf sein Fleisch und Blut und forderte die Herausgabe der Tochter. Er schoss einen Pfeil nach dem anderen auf die Burg, die jedoch allesamt an den Mauern abprallten. Er intrigierte bei den Verbündeten der Königin, versuchte, die Burg von der Versorgung abzuschneiden, was auch teilweise gelang. Während die Tochter weitgehend unbeschwert im Hof der Burg spielen konnte, saß die Königin Tag und Nacht auf der Burgmauer und hielt Ausschau nach dem Aggressor. Der verschwand immer mal wieder für Tage und Wochen, dann tauchte er aber plötzlich wieder auf, schoss seine Pfeile ab und drohte damit, die Burg zu stürmen und sich die Tochter zu holen. So gingen die Jahre dahin, die Tochter wuchs beschützt heran. Die Königin jedoch veränderte sich. Sämtliche Fröhlichkeit und Leichtigkeit wichen aus ihrem Herzen, sie hatte kaum noch Freude an dem, was ihr früher Spaß gemacht hatte. Furcht hatte Einzug in ihr Herz gehalten und dunkle Gedanken ließen alles grau und fahl erscheinen. Alle Farben verschwanden aus ihrem Leben. Schatten legten sich um ihre Augen und auf ihre Seele, da sie nachts in der Erwartung neuer Angriffe kaum schlafen konnte, Panik war ihr ständiger Begleiter. Doch sie war eine Kämpferin und schleppte sich jeden Tag aufs Neue auf die Burgmauer, um Aussicht zu halten nach dem Belagerer. Ihr Leben glich einem nie enden wollenden Albtraum. Endlich sollte der Kaiser, der von der Belagerung informiert wurde, ein Urteil sprechen, doch das ließ auf sich warten. Der Belagerer verschwand zunächst, jedoch traute die Königin dem Frieden nicht. Die Angst, er könne zurückkommen, war allgegenwärtig und noch immer schleppte sie sich jeden Tag auf die Mauer, um nach ihm Ausschau zu halten, ihr Leben blieb grau und schwer. Eines Tages empfing sie einen Berater, der von einer Reise aus einem fernen Land zurückgekommen war. Ihm klagte sie ihr Leid. Da erzählte er ihr eine Geschichte:

Meine letzte Reise führte mich nach Indien. Dort habe ich ein Tier gesehen, das man Elefant nennt. Es ist grau, massiv und riesig, etwa fünf Mal so schwer und so groß wie ein Pferd. Die Inder nutzen die Tiere, um mächtige Holzstämme zu bewegen. Ein Elefant ist so stark wie vier Ochsen. Umso erstaunter war ich, als ich sah, wie eines dieser kräftigen Tiere an einem kleinen Pflock angebunden war. Ein winziges Stück Holz, das in der Erde steckte, sollte so ein starkes Tier aufhalten? Es musste doch ein Leichtes sein, sich davon zu befreien. Ich stellte die Frage einem Hüter der Elefanten und der lachte. Die Elefanten fliehen nicht, weil sie schon seit frühester Kindheit an solch einem Pflock angebunden sind, sagte er. Ich stellte mir vor, wie der neugeborene Elefant an dem Pflock angebunden war, wie er immer wieder daran zog, um sich zu befreien und es ihm nicht gelang. Am nächsten Tag probierte er es wieder, vergeblich. Und am nächsten Tag noch einmal und wieder gelang es ihm nicht, sich zu befreien und so ging es Tag für Tag, bis er aufgab. Er hatte sein Schicksal akzeptiert. Er versuchte sich nicht mehr vom Pflock zu befreien, da er glaubte, dass er es nicht könne. Die Erinnerung an seine frühe Kindheit hatte sich tief in sein Gedächtnis eingebrannt und er hatte aufgehört, diese Erfahrungen zu hinterfragen und so war ihm gar nicht bewusst, dass die Kraft, sich zu befreien, in ihm steckte. (Frei erzählt nach Bucay, 2007)

In dieser Nacht hatte die Königin einen Traum, sie träumte, dass die Farben in ihr Leben zurückgekehrt waren. Der Himmel leuchtete strahlend blau, die Wiesen waren saftig grün, die Weizenfelder gelbgolden. Das Essen duftete verlockend und sie aß mit Appetit und Freude. Sie ritt mit ihrer Tochter frei über ihre Ländereien und sie konnten gemeinsam herzlich lachen. Aus dem Traum erwacht, beschloss sie, erstmals seit vielen Jahren nicht auf die Burgmauer zu steigen, um nach dem Belagerer Ausschau zu halten, sondern plante, ein großes Fest auszurichten, um mit ihrem Hofstaat und allen Freunden zu feiern, dass die Farben in ihr Leben zurückgekehrt waren.

Bei der Konstruktion der Geschichte kam sowohl Maßschneiderung als auch die Technik der Einbettung (▶ Kap. 4.6) zur Anwendung. Ziel der Intervention sollte es sein, die Patientin dabei zu unterstützen, ein bereits über Jahre bestehendes Schema zu verändern. Aufgrund der Angst, ihre Tochter im Sorgerechtsstreit an den Ex-Partner zu verlieren, und den Erfahrungen von Bedrohung durch den Ex-Partner, hatte die Patientin ein Muster ständiger Vigilanz entwickelt, das mit einer massiven Stresssymptomatik einherging. Gedanklich war sie ständig auf der Hut vor dem nächsten Angriff durch den Partner, was sich in Gedanken, wie »Wann kommt der nächste Angriff?«, »Er will mich zerstören«, »Ich bin nicht sicher«, »Ich muss immer wachsam sein« äußerte. Physiologisch äußerte sich der Stress in morgendlicher Übelkeit mit Erbrechen, Panikattacken, Schlafstörungen und Erschöpfung. Die Emotionen waren durch Angst und Freudlosigkeit bestimmt. Zudem hatte sie Gefühle von Ohnmacht, Hilflosigkeit und Kontrollverlust. Nach der Gerichtsverhandlung konnte sie das über viele Jahre hinweg chronifizierte Schema zunächst nicht ablegen. Ziel der Transformation (▶ Abb. 4.2) war, zu erkennen, dass das bestehende Schema eine Folge der jahrelangen, traumatisch erlebten Bedrohung war und dass solche Schemata auch dann noch wirksam sein können, wenn sich die äußeren Umstände längst verändert haben. Es ist aber durchaus möglich, solche Erfahrungen im Nachhinein einer Neubewertung zu unterziehen und damit einhergehende Emotionen wie Ohnmacht und Hilflosigkeit zu überwinden. Als Transformationsgeschichte hielt die Geschichte mit dem am Pflock angebundenen Elefanten genau das metaphorisch bereit. Ein weiteres Ziel war, ihre angstinkompatiblen Ressourcen Fröhlichkeit und Leichtigkeit, zu denen die Patientin vor Jahren durchaus Zugang hatte, wiederzuentdecken und erneut zu entwickeln. Durch die Rahmengeschichte, welche metaphorisch die aktuelle Situation abbildet (Pacing) und im Anschluss an die Transformation (Leading) einen positiv konnotierten Entwurf der Zukunft anbietet, wurde dieser Aspekt umgesetzt.

Die äußere Struktur der maßgeschneiderten Geschichte entspricht dem von Lüthi (1978) beschriebenen 5-phasigen Schema von Märchen (▶ Kap. 4.6). Zunächst habe ich mir über den Kontext der Geschichte Gedanken gemacht. Schon in früheren Sitzungen hatten wir das Bild der Metapher entwickelt, dass sich die Patientin in einer Burg befindet, auf die der Belagerer seine Pfeile abschießt. Den dicken Mauern können die Pfeile nichts anhaben. Insofern beschloss ich, als Rahmenhandlung die Geschichte einer Königin, die mit ihrer Tochter in einer Burg lebt und von einem Aggressor belagert wird, auszuwählen. Eine weitere Metapher, die in der Geschichte Verwendung findet, ist die konventionelle Metapher »Depression ist Dunkelheit« (▶ Kap. 2.4), die durch das Verschwinden der Farben aus dem Leben der Königin in der Geschichte aufgegriffen wurde. Nach der Transformation kehren die Farben zurück, ihr Leben wird wieder bunt.

In einem nächsten Schritt galt es, die wichtigen Personen aus der problematischen Lebenssituation der Patientin homomorph in die Geschichte zu übertragen (▶ Tab. 4.4). Der Berater kann dabei entweder konkret als die Person des Psychotherapeuten aufgefasst werden oder als ein innerer Anteil, der Ressourcen enthält (»Innerer Helfer«, »Innere Weisheit«).

Tab. 4.4: Homomorphe Übertragung von Personen und Institutionen von der Problemsituation in den Kontext der Geschichte.

Wichtige Personen und Institutionen in der Problemsituation	Protagonisten und Institutionen in der Geschichte
Patientin	Königin
Tochter	Königstochter
Ex-Partner	Prinz, Aggressor, Belagerer
Soziales Umfeld der Patientin	Hofstaat
Gericht	Kaiser
Therapeut / »Innerer Helfer«	Berater

Wichtig ist es, die Beziehungen zwischen den Personen und zwischen Personen und Ereignissen homomorph abzubilden (▶ Tab. 4.5). Auch die Entwicklung und die Veränderung von Emotionen, Einstellungen und Überzeugungen sollte in der Geschichte analog abgebildet werden. Die Darstellung der Metaphern der Geschichte bzw. des Lernens am Modell erfolgt in Tabelle 4.5 und entspricht der Darstellungsweise der Tabellen 4.1 und 4.2. Die in der Geschichte enthaltenen Metaphern entfalten ihre Metaphorik durch Ähnlichkeiten der Beziehung zwischen den Elementen innerhalb der Quelldomäne und innerhalb der Zieldomäne (Metaphern: a zu b wie c zu d, Lernen am Modell: a zu b wie c zu b, ▶ Kap. 4.3). Die einfache Einbettung stellt sich folgendermaßen dar: Zunächst wird in der Rahmengeschichte die Ausgangssituation (Problemsituation) aufgegriffen und metaphorisch beschrieben (A1, Pacing), dann erfolgt die therapeutisch angeregte Transformation (B, Geschichte des Elefanten, Leading) und eine Zukunftsprojektion, indem ein Entwurf der Zukunft nach durchlebter Transformation in der Geschichte dargestellt und die Veränderung metaphorisch beschrieben wird (A2, Leading). Ziel ist es, dass die Patientin die in der Lösungsgeschichte vorgeschlagene Transformation auf ihr Problem überträgt und die vorgeschlagenen Veränderungen eintreten können.

Tatsächlich stellte das Erzählen der Geschichte einen wichtigen Wendepunkt in der Therapie dar. In den Wochen nach der Sitzung nahmen Ängste und die depressive Symptomatik bei der Patientin deutlich ab und sie berichtete, dass sie das Leben wieder genießen könne, sogar noch mehr als vor der Krise, da sie nun dankbarer sei für die schönen Momente in ihrem Leben. Immer wieder habe sie an die Geschichte denken müssen.

Tab. 4.5: Darstellung der wichtigsten in der maßgeschneiderten Geschichte enthaltenen Metaphern und Elemente des Modelllernens

Domäne Elemente	Quelldomäne: Therapeutische Geschichte		Zieldomäne: Problemsituation der Patientin	
	a	b	c	d (Metapher) bzw. b (Lernen am Modell)
Pacing A1	Die Königin	möchte ihre Tochter beschützen	Die Patientin	möchte ihre Tochter vor dem Sorgerechtskonflikt abschirmen
Pacing A1	Der Prinz	möchte die Tochter entführen	Der Ex-Partner	möchte das Sorgerecht für die Tochter erstreiten
Pacing A1	Der Prinz	belagert die Burg, schießt Pfeile ab	Der Ex-Partner	bedroht die Patientin und diffamiert das Umfeld
Pacing A1	Die Königin	wird furchtsam, bekommt Panik	Die Patientin	entwickelt Ängste und Panikattacken
Pacing A1	Die Welt der Königin	wird grau und dunkel	Das Leben der Patientin	wird freudlos, Vernachlässigung ausgleichender Aktivitäten
Pacing A1	Der Kaiser	befasst sich mit dem Fall, das Urteil bleibt aus	Das Gericht	verhandelt, das Urteil lässt auf sich warten
Pacing/Leading A1	Der Berater	erzählt eine Geschichte, die einen Lösungsansatz enthält	Der Therapeut/ innere Helfer	erzählt eine Geschichte, die einen Lösungsansatz enthält
Leading/Transformation B	Der Elefant	ist an einen kleinen Pflock angebunden	Die Patientin	ist in einem dysfunktionalen Schema gefangen
Leading/Transformation B	Der Elefant	hat Ohnmacht und Hilflosigkeit erlernt	Die Patientin	hat Ohnmacht und Hilflosigkeit erlernt
Leading/Transformation B	Der Elefant	hat die Ressourcen, sich zu befreien	Die Patientin	hat die Ressourcen, sich aus dem dysfunktionalen Schema zu lösen

Tab. 4.5: Darstellung der wichtigsten in der maßgeschneiderten Geschichte enthaltenen Metaphern und Elemente des Modelllernens – Fortsetzung

Domäne Elemente	Quelldomäne: Therapeutische Geschichte		Zieldomäne: Problemsituation der Patientin	
	a	b	c	d (Metapher) bzw. b (Lernen am Modell)
Leading/Transformation B	Der Elefant	kann seine limitierenden Erfahrungen hinterfragen und Ohnmacht und Hilflosigkeit überwinden	Die Patientin	kann ihre traumatisch erlebten Erfahrungen neu bewerten und Ohnmacht und Hilflosigkeit überwinden
Leading/Zukunftsprojektion A2	Die Königin	träumt davon, dass die Farben in ihr Leben zurückkehren	Die Patientin	bekommt wieder Zugang zu ihren Ressourcen (Fröhlichkeit, Leichtigkeit)
Leading/Zukunftsprojektion A2	Die Königin	steigt nicht mehr auf die Mauer, um nach dem Belagerer Ausschau zu halten	Die Patientin	gibt ihre Hypervigilanz auf
Leading/Zukunftsprojektion A2	Die Königin	feiert ein Fest	Die Patientin	würdigt ihre Entwicklung

> **Übung 16**
>
> Wählen Sie ein Fallbeispiel aus Ihrer Praxis aus. Konstruieren Sie eine maßgeschneiderte Geschichte für diesen Fall. Orientieren Sie sich dabei am oben beschriebenen Vorgehen. Wählen Sie zunächst einen Kontext aus, in dem die Geschichte handelt. In einem nächsten Schritt übertragen Sie die beteiligten Personen aus dem Fall in den Kontext der Geschichte, sodass deren Beziehungen abgebildet sind. Die problematische Situation sollte in der Ausgangssituation abgebildet sein. Machen Sie sich Gedanken, welche Transformation der Patient sinnvollerweise durchlaufen sollte und wie Sie diese Transformation in der Geschichte metaphorisch darstellen können. Beschreiben Sie die Veränderungen, die durch die Transformation erfolgt sind, also den Zielzustand der Geschichte.

4.8 Therapeutische Geschichten in Trance

Viele Menschen kennen das Phänomen, von einer Geschichte gefesselt zu werden, sei es eine erzählte, vorgelesene oder selbst gelesene Geschichte oder ein Film, der angesehen wird. Die Aufmerksamkeit wird auf den Inhalt der Geschichte fokussiert, innere Bilder und Emotionen entstehen, die Zeit wird vergessen, die Welt um einen herum tritt in den Hintergrund. Der Rezipient der Geschichte erlebt dann eine Alltagstrance. Auch ohne formale Induktion kann sich laut Revenstorf et al. (2015) eine natürliche Trance einstellen. Bongartz & Bongartz (2000) beschreiben, dass es aufgrund der Aufmerksamkeitsfokussierung und der Aktivierung von bildhafter Verarbeitung beim Geschichtenhören zu spontanen Trancen kommen kann, was der Therapeut durch die Verwendung von Elementen der Trancesprache noch zu fördern vermag.

In einer hypnotischen Trance kommt es zu physiologischen Veränderungen, die an anderer Stelle ausführlich dargestellt sind (z. B. Halsband, 2015). Insgesamt kann festgehalten werden, dass es bei der Induktion von Hypnose zu einer Veränderung der Gehirnaktivität kommt, die abhängig vom Inhalt der gegebenen Suggestionen ist und bei hochhypnotisierbaren Personen signifikanter erfolgt als bei Personen, die geringer hypnotisierbar sind (Krause & Riegel, 2015). Neben physiologischen Veränderungen kommt es in Hypnose auch zu subjektiven Veränderungen, dabei sind folgende auch für die Verarbeitung von therapeutischen Metaphern und Geschichten relevant:

- *Einengung der Aufmerksamkeit:* Außengeräusche werden kaum oder nicht mehr wahrgenommen, die Stimme des Hypnotiseurs jedoch deutlich. Dem inneren Erleben wird vermehrt Aufmerksamkeit zugewendet. Die Aufmerksamkeitszuwendung, bzw. -ablenkung erfolgt suggestionsspezifisch. In einem Experiment, in dem Probanden in Hypnose eine Vigilanzaufgabe durchführten, zeigten diese geringere physiologische Reaktionen auf irrelevante akustische Reize als Probanden im Wachzustand (Fehr & Stern, 1967).
- *Trancelogik:* Widersprüche mit der Realität werden in Trance eher toleriert, rationales und kritisches Denken tritt in den Hintergrund. Wurde im Rahmen eines Experiments in Hypnose die Suggestion gegeben, einen vorhandenen Stuhl nicht zu sehen (negative Halluzination), so berichteten hochhypnotisierbare Probanden zwar, den Stuhl nicht zu sehen, gingen aber trotzdem um ihn herum. Probanden, die Hypnose lediglich simulierten und nicht in Trance waren, stießen beim Gehen gegen den Stuhl (Orne, 1979). Revenstorf (2015b) beschreibt, dass hochhypnotisierbare Personen in Hypnose auf Suggestionen und damit verbundene Imaginationen reagieren, ohne das Alltags-Ich zu beachten. Das führt zu einem Verzicht von Bewertungen wie »das kann ich nicht«, aber auch ohne einen Abgleich mit im Gedächtnis verankertem Wissen und Erfahrungen und ohne die Suggestionen auf zukünftige Konsequenzen hin zu überprüfen.
- *Zunahme der Vorstellungsaktivität:* Das Erleben von vorgestellten Situationen wirkt oft, »als ob« sie tatsächlich erlebt werden. Das kann sich auf bestimmte Sinnesmodalitäten beschränken, aber auch im Gesamterleben äußern. Halsband (2015)

berichtet von einem Experiment, in dem in Hypnose induzierte Illusionen und Halluzinationen zu plastischen Veränderungen im Gehirn führten. Die Probanden bekamen die Instruktion, einen grauen Stimulus farbig zu sehen. Bei hochhypnotisierbaren Personen zeigten daraufhin Neurone im Farbsehzentrum einen erhöhten Aktivitätsanstieg. Mittels Suggestionen erscheint es also tatsächlich möglich, die für die Wahrnehmungsveränderung zuständigen Hirnareale so in Bereitschaft zu versetzen, dass sie die Suggestionen umsetzen können.
- *Steigerung der Emotionalität:* Patienten zeigen in Hypnose schneller und spontaner emotionale Reaktionen. Hochhypnotisierbare Probanden berichteten in einer Studie von Lange (1996) intensivere, subjektive emotionale Reaktionen auf indirekte Suggestionen zur Erfahrung von Fröhlichkeit oder Traurigkeit.
- *Veränderungen der Suggestibilität:* Die Annahme einer gesteigerten Suggestibilität bildet das theoretische Fundament der klassischen Hypnose. Eine experimentelle Überprüfung ergab jedoch ein differenziertes Bild. Die Induktion einer hypnotischen Trance kann die Suggestibilität steigern, unverändert lassen oder sogar verringern (Braffman & Kirsch, 1999, ▶ Kap. 2.5). Vermutlich sind die oben beschriebenen Effekte Ausdruck einer gesteigerten Suggestibilität bzw. tragen sie dazu bei.

Das Rezipieren von Geschichten kann also einerseits einen spontanen Trancezustand auslösen. Es kann zu einer Aufmerksamkeitsfixierung kommen, allerdings nur dann, wenn die Geschichte fasziniert und interessiert (Erickson et al., 1994). Wir sehen das von außen daran, dass die körperliche Aktivität beim Hörer abnimmt und der Blick defokussiert. Zum anderen kann die Induktion einer hypnotischen Trance die Verarbeitung von Geschichten und suggestiven Elementen der darin enthaltenen Metaphern (▶ Kap. 2.5) fördern, insbesondere, wenn Menschen für Hypnose gut empfänglich sind. Die *Einengung der Aufmerksamkeit* rückt die Geschichte ablenkungsfrei in den Aufmerksamkeitsfokus. Im Rahmen der *Trancelogik* tritt das kritisch-rationale Denken in den Hintergrund und wundersame Inhalte (z. B. sprechende Tiere, Zauber), die unserem erwachsenen Realitätssinn widersprechen, können in Trance besser toleriert werden. Freund (2015) beschreibt, dass für Märchenfiguren Übernatürliches und Wunderbares ganz alltäglich ist. Die Tatsachenwelt wird ignoriert, weshalb er Märchen als eindimensional beschreibt. Jüngere Kinder sehen in der Wunderwelt ebenfalls keinen Widerspruch zur Alltagsrealität. Möglicherweise kann durch das Rezipieren von Geschichten, besonders von Märchen, eine spontane Altersregression erfolgen. Da die meisten von uns als Kinder Geschichten erzählt bekamen, kann das Hören von Geschichten Auslöser dafür sein, kindliche Schemata zu reaktivieren. Der Verzicht auf kritische Bewertungen ermöglicht eine Offenheit für die durch Metaphern vorgeschlagenen Neubewertungen oder Lösungsvorschläge und eine erhöhte Bereitschaft, diese umzusetzen, was einer *gesteigerten Suggestibilität* entspricht. Die *Zunahme der Vorstellungsaktivität* bewirkt, dass Imaginationen der Inhalte einer Geschichte intensiver, komplexer und realitätsnäher werden. Das kann auch die häufig erlebte *Steigerung der Emotionalität* erklären und führt dazu, dass die Geschichte in Zukunft besser erinnert werden kann. Halsband (2015) fasst neurobiologische Studien zusammen und kommt zum

Schluss, dass die Ergebnisse für eine verbesserte Umsetzung bildhafter Assoziationen und Lernleistungen bei hochhypnotisierbaren Personen sprechen.

> Die Wahl einer bildhaften Vorgehensweise ist in der Hypnotherapie von Vorteil, da in die Hypnoseinduktion eingearbeitete metaphorische Geschichten von unserem Gehirn in idealer Weise umgesetzt und verarbeitet werden können. Auch das Ansprechen unterschiedlicher Wahrnehmungsmodalitäten scheint von großem Vorteil zu sein. Hingegen sollte das Verarbeiten von abstrakter Information vermieden werden, da das Gehirn in hypnotischer Trance wenig empfänglich zu sein scheint für derartige Vorgehensweisen (…). (Halsband, 2015, S. 805 f.)

Eine hypnotische Trance kann demnach die Wirkung von Geschichten bzw. die Umsetzung der in den Metaphern einer Geschichte enthaltenen Suggestionen fördern, wenn der Rezipient für Hypnose empfänglich ist, was mit Hilfe eines Tests ermittelt werden kann (Krause & Riegel, 2015). Revenstorf (2015c) hat für diesen Effekt eine schöne Metapher gefunden, nämlich, dass Hypnose so etwas wie Hefe im Teig darstellt. Man kann damit besser backen. Wie in Kapitel 2.5 dargestellt, garantiert eine Trance jedoch nicht automatisch, dass Patienten Suggestionen annehmen und umsetzen, und Suggestionen können auch ohne Trance wirksam sein.

Es würde den Rahmen des Buches sprengen, das Thema Hypnose an dieser Stelle umfassend dazustellen. Die seriöse Anwendung von Hypnose erfordert zudem eine spezifische Ausbildung. Ich möchte im Folgenden auf einige sprachliche Eigenschaften eingehen, die der Ausbildung einer Trance förderlich sind.

Nach Bongartz & Bongartz (2000) gelten für die Trancesprache zwei Grundprinzipien:

- Werden Erlebnisinhalte vorgegeben, sollte der Therapeut »Wahrnehmungssätze« verwenden, körperliche Reaktionen ansprechen und möglichst einfache Sätze ohne Verneinungen bilden.
- Der Therapeut sollte offene Formulierungen verwenden und sich Zeit lassen.

Das Prinzip, einfache Sätze zu verwenden und auf Verschachtelungen möglichst zu verzichten, wurde in Kapitel 2.6 beschrieben, ebenso das Verwenden von Wahrnehmungssätzen. Offenes Formulieren beim Erzählen von Geschichten bedeutet, Spezifizierungen der Wahrnehmungen und Ausschmückungen eher wegzulassen, um dem Hörer die Gelegenheit zu geben, eigene Imaginationen zu konstruieren und seinen Wahrnehmungen dabei nicht zu widersprechen. Dadurch wird eine Geschichte auch pointierter (▶ Kap. 4.5). Anstatt beim Erzählen einer Geschichte zu beschreiben: »Er blickte in einen azurblauen Himmel, an dem weiße, wattige Wolken träge dahinzogen«, ginge auch »Er sah die Farben des Himmels und die Farbe der Wolken.« Der Hörer kann nun entscheiden, ob er imaginativ den Himmel blau, grau oder wie beim Sonnenuntergang rot gestalten möchte und ob er Schäfchen-, Schleier- oder Kumuluswolken sieht.

Riebensahm (2015) beschreibt, dass die Trance-induzierende Wirkung eines gesprochenen Textes sich verstärkt, wenn der Therapeut seinen Sprechrhythmus dem Atemrhythmus seines Patienten anpasst (Atempacing). Dabei sollte der Therapeut möglichst während der Ausatemphasen sprechen. Eine andere Möglichkeit besteht darin, kontinuierlich auch über Einatemphasen hinwegzusprechen, die Betonungen jedoch auf die Ausatemphasen zu legen. Wenn man mit einem Menschen in Trance kommuniziert und sich im Sprechtempo dessen Atemrhythmus anpasst, wird das Sprechtempo meist automatisch langsamer. Der Effekt der Vertiefung einer Trance kann zudem durch eine tiefer werdende Stimme beim Erzählen gefördert werden. Um eine intensive imaginative Aktivität zu fördern, empfiehlt es sich, dem Entstehen von Vorstellungen Zeit zu geben, indem kurze Pausen gemacht werden oder auch durch das Stilmittel der Wiederholungen. Wiederholungen sind ein wesentliches Stilmittel in rituellen Texten, die auch zur Tranceinduktion verwendet wurden (Bongartz & Bongartz, 2000). Sie können trancevertiefend wirken. Folgende Geschichte hat ihren Ursprung wohl in Afrika:

Ein junger Adler fiel aus seinem Nest. Ein Bauer fand ihn und nahm ihn mit auf seinen Hühnerhof. Dort wuchs er mit Hühnern auf. Eines Tages kam ein Fremder vorbei und sagte: »Der Vogel dort zwischen den Hühnern ist doch ein Adler.« Aber der Bauer lächelte und erwiderte: »Ich habe ihn mit den Hühnern aufgezogen, deshalb denkt er wie ein Huhn, fühlt sich wie ein Huhn und verhält sich wie ein Huhn.« Der Fremde setzte den Adler auf seinen Arm und sagte: »Flieg, Adler, flieg, du bist der König der Lüfte.« Der Adler jedoch sprang vom Arm, lief zu den anderen Hühnern und pickte Körner. Am nächsten Morgen kletterte der Fremde mit dem Adler auf das Dach, hielt ihn dort wieder in die Höhe und sagte: »Flieg, Adler, flieg, du bist der König der Lüfte.« Der Adler jedoch rutschte das Dach hinunter, sprang auf den Boden, lief zu den Hühnern und pickte Körner. Der Bauer lächelte und sagte: »Sehen Sie, ich habe ihn mit den Hühnern aufgezogen, deshalb denkt er wie ein Huhn, fühlt sich wie ein Huhn und verhält sich wie ein Huhn.« Am dritten Tag stieg der Fremde mit dem Adler auf einen Berg. Auf dem Gipfel angekommen sagte er wieder: »Flieg, Adler, flieg, du bist der König der Lüfte.« Der Adler schaute in das Tal, sah den Bauernhof, sah die Hühner und zu seiner Verwunderung auch die Körner, so scharf war sein Auge, und das war ihm zuvor gar nicht bewusst gewesen. Plötzlich begannen seine Flügel zu zittern. Da wiederholte der Fremde: »Flieg, Adler, flieg, du bist der König der Lüfte.« Das Zittern in den Flügeln des Adlers verstärkte sich und da breitete er seine Flügel aus und flog davon. (Frei nach James Aggrey)

Diese Geschichte erzähle ich gerne Menschen, die sich von Überzeugungen, Werten oder Normen einer sozialen Gruppe (z. B. der Herkunftsfamilie), der sie sich zugehörig fühlen, eingeschränkt fühlen. Die Geschichte kann dazu anregen, Ressourcen bei sich selbst zu entdecken, sich von einschränkenden Werten oder Normen zu lösen und Selbstvertrauen zu entwickeln. Ein Teil der Handlung der Geschichte, nämlich den Adler per Suggestion zum Fliegen zu bringen, wiederholt sich vier Mal und die eingestreute direkte Suggestion der beschwörenden Formel »Flieg, Adler, flieg, du bist der König der Lüfte« kann trancevertiefend wirken, prägt sich gut ein und kann metaphorisch seine Wirkung entfalten.

4.9 Nebenwirkungen und Kontraindikationen einer therapeutischen Arbeit mit Metaphern

Psychotherapie kann Nebenwirkungen haben, so wie alles, was wirkt. Ich gehe davon aus, dass diese Nebenwirkungen auch im Kontext von Beratung und Coaching auftreten können. Nicht jede Verschlechterung der Symptomatik im Verlauf einer Therapie ist zwangsläufig auf die Folgen der Psychotherapie zurückzuführen, da ja auch andere Faktoren, die außerhalb der Therapie liegen, die Symptomatik beeinflussen. Ich möchte jedoch im Folgenden nicht weiter auf die allgemeinen Nebenwirkungen von Psychotherapie eingehen, die an anderer Stelle ausführlich dargestellt wurden (z. B. Linden & Strauß, 2019), sondern ausschließlich Aspekte aufführen, welche die Arbeit mit Metaphern betreffen.

Bei schizophrenen Patienten sollte eine Indikation für die Arbeit mit Metaphern sorgfältig geprüft werden. Aufgrund von Störungen bei der Sprachprozessierung kann diese Patientengruppe wörtliche Sprache gut verstehen, hat jedoch Schwierigkeiten im Verständnis von nicht-wörtlicher Sprache. Metaphern und Sprichwörter werden von schizophrenen Patienten eher wörtlich anstatt metaphorisch interpretiert, ein Phänomen, das als Konkretismus bezeichnet wird. Auch für das Verstehen anderer Formen nicht-wörtlicher Sprache (z. B. Ironie, indirekte Rede) konnten Einschränkungen nachgewiesen werden. Störungen des Sprachverständnisses können dabei bereits vor Ausbruch der Erkrankung bestehen (Mitchell & Crow, 2005). Eine Studie von Brackmann et al. (2020) konnte zudem einen Zusammenhang zwischen der Akuität der schizophrenen Erkrankung und dem Ausmaß des Konkretismus nachweisen. Auch imaginative Methoden sollten nicht bei Patienten mit akuten Psychosen angewendet werden. Es empfiehlt sich ein eher strukturierendes, stabilisierendes Vorgehen. Konkretismus konnte auch für Autisten und Alzheimer-Patienten nachgewiesen werden, weshalb ich auch mit diesen Patientengruppen nicht explizit mit Metaphern arbeiten würde. Meiner persönlichen Erfahrung nach unterscheiden sich medikamentös eingestellte Patienten mit der Diagnose Schizophrenie oder schizo-affektive Störung stark in dem Ausmaß, in dem sie Metaphern verstehen. Insofern sollte immer im Einzelfall entschieden werden, ob mit Metaphern gearbeitet werden kann. Bei vorhandener Positivsymptomatik sollte jedoch grundsätzlich auf eine explizite Arbeit mit Metaphern und imaginativen Verfahren verzichtet werden.

Metaphern sind Bestandteil unserer alltäglichen Kommunikation, gehen jedoch über kommunikative Aspekte hinaus, da wir ja in Metaphern leben (▶ Kap. 2). Es ist deshalb unmöglich, in der Kommunikation mit Patienten ganz auf Metaphern zu verzichten. Worte haben Macht und ihre Macht entfalten sie besonders in Form von Metaphern, dessen sollte man sich als Psychotherapeut und professioneller Kommunikator bewusst sein. Im Allgemeinen sollte eine stabile therapeutische Beziehung bestehen bevor intensiv mit Metaphern gearbeitet wird, wobei sich diese Beziehung durch die Arbeit mit Metaphern vertiefen lässt. Das Fallbeispiel »Die Exekution« zeigt, wie es sich auswirken kann, wenn die therapeutische Beziehung nicht ausreichend etabliert ist, bevor mit Metaphern gearbeitet wird (▶ Kap. 3.2).

Auch Schmitt & Heidenreich (2019) schildern ein Fallbeispiel, in dem eine therapeutengenerierte Metapher zur Irritation in der Therapie führte. Solche Irritationen sollten in der Therapie thematisiert werden, was eine besondere Aufmerksamkeit des Therapeuten erfordert.

4.10 Handlungsmetaphern

Metaphern, wie wir sie bisher kennengelernt haben, spielen sich auf einer mentalen Ebene ab. Durch das Übertragen kognitiver, emotionaler, physiologischer und volitionaler Merkmale einer Quelldomäne auf eine Zieldomäne, die im therapeutischen Bereich oft eine problematische Situation des Patienten darstellt, wird das Problem in Begriffen der Quelldomäne beschrieben. Handlungsmetaphern spielen sich nicht nur auf der mentalen Ebene ab, es erfolgt vielmehr eine Inszenierung der Metapher. Viele Therapieverfahren folgen diesem Prinzip, obwohl der metaphorische Prozess als Wirkvariable selten explizit genannt wird. Meiner Meinung nach spielt die Metapher in der Kunst- und Gestaltungstherapie, der Musiktherapie, der Bewegungstherapie, der Hippotherapie und anderen handlungsorientierten Therapieverfahren eine wichtige Rolle. So werden von Patienten gemalte Bilder im Hinblick auf die Lebenssituation der Patienten übertragen und gedeutet. Benutzt ein Patient vor allem dunkle Farben, so kann das beispielsweise für seine aktuelle depressive Stimmung oder seine negative Weltsicht stehen. Tatsächlich ist die Metapher »Depression ist Dunkelheit« ja auch eine konventionelle, konzeptuelle Metapher, die das Erleben depressiver Menschen beeinflusst (McMullen & Conway, 2002, ▶ Kap. 2.4).

Eine Familienaufstellung kann ebenfalls als Metapher gesehen werden. Die Aufstellung steht für die problematische Situation des Patienten und er kann die Struktur seines Familiensystems metaphorisch mit Stellvertretern darstellen. Der Abstand und der Blickkontakt der Stellvertreter sind Ausdruck der Beziehungen von Personen im System des Patienten und sie können ihre Eindrücke und Empfindungen mitteilen. Der Patient überträgt schließlich die Erkenntnisse aus dieser Aufstellung auf sein reales Beziehungsgeflecht und kann dieses dadurch in einem neuen Licht sehen. Auch das Psychodrama nutzt szenische Elemente metaphorisch, indem der Protagonist einen Raum, eine Bühne bekommt und dabei die Erlaubnis erhält, seine Lebensgeschichte oder Aspekte davon in Szene zu setzen, wobei er andere Mitglieder der Gruppe auf die Bühne holen kann. So können metaphorisch Wünsche, Phantasien oder Probleme dargestellt werden. Im Spiel erlebt der Patient z. B., dass Handlungs- und Bewegungsfreiheit möglich ist, was er auf seine eingeschränkte Lebenssituation übertragen kann. Und wie bei verbalen Metaphern, schränkt die Wahrnehmung seiner limitierten aktuellen Lebenssituation (Zieldomäne) die Übertragung von Erkenntnissen aus der Inszenierung wohl auch ein.

Auch bei Impact-Techniken stellt die Metapher den zentralen Wirkmechanismus dar. Fritzsche, Fürst & Rathsfeld (2014) beschreiben den Einsatz von Metaphern in bildhafter und gegenständlicher Form. Impact-Techniken seien deshalb so effektiv, da sie analog kommuniziert werden und emotionale Reaktionen bewirken. Eine der von ihnen beschriebenen Techniken habe ich im Fallbeispiel »Wertvoll sein« angewendet.

Eine Handlung kann als Quelldomäne für einen psychischen Prozess stehen und auf diesen übertragen werden. Schaefer (2019) berichtet über mehrere Studien, die belegen, dass physische Reinigung tatsächlich wirksam ist, wenn die Moral bedroht ist (Macbeth-Effekt). Körperliche Reinheit wird also auf moralische Reinheit übertragen und das Ritual des Waschens wirkt auch auf die Seele, wie es viele Darstellungen in Literatur und Film nahelegen, wenn ein Opfer sexueller Gewalt sich unter der Dusche von der »Beschmutzung« durch den Übergriff zu reinigen versucht.

Auch das Pilgern auf dem Jakobsweg hat eine metaphorische Bedeutung. Das Wandern wird auf eine spirituelle Entwicklung übertragen. Durch den Weg, den der Pilger macht, kommt er sich selbst und Gott näher. Wenn wir Sport machen, so tun wir das auch, um Druck abzubauen. So werden viele Handlungen im Alltag auf psychische Prozesse übertragen und somit zur Handlungsmetapher.

Fallbeispiel: Wertvoll sein

Studentin, Mitte 20, kommt zur Psychotherapie vor dem Hintergrund eines mehrjährigen sexuellen Missbrauchs im Jugendalter. Aktuell besteht eine depressive Symptomatik. Im Rahmen einer aktuellen Beziehung kam es zu sexuell übergriffigem Verhalten durch den Partner. Wir befinden uns in der 14. Sitzung einer Langzeittherapie.

Die Patientin schildert die Erfahrung, wie sie sexuell übergriffiges Verhalten des Partners erlebt hat, und beendet die Schilderung mit der Bemerkung:
Patientin: »Ich fühle mich so beschmutzt, so wertlos.«
Therapeut: »Das kann ich nachvollziehen.«
Daraufhin ziehe ich einen druckfrischen 20-Euro-Schein aus dem Geldbeutel und zeige ihn der Patientin.
Ther.: »Wieviel ist dieser Geldschein wert?«
Pat.: »Na, 20 Euro?«
Ich nehme den Geldschein und knülle ihn zu einer Papierkugel, schmeiße die Kugel in eine Ecke. Dann stehe ich auf, gehe zur Kugel und trample auf der Kugel rum, kicke die Kugel wieder in Richtung meines Sessels. Ich setze mich wieder und falte den Schein auseinander, der nun etwas zerknittert und staubig aussieht.
Ther.: »Und jetzt, wie viel ist dieser Schein jetzt wert?«
Die Patientin hat dem Geschehen sichtlich irritiert zugesehen und beginnt jetzt zu lächeln.
Pat.: »Es sind immer noch 20 Euro.«
Ther.: »Verstehen Sie, was ich damit zum Ausdruck bringen möchte?«
Pat.: »Ja. Mein Wert verändert sich nicht dadurch, dass ich schlechte Erfahrungen gemacht habe und dass es Menschen gab, die auf mir herumgetrampelt sind und mich und meine Grenzen nicht akzeptiert haben.«

Diese Episode führte zu einem gewissen Aha-Effekt und zu einem Reframing der Überzeugung »Ich bin schlecht und wertlos, weil andere übergriffig waren und mich schlecht behandelt haben.« Die neue Überzeugung lautete: »Auch wenn andere übergriffig waren und mich schlecht behandelt haben, so verändert das nicht meinen Wert als Mensch und Person.« Diese Überzeugung konnte im weiteren Verlauf der Therapie gestärkt werden.

Auch das therapeutische Zaubern kann im Kontext von Metaphern gesehen werden. Neumeyer (2020) setzt Zauberkunststücke in der Psychotherapie metaphorisch ein. So beschreibt sie einen Knoten, bei dem ein Stück Schnur in mehrere Schlaufen gelegt wird und zwar so, dass man am Ende durch das Ziehen an beiden Enden den Knoten wieder lösen kann. Der Therapeut kann dem Patienten so vorführen, wie sich Knoten (Probleme) manchmal auf magische Weise wieder auflösen.

Ich möchte nun noch ein Fallbeispiel darstellen, in dem eine Metapher in der Psychotherapie dadurch wirksam wurde, dass sie der Patient in Handlung umsetzte.

Fallbeispiel: Gedankentruhe

Ein Patient, kurz vor der Berentung, hat Schwierigkeiten mit Fehlern, die er in der Vergangenheit begangen hat. Schuldgefühle und ein schlechtes Gewissen beeinträchtigen ihn. Wir befinden uns in der 12. Sitzung einer Kurzzeittherapie.

Patient:	»Ich kann mit meiner Vergangenheit kaum abschließen, immer wieder kommen die Gedanken an die Fehler, die ich gemacht habe und das quält mich. Besonders nachts sind die Gedanken so stark, dass ich nicht schlafen kann.«
Therapeut:	»Wir könnten dazu eine Übung machen.«
Pat.:	»Ja, gerne, was ist das für eine Übung?«
Ther.:	»Sie suchen sich in der Vorstellung einen Ort, an dem Sie die Gedanken gut verwahren können zwischen den Sitzungen. Hier können wir sie dann wieder rausholen und betrachten und bearbeiten. Bevor Sie gehen, packen Sie die Gedanken dann wieder weg.«
Pat.:	»Das hört sich gut an, wo soll ich sie denn hin packen?«
Ther.:	»Das könnte ein Tresor sein, aber wenn Sie eine andere Idee haben …«
Pat.:	»Ich würde sie gerne in eine Truhe packen.«

Ich habe den Patienten daraufhin zu einer Imaginationsübung angeleitet. Dabei imaginierte er eine hölzerne Truhe bei sich im Keller, in die er seine belastenden Gedanken hineinpackte und mit einem Schloss versperrte. Danach fühlte er sich entlastet. In der nächsten Sitzung berichtete er:

Pat.:	»Zu Hause waren die Gedanken dann wieder da und haben mich gequält.«
Ther.:	»Haben Sie versucht, die Gedanken wieder in die Truhe zu packen?«
Pat.	»Ja, aber das ist nicht gut gelungen.«
Ther.:	»Lassen Sie uns überlegen, was wir da noch tun könnten …«

Pat.:	»Ich habe da eine Idee. Ich bin ja ein sehr praktisch veranlagter Mensch und ich bastele gerne. Was halten Sie denn von der Idee, wenn ich mir selbst so eine Truhe baue, ganz konkret.«
Ther.:	»Ich finde, das ist eine hervorragende Idee. Ich bin gespannt darauf, wie es Ihnen gelingt.«

In der nächsten Sitzung berichtet der Patient, dass er sich schon das Holz und die Beschläge für die Truhe besorgt habe. Wieder eine Sitzung später berichtete er stolz:

Pat.:	»Ich bin fertig mit der Truhe, hier.« Zeigt ein Foto von der Truhe auf dem Smartphone. »Ich habe Steine hineingelegt, auf die ich meine negativen Gedanken geschrieben habe. Jetzt kann die Truhe mit einem Vorhängeschloss ganz fest verschließen und in den Keller stellen und da sollen sie gefälligst auch bleiben.«

Seitdem der Patient die Truhe fertiggestellt hatte, konnte er sich tatsächlich viel besser von seinen Schuldgefühlen aufgrund von Fehlern in der Vergangenheit distanzieren, auch sein Schlaf verbesserte sich. Als jemand, der praktisch veranlagt war und der seine Stärken im handwerklichen Bereich hatte, konnte er die Metapher einer Truhe zur Verwahrung von negativen Gedanken tatkräftig und anschaulich umsetzen. Er verwendete Zeit und Geld, um sich die Truhe zu bauen und setzte sich bei ihrer Herstellung mit sich selbst und den grübelnden Gedanken in einer neuen Art und Weise auseinander.

> **Übung 17**
>
> Überlegen Sie sich, wie Sie Metaphern, die Ihnen in Ihrer beruflichen Tätigkeit begegnen, in Handlungsmetaphern umsetzen können. Z.B. eine Klientin, die immer alles in ihrem Leben genau planen und kontrollieren muss, könnte die Aufgabe bekommen, einfach einmal mit dem Fahrrad loszufahren und an jeder Kreuzung eine Münze zu werfen, ob sie rechts oder links abbiegt. Das wäre dann eine Handlungsmetapher für »Die Kontrolle abgeben«.

Handlungsmetaphern können sowohl patienten- als auch therapeutengeneriert sein. In Fall »Wertvoll sein« war die Metapher therapeutengeneriert. Im Fall »Gedankentruhe« stammte der Vorschlag eines sicheren Ortes zum Aufbewahren negativer Gedanken zunächst vom Therapeuten, die Metapher wurde dann aber vom Patienten als Handlungsmetapher umgesetzt. Handlungsmetaphern können den Möglichkeiten der Intervention mit Metaphern eine weitere Facette hinzufügen und stellen eine kreative Möglichkeit dar, mit Metaphern zu arbeiten. An dieser Stelle habe ich erste Gedanken formuliert, den suggestiven, metaphorischen Prozess der Übertragung von einer Quell- auf eine Zieldomäne als Wirkvariable von psychotherapeutischen Verfahren, wie der systemischen Aufstellung oder dem Psychodrama, anzunehmen. Für eine eindeutige theoretische Fundierung sind diese Überlegungen jedoch noch zu vage und nicht genug ausdifferenziert. Ich erhoffe mir dahingehend von der Zukunft weiteren Erkenntnisgewinn und Fortschritte.

5 Schlusswort oder Metaphern für die Metapher

Zwei Jahre sind vergangen, in denen steter Tropfen den Stein geformt und das Buch vollendet hat. Tatsächlich habe ich mir diese Metapher immer wieder vor Augen geführt und sie hat mich getröstet und beruhigt, wenn ich dachte, nicht schnell genug voranzukommen und die vielen ungeschriebenen Seiten vor mir sah, die noch mit Inhalt gefüllt werden wollten. Sie hat aber auch dazu geführt, dass ich die Rahmenbedingungen so gestaltet habe, dass das Wasser floss und stetig weitertropfte. Deshalb habe ich nicht nur meine Urlaube am Schreibtisch verbracht, sondern auch ab und zu einmal eine Woche in der Praxis pausiert, um schreiben zu können. Letztendlich bedeutete diese Zeit jedoch nicht nur Entbehrung, sondern verschaffte mir neue Erkenntnisse über die Metapher, aber auch über mich selbst.

Ich konnte mich ausgiebig mit dem Thema auseinandersetzen und dabei erkennen, dass letztendlich auch die Metapher nur über Metaphern zu erfassen und zu begreifen ist. Ich möchte deshalb die Metaphern, die mich inspiriert und die ich zur Beschreibung in diesem Buch genutzt habe, noch einmal aufführen. Ich weiß nicht mehr genau, wo mir die Beschreibung: *Die Metapher ist eine Sonnenfinsternis* begegnet ist. Ich weiß jedoch noch, dass mich diese Metapher zunächst verwirrt hat. Erst als ich mich näher mit der Materie befasst hatte, erkannte ich zwei Interpretationsmöglichkeiten. Die eine drückt aus, dass unser Blick auf das Wesen der Metapher noch unvollständig ist, dass sie sich uns noch nicht vollständig offenbart hat, die andere zielt auf die Funktionsweise der Metapher ab. Bei einer Sonnenfinsternis verdunkelt der Mond die Sonne teilweise und das entspricht der von Lakoff & Johnson (2018) beschriebenen metaphorischen Systematik. Wenn wir ein Konzept in den Bildern eines anderen beschreiben, so werden gewisse Aspekte dieses Konzepts beleuchtet, andere verdunkelt. Bei einer vollständigen Sonnenfinsternis gibt es jedoch den Moment der totalen Verdunklung, was bei der Metapher eigentlich nie der Fall ist. Eine ähnliche Bildsprache benutzt die Metapher: *Die Metapher ist eine Taschenlampe* (Stott et al., 2010). Im Lichtkegel einer Taschenlampe wird ein bestimmter Bereich erhellt. Der Rest bleibt im Dunklen und wird gerade deshalb nicht gesehen, da sich die gesamte Aufmerksamkeit auf den beleuchteten Bereich richtet. Das Auge akkommodiert und kann dann im Dunklen noch weniger sehen, als wenn die Taschenlampe ausgeschaltet wäre. *Die Metapher als Brücke,* ebenfalls von Stott et al. (ebd.), betont die Verbindung, die zwischen zwei Bereichen entsteht, bildet aber nicht ab, dass nicht alle Eigenschaften der Quelldomäne über die Brücke die Zieldomäne erreichen. Jedoch kann die Metapher auch die Brücke zwischen Patientinnen und Therapeutinnen beschreiben, die durch eine gemeinsame Betrachtung patientengenerierter Metaphern zu einer gemeinsamen Sprache finden und ihre Beziehung verbessern. *Die Metapher als Filter* (Jost, 2008) beschreibt den Effekt, dass oft nicht alle Eigenschaften der Quelldomäne auf die Zieldomäne übertragen werden und dass die Zieldomäne beeinflusst, welche Eigenschaften auf sie übertragen werden. *Die Metapher als Werkzeug* bezieht sich eher auf die therapeutische Arbeit. Klar, wer handwerklich arbeitet, dem nutzen Werkzeuge. Dass wir jedoch in Metaphern leben, wird dadurch nicht ausgedrückt. Schmitt & Heidenreich (2019, 2020) hinterfragen die Metapher kritisch. Ihrer Meinung nach führt sie zu einer Dominanz des Gebrauchs von therapeutengenerierten Metaphern. Tatsächlich wird eine mechanistische Herangehensweise an die Arbeit mit Metaphern suggeriert. Die Therapeutin als Mechanikerin setzt den Hebel an und repariert die Psyche der Patientin, indem sie die lockeren Schrauben wieder anzieht. Zudem besteht eine große Asymmetrie zwischen der wissenden Handwerksmeisterin, die zur Reparatur aktiv wird, und der passiven und unwissenden Kundin. Ich habe in Kapitel 3.1 *Die Metapher ist ein Edelstein auf dem Grund des Gesprächsflusses* formuliert, um die Haltung der Praktikerin bei der Arbeit mit Metaphern im Gesprächskontext zu veranschaulichen. In Beratung, Therapie und Coaching kann sich nämlich aus klientengenerierten Metaphern etwas Wertvolles entwickeln. Den Schliff erhält der Edelstein jedoch erst durch die gemeinsame Betrachtung, die Exploration und Elaboration. Auch diese Metapher hebt besonders den Kontext einer therapeutischen Nutzung der Metapher hervor, wobei Metaphern in der Poesie durchaus ebenfalls einen besonderen Wert haben, an dem sich Leser erfreuen können. Die Edelsteinmetapher hebt den Wert von Metaphern hervor, während andere wichtige Aspekte der Gesprächsführung vernachlässigt werden. Schmitt & Heidenreich (2019) wollen sich von, ihrer Meinung nach, allzu optimistischen Metaphern in Bezug auf die Metapher (Schatzkiste, Werkzeugkiste, Wundertüte) abgrenzen und führen eine Metapher Wittgensteins auf: *Metaphern sind das Glas, das über eine Fliege gestülpt ist und an dem sie sich abmüht.* Sie betont eher limitierende und einschränkende Aspekte der Metapher, die weitaus seltener beleuchtet werden. Metaphern, in denen wir leben, können sich demzufolge auch als ein Gefängnis erweisen und unseren Erkenntnisgewinn begrenzen. Selbst wenn es der Fliege gelingt, einen Ausweg aus dem Glas zu finden, so wird sie an die Wände eines größeren Glases stoßen, das über das erste Glas gestülpt ist. Stott et al. (2010) beschreiben *Metaphern als ein Fenster zur inneren Welt der Klienten*. Eine ähnliche Metaphorik findet sich in der Aussage von Kopp (1995): *Metaphern sind Spiegel*. Sie spiegeln nämlich die inneren Bilder, die wir uns von uns selbst, vom Leben und von anderen machen, nach außen, machen sie anderen dadurch zugänglich. Alle diese Metaphern beleuchten gewisse Aspekte der Metapher und alle gemeinsam ermöglichen uns ein so viel weiteres und tieferes Verständnis der Metapher als es jede einzelne Metapher für sich täte. Damit ist auch Lakoffs & Johnsons (2018) Anregung Genüge getan, mit unterschiedlichen Metaphern zu jonglieren, um der Hervorhebung und Verdunklung durch die Filterfunktion von Metaphern zu entgehen.

Ich möchte mich bei all jenen bedanken, die dieses Buch ermöglicht haben. Da wären zunächst meine Patientinnen und Klientinnen, die maßgeblich daran beteiligt waren, dass ich das beschriebene Vorgehen ausgearbeitet und systematisiert habe, die mich immer wieder inspiriert und gefordert haben. Ohne die vielen klugen Köpfe, die sich der Erforschung der Metapher und ihrer therapeutischen Anwendung gewidmet haben, säße ich heute ziemlich ahnungslos da. Ich bedanke mich bei

5 Schlusswort oder Metaphern für die Metapher

Dirk Revenstorf, der mich als Student mit dem Thema Metaphern in Berührung gebracht und auch das Geleitwort zu diesem Buch geschrieben hat. Ich danke Christoph Kröger, der mich über eine Einladung zu einem Vortrag über Metaphern dazu gebracht hat, einen Workshop auszuarbeiten, auf dem die Inhalte dieses Buches basieren. In diesem Kontext möchte ich auch die Teilnehmenden an den Workshops erwähnen, deren Fragen und Anregungen zu einer stetigen Entwicklung der Inhalte beigetragen haben. Mein Dank geht an das Lektoratsteam des Kohlhammerverlags Annika Grupp, Kathrin Kastl, Susanne Ehmann und Ruprecht Poensgen. Und nicht zuletzt danke ich ganz besonders Iris Fäßler, die mich mit Arbeiten am Manuskript stets gut unterstützt hat.

Literatur

Angus, L. E. (1990). Metaphor and the structure of meaning: The counselling client's subjective experience. First International Conference on Counselling Psychology (1988, Porto Portugal). *Cadernos de Consulta Psicológica, 6*, 5–11.

Angus, L. E. & Rennie, D. L. (1988). Therapist participation in metaphor generation: Collaborative and non-collaborative styles. *Psychotherapie, 25 (4)*, 552–560.

Ashby, J., Roncero, C., De Almeida, R. G. & Agauas, S. J. (2017). The early processing of metaphors and similes: Evidence from eye movements. *Quarterly journal of experimental psychology (2006)*, 1–9.

Bandura, A. (1991). *Sozial-kognitive Lerntheorie.* Stuttgart: Klett-Cotta Verlag.

Barber, T. X. (1969). *Hypnosis: A scientific approach.* New York: Van Nostrand Reinhold.

Barchard, K. A., Grob, K. E. & Roe, M. J. (2017). Is sadness blue? The problem of using figurative language for emotions on psychological tests. *Behaviour research methods, 49 (2)*, 443–456.

Benedek, M., Beaty, R., Jauk, E., Koschutnig, K., Fink, A., Silvia, P. J., Dunst, B. & Neubauer, A. C. (2014). Creating metaphors: The neural basis of figurative language production. *NeuroImage, 90*, 99–106.

Bernheim, H. (1917). *Automatisme et suggestion.* Paris: Alcan.

Bettelheim, B. (1980). *Kinder brauchen Märchen.* München: dtv.

Bohrn, I. C., Almann, U., Lubrich, O., Menninghaus, W. & Jacobs, A. M. (2013). When we like what we know. A parametric fMRI analysis of beauty and familiarity. *Brain and Language, 124*, 1–6.

Bongartz, W. & Bongartz, B. (2000). *Hypnosetherapie.* Göttingen: Hogrefe.

Bock, H. (1983). Metaphoric: Bildersprache als therapeutisches Werkzeug? *Psychologische Beiträge, 25*, 94–111.

Boyle, T. C. (2005). *Drop City.* München: Deutscher Taschenbuch Verlag.

Bowlby, J. (2001). *Frühe Bindung und kindliche Entwicklung.* München: Reinhardt.

Brackmann, N., Lau, S., Habermeyer, E. & Weiss, J. (2020). Konkretistische Denkstörungen als Indikator der Akuität bei Schizophrenieerkrankungen. *Psychiatrische Praxis, 47*, 29–34.

Braffman, W. & Kirsch, I. (1999). Imaginative suggestibility and hypnotizability: An empirical analysis. *Journal of Personality and Social Psychology, 77*, 578–587.

Briner, S. W., Schutzenhofer, M. C. & Virtue, S. M. (2018). Hemispheric processing in conventional metaphor comprehension: The role of general knowledge. *Neuropsychologia, 114*, 101–109.

Brugmann, B. C., Burgers, C. & Vis, B. (2019). Metaphorical framing in political discourse through words vs. concepts: A meta-analysis. *Language and Cognition, 11 (1)*, 41–65.

Bucay, J. (2007). *Komm, ich erzähl Dir eine Geschichte.* Frankfurt a. M.: Fischer.

Buchholz, M. B. (2003). Metaphern und ihre Analyse im therapeutischen Dialog. *Familiendynamik, 28 (1)*, 64–94.

Buchholz, M. B. (2015). *Die Macht der Metapher in Psyche und Kultur. Interdisziplinäre Perspektiven.* Gießen: Psychosozial Verlag.

Casula, C. (2017). *Gärtner, Prinzessinnen, Stachelschweine. Metaphern und Geschichten für die persönliche und berufliche Entwicklung.* Heidelberg: Auer.

Christandl, F., Oberlechner, T. & Pitters, J. (2013). Belastung oder Gelegenheit – eine Metaphernanalyse zur Wahrnehmung der Finanzkrise durch wirtschaftliche Laien. *Wirtschaftspsychologie, 15 (2–3)*, 58–70.

Christmann, U. & Groeben, N. (2013). Zwischen Skylla und Carybdis: Kognitionspsychologische Ansätze zur Metapher. In: M. Lessing & D. Wieser (Hrsg.), *Zugänge zu Metaphern – Übergänge durch Metaphern* (S. 145–160). München: Wilhelm Fink.
Cordes, M., Mohr, P. & Völkl, K. (2015). »Das sind ja alles schöne Schachteln, Frau Merkel!« Eine Metaphernanalyse der Sprache der Kanzlerkandidaten im TV-Duell 2013. *Politische Psychologie, 4* (2), 292–308.
Erickson, M. H., Rossi, E. L. & Rossi, S. L. (1994). *Hypnose. Induktion, Therapeutische Anwendung, Beispiele* 4. Aufl. München: Pfeiffer.
Fainsilber, L. & Kogan, N. (1984). Does imagery contribute to metaphoric quality? *Journal of Psycholinguistic Research, 13* (5), 283–291.
Falkum, I. L., Recasens, M., & Clark, E. V. (2017). »The moustache sits down first«: on the acquisition of metonymy. *Journal of child language, 44* (1), 87–119.
Fehr, F. S. & Stern, J. A. (1967). The effect of hypnosis on attention to relevant and irrelevant stimuli. *International Journal of Clinical and Experimental Hypnosis, 15* (3), 134–143.
Fischer, H. R. (2003). Metaphern-Sinnreservoire der Psychotherapie. Von Metapherntheorien zu Metaphernreflexion. *Familiendynamik, 28* (1), 9–46.
Fischer, H. R. (2005). Poetik des Wissens: Zur kognitiven Funktion von Metaphern. In: H. R. Fischer (Hrsg.), *Eine Rose ist eine Rose...: Zur Rolle und Funktion von Metaphern in Wissenschaft und Therapie* (S. 48–85). Weilerswist: Velbrück Wissenschaft.
Forgacs, B., Bohrn, I., Baudewig, J., Hofmann, M. J., Pleh, C. & Jacobs, A. M. (2012). Neural correlates of combinatorial semantic processing of literal and figurative noun noun compound words. *NeuroImage, 63* (3), 1432–1442.
Frenzel, K., Müller, M. & Sottong, H. (2004). *Storytelling – Das Praxishandbuch*. München: Carl Hanser.
Frenzel, K., Müller, M. & Sottong, H. (2006). *Storytelling – Das Harun-al-Rashid-Prinzip. Die Kraft des Erzählens fürs Unternehmen nutzen*. München: Carl Hanser.
Freund, U. (2015). Wirkfaktor Grimm: Märchen in der Hypnotherapie. In: D. Revenstorf & B. Peter (Hrsg.), *Hypnose in Psychotherapie, Psychosomatik und Medizin: Manual für die Praxis* (3. Aufl., S. 317–329). Heidelberg: Springer.
Fritzsche, T., Fürst, A. & Rathsfeld, E. (2014). *Die Impact-Strategie: Führen für Fortgeschrittene*. Bern: Huber.
Gendlin, E. T. (1998). *Focusing. Selbsthilfe bei Lösungen persönlicher Probleme*. Reinbek bei Hamburg: Rowohlt.
Gehring, P. (2013). Methodenpluralismus in der Metaphernforschung. In: M. Lessing & D. Wieser (Hrsg.), *Zugänge zu Metaphern – Übergänge durch Metaphern* (S. 13–28). München: Wilhelm Fink.
Gibbs, R. W. (1992). Categorization and metaphor understanding. *Psychological Review, 99*, 572–577.
Gibbs, R. W. (2013). Walking the walk while thinking about the talk: embodied interpretation of metaphorical narratives. *Journal of psycholinguistic research, 42* (4), 363–378.
Gick, M. & Holyoak, K. J. (1980). Analog problem solving. *Cognitive Psychology, 12*, 306–355.
Gheorghiu, V. A. (1996). Die adaptive Funktion suggestionaler Phänomene: Zum Stellenwert suggestionsbedingter Einflüsse. *Hypnose und Kognition, 13* (1+2), 125–146.
Golowin, S. (1986). *Edelsteine, Kristallpforte zur Seele: Traumreisen und Meditationen mit Edelsteinen*. Freiburg i. B.: Bauer.
Gordon, D. (1990). *Therapeutische Metaphern*. Paderborn: Jungfermann.
Gottwald, J. M., Elsner, B. & Pollatos, O. (2015). Good is up-spatial metaphors in action ovservation. *Frontiers in Psychology, 6*, No. 1605.
Grawe, K. (2000). *Psychologische Therapie*. Göttingen, Hogrefe.
Grawe, K., Donati, R. & Bernauer, F. (1994). *Psychotherapie im Wandel: Von der Konfession zur Profession*. Göttingen: Hogrefe.
Hain, P. (2015). Humor und Hypnotherapie. In: D. Revenstorf & B. Peter (Hrsg.), *Hypnose in Psychotherapie, Psychosomatik und Medizin: Manual für die Praxis* (3. Aufl., 167–171). Heidelberg: Springer.

Halsband, U. (2015). Neurobiologie der Hypnose. In: D. Revenstorf & B. Peter (Hrsg.), *Hypnose in Psychotherapie, Psychosomatik und Medizin: Manual für die Praxis* (3. Aufl., 795–816). Heidelberg: Springer.
Hammel, S. (2009). *Handbuch des therapeutischen Erzählens* (2. Aufl.). Stuttgart: Klett-Cotta.
Hessel, A. K. & Murphy, V. A. (2019). Understanding how time flies and what it means to be on cloud nine: English as an Additional Language (EAL) learners' metaphor comprehension. *Journal of child language, 46 (2)*, 265–291.
Hiller, R. & Hensel, T. (2019). *ResonaT – Ressourcenorientierte narrative Traumatherapie*. Göttingen: Vandenhoeck & Ruprecht.
Holmes, K. J., Flusberg, S. J. & Thibodeau, P. H. (2018). Compound words reflect cross-culturally shared bodily metaphors. *Cognitive science, 42 (8)*, 3071–3082.
Holyoak, K. J., Junn, E. N. & Billman, D.O. (1984). Development of analogical problem solving skill. *Child Development, 55 (6)*, 2042–2055.
Holyoak, K. J. & Stamenković, D. (2018). Metaphor comprehension: A critical review of theories and evidence. *Psychological bulletin, 144 (6)*, 641–671.
Hülzer, H. (1987). *Die Metapher*. Münster: Modus Publikationen.
Humphries, S., Klooster, N., Cardillo, E., Weintraub, D., Rick, J. & Chatterjee, A. (2019). From action to abstraction: The sensorimotor grounding of metaphor in Parkinson's disease. *Cortex: a journal devoted to the study of the nervous system and behavior, 121*, 362–384.
Jimenez, J. (1976). Piaget and Synergetics. In: C. Mogdil & S. Mogdil (Hrsg.), *Piagetian Abstracts 4* (S. 102–119). Atlantic Highlands, N.J.: Humanities Press.
Jacobs, A. M. (2015). Metaphern beim Lesen in Gehirn und Geist. In: M. B. Buchholz (Hrsg.), *Die Macht der Metapher in Psyche und Kultur* (S. 65–81). Gießen: Psychosozial Verlag.
Jacobs, S. F. (2018). Collective narrative practice with unaccompanied refugee minors: »The Tree of Life« as a response to hardship. *Clinical child psychology and psychiatry, 23 (2)*, 279–293.
Jobs, S. (2005), Stanford commencement address. Zugriff am 31.05.2023 unter www.ohwr.de/uploads/media/Steve_Jobs_Rede_Stanford_2005.pdf
Jost, J. (2008). Wann verstehen, wann interpretieren wir Metaphern? *Metaphorik.de, 15*, 125–140.
Jung, C. G. (2018/1934). *Archetypen: Urbilder und Wirkkräfte des kollektiven Unbewussten*. Ostfildern: Patmos.
Kintsch, W. (1982). *Gedächtnis und Kognition*. Berlin, Heidelberg, N.Y.: Springer.
Kirn, T., Echelmeyer, L. & Engberding, M. (2015). *Imagination in der Verhaltenstherapie*. Berlin: Springer.
Köster, R. & Köster, S. (2019). IRRT (Imagery Rescripting & Reprocessing Therapy) – Ein Überblick. *Verhaltenstherapie & Verhaltensmedizin, 40 (1)*, 8–21.
Kopp, S. B. (1971). *Guru: Metaphors from a Psychotherapist*. Palo Alto: Science and Behavior Books.
Kopp, R. R. (1995). *Metaphor therapy. Using client generated metaphors in psychotherapy*. Bristol: Brunner/Mazel.
Krause, C. (2000). *Posthypnotische Amnesie für therapeutische Geschichten*. Unveröff. Diss., Psychol. Institut, Universität Tübingen.
Krause, C. (2019). Imaginative Intervention in der Behandlung von Phobien. Eine Technik für die Praxis. *Verhaltenstherapie & Verhaltensmedizin, 40 (1)*, 59–70.
Krause, C. & Revenstorf, D. (1997). Ausformung therapeutischer Metaphern. *Hypnose und Kognition, 14*, 83–104.
Krause, C. & Revenstorf, D. (1998). Wirkung von Metaphern im Rahmen indirekter Hypnosetechniken auf Symptome der Prüfungsangst: Eine Audiokassettenstudie. *Hypnose und Kognition, 15 (1–2)*, 129–144.
Krause, C. & Revenstorf, D. (2003). Posthypnotische Amnesie für therapeutische Geschichten. *Hypnose und Kognition, 20 (1+2)*, 127–156.
Krause, C. & Riegel, B. (2015). Hypnotisierbarkeit, Suggestibilität und Trancetiefe. In: D. Revenstorf & B. Peter (Hrsg.), *Hypnose in Psychotherapie, Psychosomatik und Medizin: Manual für die Praxis* (3. Aufl., S. 113–123). Heidelberg: Springer.

Lakoff, G. & Johnson, M. (1989). *More than cool reason. A field guide to poetic metaphor*. Chicago: University of Chicago Press.
Lakoff, G. & Johnson, M. (2007/2018). *Leben in Metaphern: Konstruktion und Gebrauch von Sprachbildern* (5./9. Aufl.). Heidelberg: Carl Auer. *Metaphors we live by* (1. Auflage 1980). Chicago: University of Chicago Press.
Lakoff, G. & Wehling, E. (2016). *Auf leisen Sohlen ins Gehirn. Politische Sprache der Macht*. Heidelberg: Carl Auer.
Lange, O. (1996). Erlebte *Hypnosetiefe in Abhängigkeit von emotionalem Inhalt und Dauer der Suggestionen*. Konstanz: Unveröffentl. Diplomarbeit.
Lankton, C. H. & Lankton, S. R. (1991). *Geschichten mit Zauberkraft: Die Arbeit mit Metaphern in der Psychotherapie*. München: Pfeiffer.
Lindemann, H. (2016). *Die große Metaphern-Schatzkiste Band 2: Die systemische Heldenreise*. Göttingen: Vandenhoeck & Ruprecht.
Linden, M. & Strauss, B. (2019). *Risiken und Nebenwirkungen von Psychotherapie*. Berlin: MWV.
Lopez-Gonzalez, H., Guerrero-Solé, F., Estévez, A. & Griffiths, M. (2018). Betting is loving and bettors are predators: A conceptual metaphor approach to online sports betting advertising. *Journal of gambling studies, 34 (3)*, 709–726.
Lüthi, M. (1978). *Das europäische Volksmärchen. Form und Wesen*. Bern: UTB Francke.
Lundh, L. G. (2000). Suggestion, suggestibility, and the placebo effect. *Hypnosis International Monographs, 4*, 71–90.
Martin, J., Cummings, A. L. & Hallberg, E. T. (1992). Therapist's intentional use of metaphor: Memorability, clinical impact, and possible epistemic/motivational functions. *Journal of Consulting and Counselling Psychology, 60 (1)*, 143–145.
Meili, I. & Maercker, A. (2019). Cultural perspectoves on positive responses to extreme adversity: a playing field for metaphors. *Transcultural Psychiatry, 56 (5)*, 1056–1075.
Meili, I., Heim, E., Pelosi, A. C. & Maercker, A. (2020). Metaphors and cultural narratives on adaptive responses to severe adversity: a field study among the indigenous Pitaguary community in Brazil. *Transcultural Psychiatry, 57 (2)*, 332–345.
Michl, D. (2019). Speedy metonymy, tricky metaphor, irrelevant compositionality: How nonliteralness affects idioms in reading and rating. *Journal of psycholinguistic research, 48 (6)*, 1285–1310.
Mills, J. C. & Crowley, R. C. (1986). *Therapeutic metaphors for the child and the child within*. New York: Brunner Mazel.
Mitchell, R. L. & Crow, T. J. (2005). Right hemisphere language functions and schizophrenia: the forgotten hemisphere? *Brain, (128)*, 963–978.
McMullen, L. M. (1989). Use of figurative language in successful or unsuccessful cases of psychotherapy: three comparisons. *Metaphor and Symbolic Activity*, 203–225.
McMullen, L. M. & Conway, J. B. (2002). Conventional metaphors for depression. In: S. R. Fussell (Hrsg.), *Verbal communication of emotions: Interdisciplinary perspectives* (S. 167–181). Hillsdale: N.J.:Lawrence Erlbaum Associates.
Neumeyer, A. (2020). *Einführung in das therapeutische Zaubern* (2. Aufl.). Heidelberg: Auer.
Neuner, T. Schauer, M. & Elbert, T. (2009). Narrative Exposition und andere narrative Verfahren. In: A. Maercker (Hrsg.), *Posttraumatische Belastungsstörungen* (S. 302–318). Heidelberg: Springer.
Oberlechner, T. (2005). Metaphern in der Psychotherapie. *Person, 9*, 107–112.
Ondish, P., Cohen, D., Lucas, K. W. & Vandello, J. (2019). The resonance of metaphor: evidence for latino preferences for metaphor and analogy. *Personality & social psychology bulletin, 45 (11)*, 1531–1548.
Orne, M. T. (1979). On the simulating subject as a quasi-control group in hypnosis research: What, why, and how. In: E. Fromm & R. E. Shor (Hrsg.), *Hypnosis: Development in research and new perspectives* (S. 21–63). New York: Guilford.
Paivio, A. & Walsh, M. (1993). Psychological processes in metaphor comprehension and memory. In: A. Ortony (Hrsg.), *Metaphor and Thought* (2. Aufl., S. 307–329). Cambridge: University Press.
Pabst-Weinschenk, M. (2005). *Freies Sprechen in der Grundschule: Grundlagen; praktische Übungen*. Berlin: Cornelsen Verlag.

Pecher, D. (2018). Curb your embodiment. *Topics in cognitive science, 10 (3)*, 501–517.
Persich, M. R., Bair, J. L., Steinemann, B., Nelson, S., Fetterman, A. K. & Robinson, M. D. (2019). Hello darkness my old friend: preferences for darkness vary by neuroticism and co-occur with negative affect. *Cognition & emotion, 33 (5)*, 885–900.
Peseschkian, N. (1979). *Der Kaufmann und der Papagei: Orientalische Geschichten in der Psychotherapie*. Frankfurt a. M.: Fischer.
Peseschkian, N. (2019). *Wenn Du willst, was Du noch nie gehabt hast, dann tu, was Du noch nie getan hast*. Freiburg i.B.: Herder.
Peter, B. (1996). Normale Instruktion oder hypnotische Suggestion: Was macht den Unterschied? *Hypnose und Kognition, 13 (1+2)*, 147–164.
Peter, B. (2015). Hypnose und die Konstruktion von Wirklichkeit. In: D. Revenstorf & B. Peter (Hrsg.), *Hypnose in Psychotherapie, Psychosomatik und Medizin: Manual für die Praxis* (3. Aufl., S. 37–45). Heidelberg: Springer.
Precht, R. D. (2007). *Wer bin ich und wenn ja wie viele?* München: Goldmann.
Pietrowsky, R. (2019). Imagery Rehearsal Therapy. *Verhaltenstherapie & Verhaltensmedizin, 40 (1)*, 22–30.
Revenstorf, D. (2015a). Einführung. In: D. Revenstorf & B. Peter (Hrsg.), *Hypnose in Psychotherapie, Psychosomatik und Medizin: Manual für die Praxis* (3. Aufl., S. 1–10). Heidelberg: Springer.
Revenstorf, D. (2015b). Trance und die Ziele und Wirkungen der Hypnotherapie. In: D. Revenstorf & B. Peter (Hrsg.), *Hypnose in Psychotherapie, Psychosomatik und Medizin: Manual für die Praxis* (3. Aufl., S. 11–35). Heidelberg: Springer.
Revenstorf, D. (2015c). Schlussdiskussion. In: D. Revenstorf & B. Peter (Hrsg.), *Hypnose in Psychotherapie, Psychosomatik und Medizin: Manual für die Praxis* (3. Aufl., S. 853–859). Heidelberg: Springer.
Revenstorf, D. (2020). Einführung in die Hypnotherapie. In: A. Batra & F. Hohagen (Hrsg.) *Hypnotherapie bei Depressionen. Ein Manual für Psychotherapeuten* (S. 27–41). Stuttgart: Kohlhammer
Revenstorf, D., Freund, U. & Trenkle, B. (2015). Therapeutische Geschichten und Metaphern. In: D. Revenstorf & B. Peter (Hrsg.), *Hypnose in Psychotherapie, Psychosomatik und Medizin: Manual für die Praxis* (3. Aufl., S. 229–251). Heidelberg: Springer.
Rezai, Z. (2021). »Das Schicksal entscheidet darüber, wer am Leben bleibt und wer nicht«. Zugriff am 19.02.2021 unter www. Volksfreund.de/region/bitburg-pruem/zainab-rezai-17-und-ihre-gedanken-zur-corona-krise_aid-51469145.
Riebensahm, H. (2015). Ich-Stärkung. In: D. Revenstorf & B. Peter (Hrsg.), *Hypnose in Psychotherapie, Psychosomatik und Medizin: Manual für die Praxis* (3. Aufl., S. 305–315). Heidelberg: Springer.
Rogers, C. (1980). *A way of being*. New York: Houghton Mifflin.
Rosen, S. (1985). *Die Lehrgeschichten von Milton H. Erickson*. Hamburg: Isko Press.
Sauer, C. B. & Scholz, O. B. (1997). Inwieweit enthalten hypnotherapeutische Metaphern allgemeine psychotherapeutische Wirkmechanismen? Computergestützte Inhaltsanalyse hypnotherapeutischer Metaphern. *Zeitschrift für klinische Psychologie, Psychiatrie und Psychotherapie, 45 (2)*, 196–213.
Schaefer, M. (2019). Morality and soap in engineers and social scientists: The Macbeth effect interacts with professions. *Psychological Research, 83 (6)*, 1304–1310.
Schlarb, A. A. (2017). *Therapeutische Geschichten in der KVT mit Kindern: 60 Metaphern für das Grundschulalter*. Weinheim: Beltz.
Schmitt, R. & Heidenreich, T. (2019). *Metaphern in Psychotherapie und Beratung*. Weinheim: Beltz.
Schmitt, R. & Heidenreich, T. (2020). Metaphernreflexives Vorgehen in der Psychotherapie. *Psychotherapeutenjournal, 19*, 114–121.
Schulz von Thun, F. (2003). *Miteinander reden, Bd. 1*. Hamburg: rororo.
Schwarz, R. L. (1997). *Metaphors and action schemes*. London: Associated University Press.
Schwender, C., Leferink, P., Lennicke, A., Meister, D., Wirth, C. & Zimmermann, S. (2018). Sex sells – TV-Werbung und die Argumente der Partnerwahl. In: C. Schwender, S. Schwarz,

B. P. Lange & A. Huckauf (Hrsg.), *Die Psychogenese der Menschheit, Band 6* (S. 193–213). Lengerich: Pabst Science Publishers.
Shiller, R. J. (2017). Narrative economics. Zugriff am 03.03.2022 unter https://cowles.yale.edu/sites/default/files/files/pub/d20/d2069.pdf
Shoushtari, M. T. (2015). The effectiveness of metaphor therapy on depression among female students. *International Journal of Social, Behavioral, Educational, Economic and Management Engineering*, 2678–2682.
Skirl, H. (2013). Metaphorik: komplex, nicht kompliziert! In: M. Lessing & D. Wieser (Hrsg.), *Zugänge zu Metaphern – Übergänge durch Metaphern* (S. 117–137). München: Wilhelm Fink Verlag.
Sternberg, R. J., Tourangeau, R. & Nigro, G. (1993). Metaphor, induction, and social policy: the convergence of macroscopic and mikroscopic views. In: A. Ortony (Hrsg.), *Metaphor and Thought* (2. Aufl., S. 621–633). Cambridge: University Press.
Stoellger, P. (2013). Schöpfung als Wiederholung – Zur Korrelation von Kreativität und Konvention. In: M. Lessing & D. Wieser (Hrsg.), *Zugänge zu Metaphern – Übergänge durch Metaphern* (S. 63–72). München: Wilhelm Fink.
Stott, R., Mansell, W., Salkovskis, P. M., Lavender, A. & Cartwright-Hatton, S. (2010). *Oxford Guide to metaphors in CBT. Building cognitive bridges*. Oxford: Oxford University Press.
Trenkle, B. (2015). Utilisation. In: D. Revenstorf & B. Peter (Hrsg.), *Hypnose in Psychotherapie, Psychosomatik und Medizin: Manual für die Praxis* (3. Aufl., S. 95–99). Heidelberg: Springer.
Trenkle, B. (2017). *Das Ha-Handbuch der Psychotherapie* (10. Aufl.). Heidelberg: Auer.
Ulmen, H. & Wirth, J. (2015). Zur Entwicklung metaphorischen Denkens. In: M. B. Buchholz (Hrsg.), *Die Macht der Metapher in Psyche und Kultur* (S. 39–63). Gießen: Psychosozial Verlag.
Varga, S. (2018). Embodied concepts and mental health. *The Journal of medicine and philosophy*, *43 (2)*, 241–260.
Villate, M., Villate, J. & Hayes, S. C. (2020). *Sprache als psychotherapeutische Intervention. Ein Lehrbuch für die Praxis* (Originalausgabe 2016). Stuttgart: Kohlhammer.
Vogelsang, M. & Pietrowsky, R. (2019). Vorwort der Herausgeber. *Verhaltenstherapie & Verhaltensmedizin*, *40 (1)*, 5–7.
Vosniadou, S. & Ortony, A. (1983). The influence of analogy in children's acquisition of new information from text: An exploratory study. In: J. Niles (Hrsg.), *Searches for meaning in reading/language processing and instruction*. Rochester: National Reading Conference.
van Eck, L. (2011). Einführung des amerikanischen Herausgebers. In: E. LaPointe, *Sitting Bull: Sein Leben und Vermächtnis* (S. 10–12). Hohentann: TraumFänger.
van Weelden, L., Maes, A., Schilperoord, J. & Swerts, M. (2012). How objects shape affects visual metaphor processing. *Experimental Psychology*, *59 (6)*, 364–371.
von Stockhausen, L. & Christmann, U. (2015). Die Verarbeitung konventioneller und unkonventioneller Metaphern: Eine Blickbewegungsstudie. In: C. Spieß & K. M. Köpcke (Hrsg.), *Metapher und Metonymie. Theoretische, methodische und empirische Zugänge* (S. 355–371). Berlin: de Gruyter.
Willinger, U., Deckert, M., Schmöger, M., Schaunig-Busch, I., Formann, A. K. & Auff, E. (2019). Developmental steps in metaphorical language abilities: The influence of age, gender, cognitive flexibility, information processing speed, and analogical reasoning. *Language and Speech*, *62 (2)*, 207–228.
Wilson, S. C. & Barber, T. X. (1978). The Creative Imagination Scale as a measure of hypnotic responsiveness: Applications to experimental and clinical hypnosis. *American Journal of Clinical Hypnosis*, *20*, 235–249.
Wimmer, L., Christmann, U. & Ihmels, E. (2016). Non-conventional figurative language as aesthetic of everyday communication. *Metaphor and the social world*, *6 (2)*, 243–275.
Winner, E. (1988). *The point of words*. Cambridge: Harvard University Press.
Wyss, D. (1991). *Die tiefenpsychologischen Schulen von den Anfängen bis zur Gegenwart: Entwicklungen, Probleme, Krisen*. Göttingen: Vandenhoeck & Ruprecht.
Yu, F., Zhang, J., Fan, J., Luo, J. & Zhang, W. (2019). Hippocampus and amygdala: An insight-related network involved in metaphorical solution to mental distress problem. *Cognitive, Affective & Behavioral Neuroscience*, *19 (4)*, 1022–1035.

Stichwortverzeichnis

A

Analogie 23
Anekdote 111, 131

B

Beziehung
- therapeutische 12, 52, 54–56, 85, 104, 106, 108, 120, 129, 153

D

Diagnostik 110

E

Einkreistechnik 136, 137
embodiment 24, 26, 30, 42
Erzählformen 23, 111, 125

F

Framing 16

G

Geschichten
- eingebettete 136
- erzählen 13, 18, 111, 117, 122, 126, 131, 136, 149, 151
- maßgeschneiderte 142, 145
- Struktur von 135
- therapeutische 24, 118, 120, 121, 125, 149
Gesprächsführung 13, 93, 110, 159

H

Hypnose
- -induktion 35, 37, 121, 139, 151
- -skalen 35
Hypnotherapie 9, 34, 151

I

Imagination 20, 30, 36, 46, 78, 110, 156
Imaginationsfähigkeit 37, 49
Intervention
- psychotherapeutische 41, 52, 61, 63, 70, 76, 135
- therapeutische 10, 11, 39, 43, 49, 82, 87, 109, 117, 121, 136, 157

K

Kognitive Verhaltenstherapie (KVT) 37, 114
Kotext 22, 29, 46, 58, 80
Kultur 14, 21, 42, 46, 49, 59, 112, 135

L

Leading 117, 145

M

Märchen 11, 23, 111, 117, 125, 132, 135, 141, 145, 150
Metapher
- als Leitmotiv 45, 93, 98, 104
- Elaboration von 39, 45, 46, 48, 57, 60, 82, 89, 106, 159
- Exploration von 39, 45, 48, 60, 63, 70, 78, 80
- -gebrauch 12, 16, 29, 41, 50, 57, 109, 116
- Handlungs- 41, 116, 154, 157
- homomorph 142
- klientengenerierte 10, 37, 49, 52, 60, 63, 92, 158
- konventionelle 29, 32, 57, 59, 104, 145, 154

- konzeptuelle 14, 19, 27, 32, 40, 50, 104, 154
- lebendige 29, 31, 32, 59
- lexikalisierte 28, 31, 112
- manifeste 28, 52, 59
- Modell zur Arbeit mit 45, 106, 107
- patientengenerierte 38, 39, 45, 48, 60, 80, 83, 106, 107, 110, 118
- -theorie 9, 12, 20, 24, 30
- therapeutengeneriert 10, 107, 111, 118, 135, 154
- Verarbeitung von 29, 149
- -wechsel 45, 54, 83, 87, 110
- zur Problembeschreibung 28, 47, 79, 81, 86, 106

Metonymie 23, 29

P

Pacing 117, 136, 145, 146, 151
Perspektivwechsel 10, 41, 68, 108, 119, 126, 138
Poesie 32, 159
Problemlösung 40, 54, 63, 74, 92, 107, 109, 118, 121, 136
Psychoanalyse 35

Q

Quelldomäne 21, 22, 24, 28, 31, 40, 44, 56, 63, 82, 92, 104, 106, 112, 146, 154

R

Ratifizierung 80, 82
Reaktanz 39, 46, 105, 106, 108, 118

Redewendung 10, 23, 28, 42, 44, 52, 56
Reframing 10, 84, 108, 116, 119, 141, 156

S

Selbstbild 13, 36, 50
Sinnesmodalität 31, 37, 39, 149
Sinnessystem 38, 83
Sprichwort 42, 44
Suggestibilität 9, 34, 150
Suggestion 9, 20, 24, 34, 37, 121, 125
Synekdoche 23, 24

T

Trancelogik 149, 150

U

Übungen 13, 19, 32, 33, 44, 50, 57, 59, 83, 93, 113, 116, 127, 131, 134, 148, 156, 157
Utilisation 46

W

Widerstand 46, 108, 118
Wirkfaktoren 12, 120
Wirksamkeit 9, 37, 110

Z

Zieldomäne 21, 22, 28, 31, 40, 56, 92, 106, 112, 146, 154